海洋安全与治理丛书
总主编——储建国

2024年辽宁省社科基金一般项目：总体国家安全观视域下海员安全意识与行为提升的寻解干预研究（L24BSH002）

海事社会工作：理论与实务

HAISHI SHEHUI GONGZUO:
LILUN YU SHIWU

李婷婷 雷钧安／著

大连海事大学出版社

ⓒ 李婷婷　雷钧安　2025

图书在版编目(CIP)数据

海事社会工作：理论与实务 / 李婷婷,雷钧安著.
大连：大连海事大学出版社，2025.7. — ISBN 978-7
-5632-4662-5

Ⅰ.D997.4

中国国家版本馆 CIP 数据核字第 2025N75A93 号

大连海事大学出版社出版

地址：大连市黄浦路523号　邮编：116026　电话：0411-84729665(营销部) 84729480(总编室)
http://press.dlmu.edu.cn　E-mail：dmupress@dlmu.edu.cn

大连金华光彩色印刷有限公司印装	大连海事大学出版社发行
2025 年 7 月第 1 版	2025 年 7 月第 1 次印刷
幅面尺寸：170 mm×240 mm	印张：21.5
字数：362 千	印数：1~500 册

出版人：余锡荣

责任编辑：宋彩霞	责任校对：杨玮璐
封面设计：解瑶瑶	版式设计：解瑶瑶

ISBN 978-7-5632-4662-5　　定价：65.00 元

总　序

　　中国不仅拥有悠久的海洋文明史,也拥有悠久的海洋强国史。中华民族是世界上比较早地认识海洋、经略海洋、向海图强的民族。早在公元前8世纪,中国先民就掌握了比较先进的造船技术,大量船只穿梭于山东半岛与辽东半岛之间。浙江余姚河姆渡新石器时代遗址出土的距今约7 000年的船桨,是世界上关于船舶的最早物证。春秋时期,吴国建立了中国最早的海军,其在战争中发挥了重要的作用。据学者考证,至战国时期,中国就已开辟通往日本的两条航线。秦代,秦始皇不仅开创了一统天下的伟业,而且有囊括四海的雄心,曾派船队三次远航。到了汉代,这种雄心变成了现实。当时的造船技术已达到世界先进水平。汉武帝建立了强大的楼船军,南征闽越、南越,北征朝鲜,奠定了延续至今的中国海上疆域。汉武帝统一南越之后,开辟了一条通往西方的"海上丝绸之路",从徐闻、合浦出航,经马六甲海峡,到达今天的印度、斯里兰卡,从而掀起了中西方的第一次海上贸易大潮,也开启了中国海洋大国的历史。

　　三国时期的吴国拥有发达的造船业,建立了强大的水军,不仅在内河打败了强敌,而且远征辽东、台湾等地。在这个时期,汉代开辟的"海上丝绸之路"更加繁忙,向北可达朝鲜、日本,向南经马来西亚、印度,最远到达罗马。孙权被史家称为"大规模航海的倡导者",东吴也堪称东方的海上强国。隋唐时期,中国造船业进一步发展,制造出了世界上最早的轮船。据阿拉伯人记载,中国唐代的海船特别巨大,能够在波涛险恶的波斯湾畅行无阻。在663年的白江口海战中,唐代水军以显著优势大败倭国水军,这是奠定此后千余年东北亚地区政治、经济与文化格局的关键一战。唐代,"海上丝绸之路"进一步拓展,经印度洋、波斯湾到达非洲沿岸。唐代的海外贸易空前繁荣,港口城市设有专门的"市舶使"管理海外交通贸易,实施了诸多鼓励外商来华贸易的措施,当时居住在广州的外国人曾一度达到十二万之众,各国使节也纷至沓来,出现了"万邦来朝"的盛况。

　　宋代,宋太祖赵匡胤提出"开洋裕国",成为当时面向海洋的国策,具有划时代的意义。朝廷主动派出官员,到南海诸国招徕贸易,广开门户。不仅广州,泉州、明州、杭州、扬州也渐成繁荣的对外贸易城市,宋代的经济和财政实力因此大大增强。1161年,南宋水军分别在陈家岛海战和采石之战中大败金军,从而打开了南北百年相安的局面。南宋造船技术更加先进,船体大而坚固,结构精良,器材先进,尤其是最早使用了指南针,使其航海能力大大提高。南宋时,中国是无可争议的海洋强国。

元代实现了更大疆域的统一,除了依靠陆上的铁骑军外,还因其建立了强大的海军,其战船装备了世界上最早的管形火器(如火铳和滑膛炮等),使得自己既有"北马"之优,又有"南船"之长。这是中国历史上第一个比较清晰地提出"陆海统筹"思想的朝代。元代打败南宋后,开始了将海上诸国纳入版图的征伐。忽必烈东征日本,南征占城、安南、爪哇,尽管成果有限,但显示了其强大的海上实力。元代继承了宋代的海外贸易体系,其范围有了更大的扩展,规模上也空前宏大。航海家汪大渊随商船出海,沿传统西航线到达摩洛哥,又绕道到达澳大利亚,足见当时商船航行之远、贸易范围之广。彼时中国与日本、朝鲜的贸易出现繁荣的局面,尽管有征伐,但元代皇帝鼓励民间的海上贸易往来,交易的货物异常丰富。

经过两个朝代的开拓与积累,到明代郑和下西洋时,中国的船舶建造水平和建造技术达到了新的高度。明灭元后,大造战船,不断扩大水师规模,尤其重视对远洋舰队的打造,以"遍历诸番国,宣天子召",使万邦来朝。郑和每次率领船队到达一地,便与其他使臣处理外交事务,部下们则在当地开展贸易活动。明代试图采用温和的方式扩大政治影响力,并在此基础上继续扩展"海上丝绸之路"的贸易活动。郑和的成功首先归因于强大的舰队,如果没有其作为基础,和平的政治目的就不可能达成。海上实力的强大是减少武力冲突的一个保证。不过,也正是因为强调政治影响力,这种航海活动的可持续性才比不上民间贸易活动的热火朝天。郑和每次领旨出航,都要花费巨额官银,这也为有些朝廷官员所诟病。郑和逝世后,明政府收紧了海上政策,限制海上活动。随着海禁政策的实施,中国的海洋经济、文化发展进入停滞期。

与此同时,欧洲的海洋强国相继崛起,葡萄牙、西班牙、荷兰、英国等国,你方唱罢我登场。西方诸国主宰了近代以来海洋文明的历史,不仅大大改写了人类历史,也给中国带来了深远的影响。自19世纪开始,尤其是鸦片战争之后,中国外部安全的威胁主要来自海上。1874年,李鸿章上呈《筹议海防折》,痛陈来自东南海疆的威胁,"实为数千年未有之变局",而来自海上的列强,"又为数千年未有之强敌"。一部近代史,就是列强的海上入侵史,也是中华民族的屈辱史。

中华人民共和国的成立代表着这段屈辱史的结束。然而,由于当时特殊的背景,新中国的海洋事业发展举步维艰。改革开放后,海洋事业得以蓬勃发展,中国迅速成长为世界最大贸易国和最大海运国,中国的海洋产业也得以快速发展,诸多海产品销量稳居世界第一。2012年,党的十八大报告提出"建设海洋强国"的战略目标,这是党中央做出的具有划时代意义的重大决策。建设海洋强国是中国特色社会主义事业的重要组成部分,没有海洋强国的复兴,就没有中华民族的复兴。

中国建设海洋强国的这一路径选择,难免会引起一些国家的疑惑。海洋命运共同体理念是解开这个疑惑的一把钥匙。中国既不走过去闭关锁国的老路,也不推崇海洋霸权主义。海洋命运共同体是人类命运共同体的重要组成部分,构建好海洋命运共同体就是要在海洋领域落实好"全球发展倡议""全球安全倡议"和"全球文明倡议",推动形成共同的海洋安全体系、海洋发展体系和海洋文化体系。

大连海事大学自创办之初,就怀抱着民族复兴的梦想,肩负着"挽救航权、振兴国运"的使命。中华人民共和国成立以后,尤其是改革开放以来,大连海事大学肩负着繁荣发展中国航海事业的历史使命,以乘风破浪、同舟共济的精神,助力中国成长为世界最大船东国和全球第一贸易大国。在此过程中,大连海事大学不断拓展涉海研究领域,相关研究越来越呈现出综合性、战略性和交叉性的特色。为了将这一特色延续下去并发扬光大,我们组织撰写了"海洋安全与治理丛书",整合相关的研究力量,对海洋安全、海洋发展和海洋文化进行更加系统和深入的研究,为海洋强国的建设尽绵薄之力。

储建国

2023年秋

前　言

2023年3月，中共中央、国务院印发《党和国家机构改革方案》，提出组建中央社会工作部。这将对社会工作的服务体系、学科体系、话语体系产生深远影响，为社会工作研究开辟广阔空间。社会工作关乎民生福祉和社会发展，是党和国家高度重视的重要工作。组建中央社会工作部将使社会工作力量得到有效整合，形成合力，发挥有力作用，更加适应新时代的发展需求，更好赋能经济社会高质量发展。

2024年是总体国家安全观创新引领10周年。第十四届全国人民代表大会审议了《政府工作报告》，提出要加强重点领域安全能力建设。海员作为航运安全实践的核心群体，是保障海上安全生产的重要力量，是深入贯彻落实总体国家安全观的实践主体。随着海洋强国和国家总体安全观的提出和落实，海事社会工作日益成为海洋社会学一个重要研究领域。

海事社会工作以海员为核心研究对象，兼顾海洋渔业船员、海洋工程建设者、军警官兵和港航单位、口岸部门、海事救捞系统等涉海工作人群。其工作内容主要涉及海员安全意识、海员职业发展、船上社会关系协调、船下社会资源整合，是一项高度专业化的助人自助的活动。

本书为"海洋安全与治理"研究项目成果，能够帮助海事系统管理部门有针对性地开展工作，同时也能够给海事社会工作专业教学和实践活动提供案例指导。本书以常用的实务理论为指导，精选实务操作案例，力图形象化、立体化呈现实务操作流程和方法。为方便读者学习，每章结尾部分还配备了相关的思考题。本书有三大特色：第一，本书涵盖的实务领域广泛，涉及海员工作和生活的方方面面，读者可以就自身需求和困境找到相类似的案例并寻求解决方法。第二，本书将理论和实务相结合，使读者既可以学习社会工作理论知识，也可以学习实务操作方法；既可以作为高校社会工作专业的教材使用，也可以作为海事系统管理人员的实践手册参考。第三，本书案例均由真实案例改编，尽可能贴近真实情境，既保证了专业性、科学性，又兼顾了可读性、通识性。

本书得以出版，要感谢大连海事大学出版社的大力支持，感谢丛书主编储建国教授的悉心指导,感谢接受访谈的众多案主及其家人,感谢为本书收集资料的研究生邓淑漫、范晶晶、王霄、邓志颖、李相玲、于嘉琪。

衷心希望本书能够为中国社会工作理论与实践的发展提供力所能及的支持,为海事系统提供有效的实务指导,为推动航运强国战略实施、总体国家安全观具体实践提供智力支持。也期待更多热心从事海事社会工作研究和实务工作的人士加入我们的行列,共同推动海洋社会学相关领域研究的发展。

李婷婷

2024 年 7 月 1 日于大连海事大学管理楼

目 录

第一篇　海事社会工作理论基础

第一章　海事社会工作概论　3

第一节　海事社会工作的背景与产生　3
第二节　海事社会工作概述　8
本章小结　16

第二章　海事社会工作理论　17

第一节　海事社会工作理论概述　18
第二节　常用的分析取向的实务理论　20
第三节　常用的介入取向的实务理论（案例）　27
本章小结　43

第三章　海事社会工作通用过程　45

第一节　接案　46
第二节　预估　51
第三节　计划　53

第四节 介入 59
第五节 评估 61
第六节 结案 66
本章小结 70

第四章 海事社会工作方法 71

第一节 海事个案工作 72
第二节 海事小组工作 78
第三节 海事社区工作 86
本章小结 92

第二篇 海事社会工作实践应用

第五章 危机干预模式——对海员自杀心理的干预 95

第一节 案例描述 96
第二节 危机干预模式在海事社会工作中的应用 99
第三节 评析 108
本章小结 118

第六章 应急管理模式——对创伤后应激海员的应急干预 119

第一节 案例描述 120
第二节 应急管理模式在海事社会工作中的应用 123
第三节 评析 131
本章小结 140

第七章 活动干预模式——对退休海员社会融合的辅导 141

第一节 案例描述 142
第二节 活动干预模式在海事社会工作中的应用 144
第三节 评析 154
本章小结 164

第八章　个案工作方法——对新生代海员工作适应问题的干预　　165

　　第一节　案例描述　　166
　　第二节　个案工作方法在新生代海员工作适应问题中的应用　　169
　　第三节　评析　　177
　　本章小结　　185

第九章　小组工作方法——海员婚姻关系成长班　　187

　　第一节　案例描述　　188
　　第二节　小组工作方法在海员婚姻关系中的应用　　191
　　第三节　评析　　201
　　本章小结　　210

第十章　社区工作方法——海员流动站　　211

　　第一节　案例描述　　212
　　第二节　社区工作方法在海事社会工作中的应用　　215
　　第三节　评析　　223
　　本章小结　　232

第十一章　寻解干预——对海员社会交往技能的辅导　　233

　　第一节　案例描述　　234
　　第二节　寻解干预在海员社会交往中的应用　　238
　　第三节　评析　　249
　　本章小结　　255

第十二章　认知行为疗法——对海员安全意识与行为的干预　　257

　　第一节　案例描述　　258
　　第二节　认知行为疗法在海员安全意识与行为中的应用　　261
　　第三节　评析　　271
　　本章小结　　282

第十三章　**性格优势干预——对海员社会化失调的干预**　283
  第一节　案例描述　284
  第二节　性格优势干预在海员社会化失调中的应用　289
  第三节　评析　297
  本章小结　305

第十四章　**家庭治疗模式——对海员上岸后亲子关系的干预**　307
  第一节　案例描述　308
  第二节　家庭治疗模式在海员上岸后亲子关系中的应用　311
  第三节　评析　319
  本章小结　328

参考文献　329

第一篇 海事社会工作理论基础

第一章

海事社会工作概论

在运用专业方法和技能开展实务之前,我们需要简单了解海事社会工作的发展历程和基本情况,既要追溯历史,又要有学理分析,在此基础之上,才能更好地了解这一专业领域,更有效地将理论运用于实践,协助海员群体实现自助。本章介绍了海事社会工作产生的背景,包括改革开放以来的航运业,海事社会工作与航运发展的关系,海员职业特征介绍,海事社会工作的工作内容,国内外海事社会工作的发展进程,海事社会工作的科学价值和学科价值等。

第一节
海事社会工作的背景与产生

一、改革开放以来的航运业

改革开放促进经济快速发展,推动港口码头的建设有序进行,水运业由劳动密集型向技术集约型转变,一系列提高水运能力的措施应运而生。航运界紧紧抓住发展机遇,呈现出巨大变化:船队规模发展速度、港口能力发展速度、内河航运发展速度、海员队伍发展速度、海事和海上救助发展速度、船舶检验发展速度、水运科技发展速度、航海文化发展速度、内地与港澳台地区水运界交流合作发展速度、国际海事参与力度等前所未有地增长。四十多年来,我国航运之所以能够呈现跨越式发展,主要原因还在于党中央、国务院领导制定和实施了一系列发展战略,始终以交通强国、航运强国建设为总任务。2023年是共建"一带一路"倡议提出十周年,十年来,我国与"21世纪海上丝绸之路"共建国家和地区经济贸易往来日益紧密,与100多个国家和地区建立了航线联系,海运连接度全球领先。2023年也是我国恢复国际海事组织合法席位五十周年,五十年来,我国积极参与国际海事规则的制定,全面融入全球海事治理,为推动世界航运健康可持续发展积极贡献中国智慧。与此同时,航运企业意识到自身不仅仅是经营型企业,更是服务型企业,在经济效益不断增加的同时,更应关注海员群体的利益和需求。海事系统意识到自身在保障海上交通安全、维护海员合法权益等方面肩负着重要使命,发挥着积极作用。航海类高校也在通过采取有效培养措施,积极创造条件,培养有创新能力、综合素质高的航运人才。

二、海事社会工作与航运发展的关系

全球航运业在快速发展的同时也面临海员短缺愈发严重的形势。一方面,运输量扩大造成需求增加;另一方面,如果仅仅通过提高海员薪酬来解决问题,就可能导致海运费用上涨,同时仅仅依靠提高海员薪酬也并不能有效改变海员职业吸引力下降、海员归属感不强、社会保障存在短板等现实局面,这严重影响海员队伍的可持续发展。就社会工作专业领域而言,增进民生福祉是专业发展理念,尤其在当下航运强国战略目标的引领下,海员职业群体理应成为社会工作领域关注的服务对象。海事社会工作从海员关怀与权益倡导、员工帮助计划、船上关系整合、心理状态监测与维护、安全操作意识提升、危机干预与应急管理、职业发展、增权赋能、社会化失调恢复、家庭关系改善等方面提供专业的社会工作介入服务,运用社会工作专业方法为海员链接资源,协助其应对工作和生活情境中的问题,从更加关怀海员成长和发展的人才队伍建设层面促进航运经济健康持续发展。

三、海员职业特征

1. 在船工作情况

（1）工作职责

海员是远洋船舶上的工作人员的统称，船舶上的人员配置主要分为甲板部和轮机部。其中，船长负责船舶航行。甲板部大副1名，负责货物配卸；二副1名，负责海图、航海资料等；三副1名，负责消防救生等；水手长1名，负责甲板部的维修保养等。轮机部轮机长1名，是全船机电设备的技术总负责人；大管轮1名，负责主机保养；二管轮1名，负责发电机保养；三管轮1名，负责供水供油等。此外，还有木匠、机工、电机员、电工等人员。海员一般又可以分为高级海员和普通海员。高级海员包括管理级海员（船长、大副、政委、轮机长、大管轮）和操作级海员（二副、二管轮、三副、三管轮）；普通海员又称支持级海员（水手长、机工、厨师等）。根据《中华人民共和国海船船员值班规则》的规定，任何24小时内的休息时间可以分为不超过2个时间段，其中一个时间段至少要有6小时。一天24小时分为3个值班班次，所有参加值班的人员在任何24小时内休息时间不少于10小时。同时，船上工作要求海员具备极强的责任心，严格执行职责内的各项工作任务。

（2）管理模式

中国籍船舶大多实施由船舶党支部领导的船长政委分工责任制，船长负责船舶的航行等全局事务，政委负责海员的思想政治工作以及协调海员之间的关系。船上工作按照等级制度来管理支配，分工合作，最大限度地保证船舶的安全运行。

（3）工作条件

对于在船海员而言，船舶既是工作场所，也是生活场所。特殊的环境使得海员的工作和生活交织在一起。海上工作最大的威胁来自海上多变的气象，这导致航行环境复杂多变，需要海员有足够强大的心理素质和知识技能来应对。随着船舶自动化和信息化水平不断提升，船上工作基本都通过机器操作，这对海员专业技能提出了更高的要求。随着船舶现代化水平不断提升，海员的生活条件相比以往有了一定的提高。但是从饮食条件来看，受航行条件限制，船上饮食仍不能像陆地生活那样有着丰富的食品种类；从娱乐社交情况来看，以往调研显示，船上的娱乐活动除了看书学习、健身运动外，主要还是以棋牌、电子游戏为主,而且由于工作劳累,海员在休息时间大都选择回房间睡觉。随着船舶生活设施等条件的改善,以及管理人员对海员身心健康状态的关注,越来越多的娱乐活动也在丰富着海员的船上生活,更好地帮助海员放松身心。随着4G、5G移动通信技术的普及,海员可以直接用手机联系代理、调度,以及和家人通话,利用船岸通信传达的海员越来越少了。

2. 职业特征

基于以上对海员职业的介绍,我们可以归纳出海员职业的以下三个特征:

(1)技术性

驾驶与管理船舶不仅需要具备专业知识和技能,掌握相关的航运公约标准、技术规范、法律法规,并取得相应的适任证书,还需要具备良好的心理素质和应变能力,这决定了海员职业具有极高的技术性。

(2)风险性

海上复杂多变的气象条件、海盗和战争等不安全因素、航区航线的复杂性,以及不安全行为后果的严重性,决定了海员职业的风险性。

(3)国防性

海员工作具有显著的国防属性,其战略价值主要体现在其战略运输保障、经济命脉守护、海洋权益维护、非传统安全防御、技术安全屏障、法律与政策保障体系等方面。海员群体实质是"不穿军装的战略兵种",当前国际局势下,拥有20万高素质海员的中国,其国防价值已超越运输工具层面,成为国家海洋战略的能力支点。保持海员队伍规模与技术优势,对维护海上交通安全、应对区域冲突具有不可替代的作用。

3. 职业评价

(1)职业认同

海员的职业认同是指海员个体对海员职业的目标、社会价值等因素的看法,与社会对海员职业的评价和期望一致,即对海员职业方面的看法、认识的赞同或认可。海员的职业认同会影响海员的忠诚度、向上力、成就感和事业心,这种认同并非结果,而是海员在长期从事海员职业的过程中,对该职业活动的性质、内容、作业方法、职业环境等极为熟悉和认可的情况下形成的,是一个动态发展的过程。海员的职业认同是达成组织目标的心理基础,可以化为对海员职业的规范认同、情感认同和持续认同。调查研究发现,海员职业认同与受教育水平、船上服务资历、船上职位、船东类型等因素相关,具体表现为:研究生学历的新生代

第一章 海事社会工作概论

海员的职业认同感低于本科和专科学历的海员;国企的新生代海员的职业认同感高于其他企业的海员;海上服务资历越长,职业认同感越强;船上职位越高,职业认同感越强。实践中,各地海事局、航海类高校、航运企业也在通过各种形式的活动来增强海员的职业认同感,努力让海员有更多的获得感、幸福感和安全感。如"劳模讲堂"主题活动,邀请海员代表与年轻海员分享自己从普通海员成长为船长的奋斗故事,激发海员对航运事业奋斗的情怀和志向;"关爱海员"健康服务,邀请医疗专家为海员开展健康知识讲座,关爱海员的身心健康;"走访慰问"调研活动,组织海事人员登上船舶与在船海员交流,了解海员在航行作业、权益保障、职业发展方面的困难和需求,更好地为海员提供保障;"希望思维团体辅导"实务项目,以海事社会工作专业方法介入新生代海员职业认同和专业认同的培养。

(2)社会认同

不同于职业认同是海员自身对职业的认知和情感评价,社会认同更多强调社会公众对海员职业的认可程度,尤其涉及来自海员家庭成员的认同,报考院校时来自学生家长的认同,其他社会公众对海员职业的了解和评价,整个社会营造出的航海文化氛围。这些都会间接影响海员的职业认同,也就是说海员的职业认同深受社会环境和文化的影响。社会环境中存在的职业偏见或误解,以及社会文化价值观都对个人的职业选择和认同产生影响。海员的职业认同和社会认同是相互依存、紧密联系的,航海事业的发展不仅需要海员群体自身对航海事业的追寻,还需要整个社会的认同和支持,为海员职业发展营造良好社会氛围,将航海文化置于提升国家软实力的战略意义上。比如在实践中,借助"航海日"活动打造强势航海文化,不仅能增强海员的职业责任感、使命感,也能增强全社会对航海事业的亲切感、认同感,认同航海事业,支持航运发展。

(3)海员流失

海员流失是一个复杂的问题,需要航运企业、海事系统、航运类高校等多方从内外部多个方面进行分析和解决。调研显示,中远海运船员管理上海分公司能源库在2013—2017年基本没有新录入航海类大学生,2013—2017届航海类大学生人才队伍出现严重断层情况,对海员队伍建设的持续发展造成极为不利的影响。2015—2020年海员流失率高达65%以上。以航海技术为例,2013届航运业内签约413人,行业内签约率高达92.34%,截至2021年年底,还在行业内工作的海员不足160人,流失率很高。现状如此,即使薪资较高,但不稳定的生活方式,繁重的工作压力,闭塞的社交生活,持续的亚健康状态,向岸转型困难等这些因素都导致海员职业的高流失率。而这些问题或需求正是海事社会工作的主要议题:创伤应激恢复、船上关系协调、职业发展规划、安全意识与行为培养、心理疏导、家庭关系维护、船下资源整合等。

第二节 海事社会工作概述

一、海事社会工作的定义和具体内容

海事社会工作是社会工作的一个重要研究领域,不同于一般的海员服务工作,海事社会工作是指社会工作者(可简称为"社工")采用社会工作方法,结合海员职业特征来帮助海员进行职业发展规划,协调船上社会关系、整合船下社会资源。职业发展规划有助于增强海员对其职业的持续认同,协调船上社会关系有助于确保船上工作的有序开展,整合船下社会资源有助于减缓社会失调、促进社会互动。

海事社会工作秉持"人在情境中"的理念,从海员所处的系统环境入手解决问题。海员所处的系统环境包括微观的家庭环境、中观的船上环境以及宏观的社会环境。微观层面,有研究发现,家庭与工作间严重的角色冲突以及下船后在家庭系统中的社会化失调都可能诱发问题情境。因此海事社会工作者除了运用心理社会治疗模式帮助海员解决情绪和人际交往问题外,还常运用家庭结构治疗模式将家庭系统作为解决问题的核心要素,为海员的再社会化创设良好环境。中观层面,海员职业发展中的问题与船上环境密切相关,协调船上关系有助于确保船上工作的有序开展,因此船上关系的协调也是海事社会工作的重要任务。宏观层面,海事社会工作致力于政策倡导和社会宣传:一方面,通过向相关部门反馈海员群体的需求和问题,来为海员发展争取良好的政策环境;另一方面,通过积极创设良好的社会文化氛围,来提升海员职业的社会认同和自我认同。

从上述内容可以看出,海事社会工作是一项特殊的工作,其特殊性主要体现在以下两个方面。一是服务对象的特殊性。船舶的驾驶和管理等工作需要极强的专业知识,封闭的环境和复杂的海况又使得海员的心理负荷较重,这就要求海

第一章 海事社会工作概论

事社会工作者掌握海员的职业特征、职能角色、事故应激反应、主要身心障碍等基本信息和知识。二是工作过程的特殊性。海员由于职业特性,大多数时间居于海上,其工作生活经历和思想认识与其他服务对象相比具有特殊性,这就要求海事社会工作者不能以惯用的社会工作通用过程来应对。正是由于这项工作的特殊性,因此更需要海事社会工作者充分认识它的艰巨性和重要性,真正能够关怀海员群体,协助他们应对困境、满足需求、实现成长。

海事社会工作涉及的内容相比其他群体而言更多,主要有以下七个方面。

(1)创伤应激恢复。海上气象环境、水文环境和航道条件等环境因素,船舶性能和状况等船舶因素,货物处置和运输保管等货物因素,人员操作失误等人为因素,都可能导致海上事故的发生。我们将这些应激源分为海难或海损事故、环境顺应障碍两类。目睹或遭受严重创伤事件的海员,更有可能产生严重的心理困扰,产生创伤应激障碍,其常见的表现有:工作时难以集中注意力,容易受惊;不由自主地回忆唤起创伤事件;常有负面情绪,丧失工作和生活热情;与他人有距离感,社交融入困难等。对于大多数人来说,上述症状表现会在一段时间内减轻,但有些人需要更长时间甚至变得更糟。海事社会工作者的工作内容就是帮助海员进行创伤应激恢复,但又不同于心理治疗或思想教育,其更多采用寻找支持系统的方法,从系统环境入手协助海员应对压力。

(2)船上关系协调。茫茫大海,极特殊的工作环境和工作内容,以及海员各自不同的工作风格、文化背景或个人偏好,都可能导致海员间关系不和谐,如果管理人员任由矛盾发生,势必会影响船上工作的正常开展,甚至影响航行安全。以往的调解方可能是船长、船员工会代表、政委或其他有调解经验的人,但这些人员也有各自的工作任务,如果时常牵扯精力于此,也容易产生倦怠。优质的团队协作不仅关乎航运效率,更关乎海员的生命安全。海事社会工作者的工作内容就是运用专业方法协调船上关系,不同于单纯的说教,最有效的方法是采用团体社会工作方法,通过设计目标明确的小组活动来增强团队合作意识,以协助建立海员间良好的沟通渠道,使其能够理性、冷静地分析事态,而非情绪化反应。

(3)职业发展。近年来,海员职业发展的有利因素在增加,如海洋经济持续发展、海洋强国战略的实施、"一带一路"倡议的提出、新技术运用带来工作环境的改善、社会对海员权益的关注和社会保障的落实等,这些都带来了新的发展机遇。同时,海员职业认同感的降低、全球航线与市场变化、国际海事规则变化、高新技术发展对海员专业技能的更高要求等也是不容忽视的挑战。海事社会工作的工作内容在于协助海员从信息获取、职业规划等方面全面考量,在复杂多变的发展中找到自己清晰的职业发展路径,而不是简单单向的就业市场信息供给。具体措施包括协助海员获取属于专业方法中的资源链接,如协助海员及时关注行业动态,相关领域的新技术、新政策和大事件,全球航线与市场变化等;在职业发展方面,如采用个案工作介入或小组工作介入方法协助海员明晰自身发展意向并进行职业发展规划,以及了解周边职业发展路径等。

(4)安全意识与行为。随着国家"涉海"战略的不断提出,海员的安全意识与行为越来越得到社会的关注。国际海事组织在《国际安全管理规则》中指出,海上事故约有80%是人为因素引起的。因此,分析航运中海员操作行为的安全意识,并采取有效措施以改善安全绩效至关重要。实践中,尽管海事系统、航运企业、航海院校在不断强调安全操作并完善制度规范,但《交通运输行业发展统计公报》显示,2019—2022年共发生507起船舶水上交通事故,造成592人死亡或失踪,平均每3天发生1场伤亡1人以上的事故。这一方面可能是因为海员安全意识通过何种路径对其安全绩效会造成何种影响尚未明确,这使得海员无法准确通过海员的安全意识对其安全绩效进行预测,导致相关部门在海员的安全管理实践中不能针对安全意识给出具体的措施。海事社会工作的工作内容就是通过构建"一带一路"背景下的海员安全意识测量标准、解构海员安全意识对安全绩效的影响机制以及建构干预路径来为推动海运强国战略实施提供智力支持。

(5)心理疏导。海员长期生活在海上,工作繁重,活动受限,资源不足,极容易产生心理压力,表现为沮丧、抑郁、孤独、恐惧、回避等负面情绪。这些心理问题可以归结为三个方面:情绪波动,适应障碍,身体不适。而这些问题在长时间的工作中会彼此交织,对工作效率产生严重影响,甚至威胁航行安全。耶鲁大学一项研究发现,患有抑郁症的海员达25%,其中焦虑症约占17%,曾经想过自杀或自残的约有20%。海员的心理疏导是一个涉及航运、心理、健康、社会、政策等多方面因素的复杂性问题。海事社会工作的工作内容,一方面是增强海员个体与环境的互动,其不同于心理治疗,更致力于个体行为与环境的协调互动,通过构建社会支持系统来改善他们不能适应环境的行为模式,促进其人格健全发展;另一方面是致力于协助管理人员建立健全海员心理咨询体系和预警机制,而不仅仅是问题发生后才来进行干预。

(6)家庭关系维护。在海员各种问题的形成过程中,家庭因素是一个十分重要的方面。由于船上通信受限,海员不能及时与家人联系,无法分享自己生活的细节,在具体的家庭事务中更难做到亲力亲为,导致与家人情感疏离。海事社会工作的工作内容就是采用专业方法对海员案主的需求进行评估,分析案主家庭存在的问题,采取结构式家庭治疗的方法对案主家庭进行介入,一方面强化海员上船期间家庭的支持性结构;另一方面通过重构其角色功能来减轻家庭成员的负担,同时令海员产生效能感。在具体的实务中,还有协助建立海嫂联络站的方法,增加与海员家属的沟通,并且协助管理部门将海员家属工作纳入企业精神文明建设,更好地发挥海嫂联络站在企业生产中的作用,使海嫂联络站在服务海员、和谐家庭、关心海员的同时积极服务于公司和谐稳定、改革发展的大局。

(7)船下资源整合。海员长期在船上生活,下船后容易出现不适应社会生活的情况,表现为社会化失调。海员社会化失调呈现互动能力下降、社会融入困难、角色失调、没有归属感等问题,这些可以发生在各个情境中,如工作、生活、家庭、社交场合等。海事社会工作的工作方法不同于一些研究领域只关注个体本身的资源,而是致力于协调整合多方资源,如党政支持、工会牵头、企业主导、社会力量,统筹海员服务建设。具体实务中,如协助建立"海员之家"岸上综合服务阵地,从满足海员需求的多元化、个性化入手,既提供海员基本生活资源服务,又将服务不断延伸至船下慰问、海员家属服务、医疗绿色通道服务、政务咨询、法律援助、社会保障等,协助推进海员服务阵地建设,优化整合船下资源。

二、国内外海事社会工作的发展进程

海事社会工作的发展可以追溯到人们对海洋活动和海员群体福祉的关注。随着航海技术的进步和海洋贸易的繁荣,海员这一职业群体逐渐被社会各界认识和重视。海事社会工作最初主要关注海员在船上的基本生活和安全,后来扩展到海员的社会保障、心理健康、职业发展等层面。在这个过程中,海事社会工作的方法和理念开始被应用到海事领域,逐渐形成海事社会工作这一分支。海事社会工作者运用社会工作的专业方法和技巧,为海员提供全方位的支持服务。同时,国际海事组织和各国政府提供支持与保护,例如制定相关法律法规和国际公约,使得海事社会工作有了更多的支持和保障,为其发展奠定了坚实的基础。海事社会工作的发展进程也融合在"海员关怀工作"的发展进程中:

(1)早期阶段(19世纪末至20世纪初)

这一时期,海事社会工作主要关注海员的基本权益和福利保障。随着国际贸易的初步发展,海员成为海上贸易的重要力量,其生活和工作环境引起了社会的关注。一些国家和地区开始建立福利组织,保障海员的基本权益。如:1914年海员吴渭池等在"俄国皇后"号邮轮上组织召开了中国海员大会,建议在船上建立福利组织。会议通过了成立"海员公益社"的决议。章程规定每位社员每次缴纳 1 元社费,凡社员在航行中遭遇意外疾苦,大家要互助互救。如途中有人重病入院,公益社拨付 30 元以保障生活。公益社成立不久后,该轮海员刘达潮又领导大家建立了"民声社",开展船上戏剧活动,关注船上海员的生活和思想感情,使得海员们越来越关注自己的工作与生活,考虑自己的发展和前途。在该创举的影响下,1916 年由 9 艘邮轮组成的"海员公益社"宣告成立。同年,香港海员最早成立了合法组织"海员慈善会",慈善会的诞生得到了广大香港海员们的拥护和支持,其规模迅速发展,海员的权益进一步得到保障。

(2)发展阶段(20 世纪中叶至 20 世纪末)

随着航海技术的进步和国际贸易的繁荣,海员关怀逐渐拓展到更广泛的领域。海员养老、失业以及海上救援等成为新的关注点。国际海事组织的成立,推动了海员关怀工作的国际交流与合作,为海事社会工作提供了明确的指导框架和标准。1946 年签订的《海员社会保障公约》明确了海员的社会保障标准,旨在保障海员在医疗、工伤、失业、养老等方面的权益。《海员社会保障公约(1987 年修正本)》更加深入地考虑了海员职业的特殊性,进一步明确了海员社会保障应涵盖的项目,如医疗、疾病津贴、失业津贴、养老金、工伤津贴和遗属津贴等,并根据当时的社会经济情况对这些项目的具体内容和标准进行了更新或调整。鉴于海员职业的跨国性质,该公约更加强调了各国在社会保障方面的合作与协调,确保海员在全球范围内都能得到一致和有效的社会保障。国际海事公约和规范的制定,为海员关怀工作提供了清晰的工作方向,使其能够在维护海员权益、提供心理支持、改善海员工作环境等方面发挥更大的作用。

同时,我国海事法规建设也逐步加快。一系列重要的海事法律法规相继出台,1983 年 9 月 2 日第六届全国人民代表大会常务委员会第二次会议通过的《中华人民共和国海上交通安全法》首次将海员权益保障写入国家法律,增加了维护海员合法权益的内容。该法明确了海员劳动安全和职业健康的保障措施,为海员提供了法律上的保护。同时,该法还新增了海事劳工证书许可的规定,要求中国籍国际航行船舶必须符合相关条件,须取得海事劳工证书,从而保障海员的合法权益。《中华人民共和国海员条例》等法律也相继出台,这些法律法规构成了我国海事法规体系的基础框架,为海事管理提供了基本的法律依据。相关法律法规的制定和海事管理机构的建立,为海员关怀工作的开展奠定了基础。

(3)发展壮大阶段(21世纪初至今)

随着海洋经济的快速发展,自21世纪以来,海员关怀工作进入了一个全新的发展阶段,呈现多元化、信息化和专业化的趋势,得到了越来越多的关注和支持,获得了更加广阔的发展空间和机遇。海员关怀工作更加注重海员的心理健康、职业发展和生活品质。通过提供心理咨询、呼吁航运企业加强人文关怀以及加强法律法规的完善等举措,帮助海员应对海上工作的挑战和压力,提升他们的职业满意度和幸福感。

国际合作与交流也是海员关怀工作发展的一个重要方面。面对全球化的趋势,各国加强了国际合作与交流。各国通过国际海事组织等平台,分享各自在船舶安全管理、海上交通监管等方面的经验和做法。2018年9月5日,中国交通运输部和利比里亚海事局续签5年期《中华人民共和国政府和利比里亚共和国政府海运协定》,明确在海运、海事、港口和交通基础设施以及海员培训和教育等领域的深度合作。

自21世纪以来,海员关怀工作的专业化程度不断提升,与其他领域的融合与合作不断加强,形成了多元化的服务模式。在政策层面,《中国海员发展规划(2016—2020年)》提出要建设公开透明、规范有序的海员市场体系,促进市场的健康发展。在管理层面,国家深化海事海员管理改革,构建服务型管理模式,并推行智慧管理,推动管理转型升级。国家通过改善海员职业发展环境,建立合作机制,推进权益保障和文化建设,促进海员队伍的可持续发展。这些举措共同推动了海事社会工作的全面进步。

科技的进步推动了海员关怀工作的创新发展。信息化、智能化技术的应用使得海员关怀工作更加高效、精准。例如,通过在线平台为海员提供远程心理咨询、在线教育等服务,突破了时间和空间的限制。通过应用大数据和人工智能等技术,海事管理部门能够实时监控和管理海上交通状况,实现预警和应急处理的自动化和智能化。

(4)海事社会工作专业方向确立(2015年至今)

随着海员关怀工作的持续推进和不断完善,凭借区域优势和学校特色,大连海事大学在社会工作专业硕士学位培养方向中确立"海事社会工作"培养方向,致力于从海员关怀与权益倡导、员工帮助计划、船上社会工作实务(船上关系整合、心理状态监测与维护、安全操作意识提升、危机干预与应急管理等)、船下社会工作实务(职业发展、增权赋能、社会化失调恢复、家庭关系改善)等方面提供专业的社会工作介入服务,涉及海上、海港、涉海社区等场域。海事社会工作专业方向的确立,使得海员关怀工作的专业化、领域化程度不断提高,运用海事社会工作专业方法为海员链接资源、协助其应对工作和生活情境中的问题,进一步提升其职业认同感和获得感。对于交通部门、海事系统、航运企业来说,高校为海员关怀工作提供了专业的理论和方法,以及海事社会工作实务案例分析,这为共同推进海洋强国、航运强国、"一带一路"倡议的实现提供了学理支持。

三、海事社会工作的科学价值和学科价值

专业发展离不开对其科学价值和学科价值的探讨,尤其是在海事社会工作发展初期。探讨有助于推动教育质量和科研水平的提升,有利于教育、科研、实务间的成果转化,能够更精准地培养专业人才,解决实际问题,提升学科建设水平,推动领域发展。

随着循证实践理念的引入,社会工作从传统的以权威为本的实践逐渐转向以证据为支的实践,海事社会工作也在循证实践理念的指导下开展了有效的干预活动,以更有效地解决海员发展所面临的问题。海事社会工作的科学价值体现在其专业的研究体系上,也就是本文所阐释的循证实践干预模式。其具体体现在两个方面:首先,海事社会工作遵循科学的方法论。海事社会工作者依据循证实践干预模式开展实务,破除权威意见和经验在实务中的主导性,充分理解和解构案主需求,按照证据分级标准从上到下选取证据和决定研究方法,根据已有的证据结合案主需求设计方案,通过设计随机对照试验、前后测基线测量等方法提高研究过程的客观性和科学性,增强研究结果的说服力和有效性。其次,海事社会工作具有规范的操作步骤。依据循证实践干预模式的具体操作框架开展干预活动:第一,探究海员的问题和需求,对问题的起因、结果、解决方式等内容进行调研,完整地建构出对该问题的理解;第二,在已有的证据中分析各自的优劣,选取能解决海员问题的最优证据;第三,评估证据的有效性;第四,结合海员需求和最优证据及社会工作者的价值观制定干预方案,重视海员需求与干预方案之间的契合性;第五,对所开展的实务活动进行评估,运用前后测基线测量以及随机对照组等方法,以提升评估方法的科学性和客观性。可见,循证实践干预是海事社会工作的基础,循证实践理念对海事社会工作的影响在于使海事社会工作通用过程的每一步决策都更加科学化、系统化。

海事社会工作的学科价值更多体现在它的实践价值和教育价值。海事社会

工作是循证实践的一个重要领域。海员在社会系统互动过程中产生的问题是海事社会工作发挥实践价值的研究客体。海事社会工作的实践价值具体体现在让海员参与干预方案的设计,使得干预方案能够充分体现海员的价值观和期望,使现有最佳证据能够被应用于实践,确保实务活动由理论驱动、有证据支撑,保证了服务方案与服务对象需求的契合性。海事社会工作教育研究是一个系统科学的工程。首先是促进循证实践的发展,推动建立完善的方法学体系,通过教育帮助教育者和学生真正掌握在实践过程中使用循证方法、在干预活动中进行循证实践干预的规范方式,提高海事社会工作专业人才的循证实践能力,促进研究人员和社会工作机构之间的学习交流,以教育研究带动实践操作,并在海事社会工作的实践中不断丰富证据。其次,循证实践既是实践范式,也是教育范式。研究者进一步探索循证实践在海事社会工作人才教育中的应用实践,借助教育体系将循证实践理念植根于海事社会工作者的思想,培养他们掌握查找和使用证据的能力,推进海事社会工作者将循证实践理念贯彻到实务工作中,更高效地服务于海洋强国建设,进而提升学科的社会认同感。

循证社会工作重新审视了社会工作专业实践为本的问题,是推动社会工作在中国发展并获得社会认同的一个可能策略。海事社会工作的发展对社会工作者和研究者的专业技能和知识素养提出了较高的要求,同时也对如何开展科学有效的干预提出了迫切需求。如何以社会工作研究者、教育者、实践者能够真正理解的形式,将开展海事社会工作干预的框架体系呈现出来,是目前海事社会工作亟待解决的问题。海事社会工作实务真正发挥效用,社会工作专业获得社会认同,干预体系的有效性和科学性是必然要求。循证实践模式为社会工作从方法论到具体操作层面提供了完整的框架,但目前受到研究者与实践者之间角色分离、证据积累与挖掘工作不充分等因素的影响,还未出现足够多的有效证据,因此海事社会工作的发展还要通过转变教育范式的方式来实现,在教育场域内教授循证实践的相关知识,培养海事社会工作领域的学生和一线社工对证据的查找、使用和评估等能力。海事社会工作的发展任重而道远,循证实践理念指导下开展的有效干预是海事社会工作进一步发展的关键,有效干预策略的实施能够在更大程度上彰显海事社会工作的科学性和专业性。循证实践理念经过不断完善和应用,逐渐发展出成熟的有效干预策略的框架体系并广泛应用于海事社会工作实务中,使海事社会工作真正成为一门实证科学,更高效地解决海员的职业发展问题和民生问题。

本章小结

改革开放四十多年来,我国航运业在船队规模发展速度、港口能力发展速度、内河航运发展速度、海员队伍发展速度、海事和海上救助发展速度等方面呈现跨越式发展特征。党中央、国务院始终以交通强国、航运强国建设为总任务,带领海事系统、航运企业、航海类高校等多方积极践行航运发展战略。

海事社会工作主要从海员关怀与权益倡导、员工帮助计划、船上社会工作实务(船上关系整合、心理状态监测与维护、安全操作意识提升、危机干预与应急管理等)、船下社会工作实务(职业发展、增权赋能、社会化失调恢复、家庭关系改善)等方面提供专业服务,涉及海上、海港、涉海社区等场域。服务对象的特殊性和工作过程的特殊性使得海事社会工作成为一项特殊的工作。

海事社会工作的发展可以追溯到人们对海洋活动和海员群体福祉的关注。海事社会工作从最开始主要关注海员在船上的基本生活和安全,到后来扩展到关注海员的社会保障、心理健康、职业发展等层面。海事社会工作的发展进程也融合在"海员关怀工作"的发展进程中。

在循证实践理念指导下开展的有效干预是海事社会工作进一步发展的关键,有效干预策略的实施能够在更大程度上彰显海事社会工作的科学性和专业性,使海事社会工作真正成为一门实证科学,更高效地解决海员的职业发展问题、民生问题,进而推进海洋文明建设。

第二章

海事社会工作理论

　　帮助弱势群体是社会工作的核心使命,海事社会工作的实践需要理论框架的支撑与引领。理论维度提供了获取或产生不同类型知识的不同途径。不同理论视角的产生再现了不同类型的知识,给予实践和应用以不同的指导。理论视角不是独立出现的,而是嵌入在特定的社会和知识背景之中的。每一种理论都从社会现实(本体论)的"基本形象"开始,在此基础上建立一个理论上层建筑,包括已建立的知识收集方式(认识论)。与此同时,不同的视角在表达和利用特定的框架与概念工具时也是不同的。具体而言,有许多分析取向和实务取向的理论有助于理解和阐明如何更好地帮助海员群体。通过分析取向和实务取向的双重视角,政策决策者及社会工作者可以更好地理解职业(特别是特殊职业)及其对个人产生的影响。本章所讨论的所有理论都与海员有关,并且各理论从不同的角度关注海员的福祉及精神健康的不同维度。本章将主要介绍关于海事海员问题的理论观点,在实际研究与具体的海事社会工作实践中,我们需要综合运用不同的观点来全面理解从事海上工作的海员。

第一节
海事社会工作理论概述

理论是对事件、行为或现象中规律的解释。科学理论即为由概念和命题（对概念间关系的判断）组成的体系。它们以某些假定和边界条件为前提，对我们感兴趣的现象做出逻辑、系统而又连贯的解释。理论的基本作用在于帮助我们描述、预测或解释某些事情的发生。概念、命题、逻辑和边界条件/假设构成了理论的四个基本要素。科学理论与神学、哲学或任何其他类型的解释方式最显著的差异便在于其坚守实证的精神。科学理论不仅仅是一种观点或假设，它必须经过科学方法的严格检验和验证。理论并不等同于简单的数据累积、粗糙的分类或单一的实证发现。理论的构建也并非对一系列数据或事实的随意堆砌，而是一个系统性、连贯性的过程，它基于严密的逻辑推理和深入的探索。学术研究的目标，应当致力于形成这样的理论框架，以便我们更准确地理解世界，揭示事物的内在规律。理论的基本要素、英文表示、解释和评判标准如表 2-1 所示。

表 2-1　理论的基本要素、英文表示、解释和评判标准

基本要素	英文表示	解释	评判标准
概念（变量、构念、概念）	What	哪些被观测到的要素能够解释现象	系统性、全面性
命题（因果关系、概率关系）	How	要素间存在何种相互影响的关系	明确性
逻辑	Why	要素间的关联如何能够为解释现象意义做出贡献	可解释性
边界条件/假设	Who Where When	要素、关系及逻辑如何能够成立	可论证性

海事社会工作作为我国具有本土化特征的社会工作领域，还是一个较新的概念。结合前述海事社会工作的概念，我们主张海事社会工作理论是社会工作者在社会工作过程中所运用的各种理论知识的总称。海事社会工作的实践框架来自理论层面对海事领域服务对象的形成原因、问题表征及影响因素的阐释，其可为社会工作者提供开展实务的一般逻辑思路和架构，有的理论甚至直接为实

务开展提供了一套既定的、具体的介入程序和方法。因此,社会工作发展至今囊括的社会工作理论并不是指完全纯粹的学术性质的理论,也包括一些用于指导实践的干预性质的理论,这些高度抽象化的内容一同为社会工作领域的发展提供了智力支持。

理论体系源于对各种现实情景要素的考量,因此必须同时从一个领域的内生与外生因素出发,考虑理论架构。在海事社会工作领域,海员作为服务对象主体,海员职业的形成历程与社会发展蕴含着一种同频共振的密切联系。这种联系体现在,海员职业的产生、发展与社会的进步密不可分,相互影响、相互促进。海员职业的特性,不仅决定了该群体拥有着独特的工作环境和生活方式,也塑造了他们独有的群体文化。这种文化是在长期的海员工作中形成的,是海员们共同的经历和感受的体现。同时,海员的职业特性也限制了他们的社会融入程度。长期的海上生活,不可避免地使他们与陆上生活脱节,使他们与社会的其他群体产生了隔阂。他们的生活方式、交流方式、思考方式,都因为长期的海上生活而产生了变化,这使得他们在与社会其他群体交流时,可能会感到不适应。因此,通过分析海员职业及群体的社会文化、社会发展和社会融入,有助于我们更好地理解海员这个职业,也有助于我们发展与之相契合的社会工作理论。我们基于社会文化、社会发展和社会融入三个维度,研究与海员行为和社会适应相关因素的问题以及海事社会工作专业干预如何介入的问题。

其一,社会文化方面。海员所处的海上环境和船舶文化给予他们独特的生活方式和价值观念。船上的生活严格按照航海规章和船舶管理制度进行,形成了特殊的职业文化,使海员群体普遍具有独立、以任务为重、行为规训等特点。在此文化下的海员群体干预工作,需要符合其人文特点的理论指导,如优势视角、抗逆力理论、寻解干预模式、任务中心模式和叙事治疗模式等。

其二,社会发展方面。社会发展重申社会工作介入的宏观导向,强调海员面临问题的"社会性",为海事社会工作的开展提供了一个更为广阔的视角。基于对早期传统主流弱势群体福祉的反思,社会发展视角被视为海事社会工作介入的一种"发展转向"。远洋船舶业因国际贸易而繁荣,因科技发展而革新,以海员为核心,架起连接诸大洋的"桥梁"。由于社会发展具有系统性的特点,远洋船舶业在带动远洋贸易进步的同时也易围绕航运、航线、船舶、海员出现发展主线之外的突发或慢性危机,海事社会工作需要遵循这些规律开展干预活动。因此,可将生态视角、系统理论和危机介入纳入理论体系。

其三,社会融入方面。一方面,海员长期在海上工作,与家人和社区的联系相对较少。但家庭和社会的支持对于海员的身心健康和职业发展具有重要的作用。家庭可以为海员提供情感上的支持和关爱,社会可以为海员提供必要的社会服务和帮助。同时,海员们也需要积极参与家庭和社会性的活动,维系家庭和社会关系,增强自己的社会归属感。另一方面,海员的工作内容及长周期性不可避免地在海员群体与其他社会群体之间筑起了认知、沟通的"高墙",导致海员与其他群体交流陷入逼仄境地。由此观之,以沟通理论、认知行为理论、社会支持理论支撑海事社会工作是必要的。

第二节 常用的分析取向的实务理论

一、沟通理论

沟通理论是以社会心理学、人类学、社会语言学中有关人际沟通的一些理论为基础而形成的一种社会工作理论。该理论认为,在错综复杂的人际关系网络中,人际沟通扮演了举足轻重的角色,众多行为问题的源头均可追溯至此。人们往往会基于所接收的多重信息,诸如事实、情感以及记忆等,来指引自己的行动。而在信息处理的过程中,人们还会给予信息发出者相应的反馈,用以表明信息的接收和处理方式。人们在处理信息时,都有一套内在的准则,这套准则指导着人们筛选出那些自认为重要的信息。沟通理论进一步指出,许多案主在沟通上遭遇的困境,究其根本,是因为他们在接收、筛选与评估信息时未能做到恰当合理,或者在给予或接收信息反馈时表现欠佳。社会工作的重要使命之一,便是协助人们清除这些沟通过程中的绊脚石,让信息的传递与接收更加顺畅无阻,从而推动人与人之间的理解与交流。

在海事领域,家庭作为海员群体的大后方,海员最重视的沟通莫过于家庭沟通。家庭关系模式形成于日常家庭沟通,并决定人们如何感知和处理家庭关系。对大多数人而言,家庭是外部出现危机时的避风港,家庭中的沟通可以在一定程度上增强对不确定性的应对能力。因此,我们在此重点介绍两种与家庭沟通相关的理论:家庭沟通模式理论和社会建构主义理论。家庭沟通模式理论起源于家庭沟通,而社会建构主义理论虽然起源于人际沟通,但也已被几位家庭沟通学者广泛应用于家庭环境。它们关注的均是影响整个家庭沟通氛围的互动模式和过程。

1. 家庭沟通模式理论

家庭沟通模式理论最早由美国学者麦克劳德和查菲在1972年提出,历经三代人40多年的研究臻于成熟。家庭沟通模式关注家庭内的信息流通和关系建立,将家庭沟通分为对话取向和服从取向两种类型,主要关注不同家庭沟通模式对家庭成员的信息处理、互动方式和社会心理的影响。这两种取向的相互作用进一步创造了四种在沟通质量上存在差异的家庭类型:一致型、多元型、保护型和放任型。

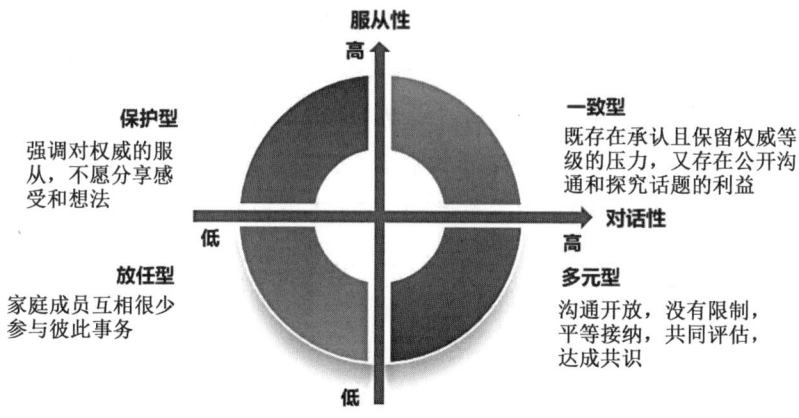

图 2-1　家庭沟通模式下的四种家庭类型

对话取向描述了鼓励家庭成员参与关于各种主题讨论的无限制互动的程度。较高程度的对话取向表明,家庭成员可以自由表达自己,而不受任何互动频率或讨论话题的限制。较低程度的对话取向则意味着较少的互动,并限制了能够在家庭中公开讨论的话题。在服从取向中,家庭成员普遍被期望在营造态度、价值观和信仰同质化的氛围中发挥作用。高服从性家庭的特点是强调互动过程中信仰和态度的统一性以维护和谐氛围并避免冲突,而低服从性家庭则相反。因此,在一致型家庭中,父母会倾听孩子的意见,然后解释他们的决定。这种家庭下的决策权在于父母,成员之间避免了激烈的冲突,并给予了成员表达各自意见的空间。多元型家庭中,成员可就广泛的主题进行公开和无拘无束的讨论,而没有限制。这种家庭下的决策权不仅仅在于父母,也在于子女,他们拥有某种形式的权利,使其能够为决策做贡献。保护型家庭的特点是对话少,服从性高。保护型家庭的父母要求子女完全服从他们的权威而无须谈判。因此,由于父母不容忍讨论和谈判,这种家庭的成员很少进行公开交流,最终极易演变成不愿分享彼此的感受和想法。最后,放任型家庭在对话意愿和服从性方面都很低。其特点是家庭成员对提出话题不感兴趣,沟通取向存在较多的被动属性。因此,在这样的家庭中,无论是成人还是儿童都仅能自行决定日常事务,子女在情感上与父母分离。其尽管存在较多的负面属性,但也有助于限制矛盾的出现。

2. 社会建构主义理论

社会建构主义是一种用于解释人类尝试接受现实本质的理论。社会建构主义可以追溯到1966年社会学家彼得·L.伯格(Peter L. Berger)和托马斯·卢克曼(Thomas Luckman)的著作,他们的思想受到卡尔·马克思(Karl Marx)、埃米尔·涂尔干(Emile Durkheim)和乔治·赫伯特·米德(George Herbert Mead)思想的启发,社会建构主义断言所有意义都是社会建构的。该理论认为人们通过构建自己的社会世界模型以及进行社会互动和语言运作的过程来理解世界。三个独立的知识运动在20世纪60年代融合一起,形成了社会建构主义的基础。第一个是质疑社会现实的意识形态运动,其将焦点放在现实背后的那些政治议程上。第二个是文学驱动力运动,目的是解构影响我们认识现实的方式以及语言。第三个是对科学实践进行批判的运动,由托马斯·库恩(Thomas S. Kuhn)领导,他认为科学发现受到其产生的特定社区的影响,因此其代表了这些社区,而不是客观现实。这三个运动催生了社会建构主义的三个核心假设:一是知识具备社会建构属性;二是语言是社会建构的核心;三是知识建构是由政治驱动的。简言之,社会建构主义理论强调环境因素对人类行为的影响,并认为人与人之间的关系是由他们之间的互动所决定的。因此,对话是建构的核心,个体在社会环境中利用它来创造和维持自己的现实。经过发展,社会建构主义的重点在于强调人与人之间的日常互动,即如何在特定语境中创造、协商意义以及个体如何使用语言来构建现实。该理论认为意义不仅仅是社会规范或期望的产物,而且是在特定社会背景下的人们努力理解他们周围的世界以及随之而来的过程时构建的。因此,在试图理解社会世界时,社会建构主义者认为知识是建构的,而不仅仅是创造的。

哈拉赫(Harach)和库琴斯基(Kuczynski)在他们的研究中确定了语言在亲子关系构建中的作用。通过要求父母在有关关系性质的问题框架内描述与子女的关系(例如父母如何加强和子女的关系、如何破坏关系、如何在互动受阻后修复关系),能够发现父母交谈的性质与类别事关亲子关系。换句话说,互动的语言能够深入地了解家庭成员对亲子关系的看法。因此,从亲子关系的交流中,双方都能够感受到交流的意义,从而获得对彼此以及他们所拥有关系的任何了解。这些衍生的意义和知识决定了他们对关系的反应。此时的语言不仅仅是表达或表征的工具。没有语言,思想和想象力的高级功能就无法发展。也正是从语言中,家庭中的儿童建立了概念,使他们能够开始指导自己的行动,从而塑造自己和他人的生活进程。尽管语言并非一切,但也需要承认幼童的人格是由语言构成的,这个过程贯穿一生,并能够在更高的认知水平上不断地变化和成长。综上所述,家庭中的儿童可以在他们与父母的互动中,通过语言这位"代理人",密切参与构建他们生活中的事件。

二、生态视角与系统理论

生态视角和系统理论是社会工作领域重要的理论,它们都将系统作为一个整体进行考察,重视人与环境之间的交互,关注系统内和系统之间的压力和平衡,并追求一种更加全面、综合的视角来理解和解决问题。

1. 生态视角

生态视角作为20世纪70年兴起的一个具有整合意义或折中意味的社会工作视角,蕴含了深厚的整合意义与折中精神。生态系统强调"人在情境中",克服了以往社会工作过分关注个人而忽视环境的服务模式,可以将被认为是遭遇"生活创伤"的特殊困境群体并入更大的经济环境、社会环境中去思考,探索环境对个体内部生活和外部经历的影响,从而为介入干预提供更多的靶点。与此同时,社会工作服务强调将家庭而非只是个体当作关注的"个案",即要从家庭维度理解个体,与家庭合作,从家庭生态层面协助个体成长和改变,个体创伤性事件在中国文化语境下绝非个人影响,家庭作为个体生活的重要环境及支持服务的核心来源,必定要参与到个体生活变动中去,因而以家庭生态为本的服务视角逐渐得到关注。

个人处在特定的生态利基中,支持性的人际关系是提升个人自尊与自我效能的最关键因素。当抗逆力可以作为个体行动支撑,与之对应的是在个体的生命周期中,至少会有一位重要他人,毫无条件地进行接纳、引导,使个人获得滋养并激发努力的意愿,以及获得自我价值感。再者可以认为服务对象具备主动性和对抗劣势环境的条件,强调服务过程要有服务对象的参与,并要加强其主动适应性,形塑其与环境间的交流活动。生态系统理论承认生物因素和环境因素交互影响着人的发展,发展的个体处在从直接环境(如家庭)到间接环境(如宽泛的文化)的几个环境系统中或嵌套于其中。每一系统都与其他系统以及个体交互作用,影响着发展的许多重要方面。它强调人在情境中,但跟随进一步的理解,并不仅局限于此,人与环境是微观系统到宏观系统的一个交流和适应的过程。人可以影响环境,亦被环境影响,所以不能忽视环境因素的重要性。当个人栖息地缺乏资源或有很多限制存在时,个人进行社会行为适应的利基点较为不准,常被迫扮演不当的角色,使个人无法实现自我期望也无法胜任社会期待。这便需要积极正向地引导,从多方——个人生态、家庭生态、社区生态入手。总之,生态视角不仅汲取了众多人类行为理论和社会工作实践理论的精髓,更将它们巧妙地糅合在一起,为社会工作领域提供了一个广阔且包容的知识库和实践架构。这一视角不仅深化了对社会工作复杂性的理解,而且成为社会工作综融模式的重要理论基石,为社工实践者提供了在多元化、动态化的社会环境中寻找解决方案的有力工具。通过生态视角的引导,社会工作者能够更为全面地审视问题,探索更富有成效的干预策略,以期在推动社会和谐与进步的道路上发挥更大的作用。

2. 系统理论

系统理论最初由路德维希·冯·贝塔朗菲(Ludwig von Bertalanffy)于1968年提出。自此,系统理论便开始被应用于社会工作领域,并以其独特的实践视角产生了深远的影响。这种影响力的形成,首先归功于系统理论本身的迅猛发展及其日益扩大的影响范围;其次,尽管社会工作一直秉承"人在情景中"的核心理念,但在相当长的一段时间里,心理聚焦占据了社会工作实践的主导地位。直至20世纪70年代,这一局面才逐渐发生转变。随着越来越多的社会工作者开始关注个人与社会的双重聚焦,系统理论得以崭露头角,并逐渐成为推动社会工作发展的重要理论框架。

系统理论通常被视为一种理论视角,用于解释系统的元素如何协同工作以从它们给出的各种输入中产生输出。一般系统理论(General System Theory)假设一个系统的特征是其相互依赖的元素的相互作用,每个元素相互影响系统中的每个组件。因此,一个元素的变化会带来整个系统的其他组件的变化。家庭系统理论源自一般系统理论。因此,从系统的角度来看,家庭被视为一个动态的、互动的、相互依存的系统,所有成员都对行为模式做出了贡献。从这个概念出发,如果孤立地看待各个部分,对家庭制度的研究是不够的。这是因为家庭的所有成员都以独特的方式相互参与,从而构建了家庭系统。范吉利斯(Vangelisti)提出了在系统视角下研究家庭和家庭关系的适当性,他认为,"家庭是一种系统,家庭成员和家庭关系是相互依存的,也同时存在相互影响的关系。家庭作为一个系统,其中一个组件的更改也会影响所有其他组件。由于家庭系统的各个部分是相互联系的,因此最好将家庭视为'整体',并应根据其各部分的相互关系进行研究"。

系统理论分为三类:一般系统理论、家庭系统理论和人际关系系统理论。从这个分组来看,一般系统理论是系统思维的理论起源,发展到适用于生活的一切,而家庭系统理论将系统思维应用于家庭动态、问题和治疗。人际关系系统理论使用系统的思维来理解关系本身以及处于关系中的群体。这表明,家庭系统内各个子系统的人际关系被分配了这样的系统属性,使它们有资格作为独立系统来进行单独研究。

人际关系系统理论认为,除了家庭之外,所有关系和人群都是具有相似属性和动态的系统,在所有其他系统中都可操作。因此,人际关系系统理论为理解人与群体之间关系的生活过程和模式以及这些过程和模式如何相互影响所审查的关系提供了视角。此外,该理论解释了关系和群体与所有生命形式的系统之间的共性,从而从根本上改变了看待人际关系的方式。这进一步表明,指导系统研究的原则同样可以应用于人际关系的研究。

在这一背景下,系统理论为社会工作提供了更为全面和深入的分析工具,帮助社会工作者更好地理解个人与社会的相互关联和互动过程。它强调整体性、互动性和动态性,使得社会工作者能够更加全面、系统地理解问题,从而制定出更为科学和有效的干预措施。因此,系统理论在社会工作领域的应用,不仅拓宽了社会工作的视野,也提升了社会工作的专业性和实效性。

三、优势视角与抗逆力理论

优势视角与抗逆力密不可分、相辅相成,两者都强调了个体在面对困境和逆境时所具有的自我改变和解决问题的内在能力和资源。它们都坚信,即使在逆境中,个体也能够通过激发自身的潜能,提高抗逆力,从而实现身心的健康发展。在这种观点下,每个人都有自己独特的优势和潜力,只要找到合适的方法和途径,就能够克服困难,实现自我成长和发展。因此,优势视角与抗逆力理念不仅可以帮助个体更好地应对生活中的挑战,还能够提高他们的自信心和自我价值感,使他们在面对逆境时更加坚定和勇敢。

1. 优势视角

优势视角最早由美国学者丹尼斯·萨利贝(Dennis Saleebey)提出,目前广泛运用于不同的人群和各种社会工作实务中。优势视角将目光投向个体的各种可能性,并致力于发挥案主的优势(天赋、知识、能力和资源),立足于服务对象的优势与资源,以服务对象所具备条件为出发点,推动能力建设,协助服务对象发掘并开发自身的潜能,依靠自身力量摆脱困境,实现自助。

优势视角是一种关注人的内在力量和优势资源的视角。这意味着应当把人们及其环境中的优势和资源作为社会工作助人过程中所关注的焦点,而非关注其问题和病理,不可先入为主地认为服务对象是有缺陷或有疾病的。优势视角与增权取向不同,因为优势视角并没有把服务对象视为一开始就是没有权利的。优势视角基于这样一种信念,即个人所具备的能力及其内部资源允许他们能够有效地应对生活中的挑战。社会工作者协助服务对象创造个人与环境的优势,并带来期望的正向结果。对服务对象的赋权,须整合社会支持网络、抗逆力培育与生态系统视角。通过培育服务对象的抗逆力,发掘环境中的优势与资源,激发个人的希望感,方能达到真正的充权。此外,社会整合是指每个不同社会成员都拥有公平的资源选项、机会选择,不会因其生活区域不同而有所差异。基于个人与环境的优势视角,对个体特质、资源禀赋、发展机遇及社会关系的差异化评估表明,个体优势的显现既源于其内在潜能,又与其社会环境产生动态交互作用。社会适应的结果也不尽相同。结合生态观点的相关概念,个人的抗逆力是个人优势与环境优势两者交互影响从而实现复原的结果。正如萨利贝所说:"在某种程度上要立足于发现和寻求、探索和利用案主的优势和资源,协助他们达到自己的目标。"虽然不同学者对优势视角的实践模式有不同的理解,但这些实践模式都将发现案主的优势作为出发点,并在实践中寻找能够激发案主优势的可能。

2. 抗逆力理论

抗逆力又称为"心理弹性""心理韧性"。目前,国外学者对抗逆力的界定大体分为三个方面。一是抗逆力体现着个体的人格特质,是我们与生俱来的适应不良环境的能力。二是强调抗逆力的产生是个人与环境相互作用的结果。三是抗逆力是在个人与环境相互作用中产生的,但更强调抗逆力是一种动态的、积极的互动过程。动态看法的抗逆力具有更强的解释力,因而得到学界的广泛认可。当前,国内学者对于抗逆力的认识和界定也各有不同,但都强调抗逆力是指个人面对逆境时,具备理性地做出正向、积极的选择和应对策略的能力。

抗逆力的影响因素主要可以划分为保护性因素和危险性因素。诺曼·加梅齐(Norman Garmezy)等学者在对数百名经历过重大疾病或者残疾的儿童进行心理状况的分析研究时,最先提出抗逆力与保护性因素和危险性因素密切相关的观点。根据对抗逆力理论的五大模式分析,保护性因素和危险性因素是抗逆力形成和运行过程不可缺失的有机构成,并与个体的智力水平密切相关。以往优势视角在实践中暗含对服务对象智力正常的默认,然而经过发展的优势视角认为,无论服务对象的智力是否正常,都应在干预中遵循优势视角的原则。因此,在面对智力残疾的群体时,尽管他们面临的危险性因素远多于普通人,但是我们也不能忽视抗逆力的运作机制,依然有必要分析智力残疾个体内在的信念系统和外在的家庭、社区的支持网络资源,挖掘和进一步培育他们的保护性因素,激发个体的主观情感支持,转危为机,将危险性因素转变为激活个体抗逆力的动力因子。

抗逆力理论作为优势视角的内核,区别于传统的批判消极的应对策略问题视角,提倡关注服务对象自身的优势和资源,积极地解决问题,为社会调查和社会工作实务研究提供一种新思路和新视角。抗逆力理论在国内的研究主要经历理论回顾—实务探索—本土化发展的过程,运用心理学理论,通过社会工作在家庭、学校和社区等具体场域,对青少年和儿童等研究对象进行介入和干预,呈现多领域、跨学科、重实务的研究趋势。抗逆力理论在弱势群体、困境人士等群体的应用研究较为广泛,并与其他社会工作理论模式相互结合,形成整合性的理论和工作方法,极大地促进了社会工作的研究,国内外关于抗逆力的研究成果也对我国社会工作的实务应用和本土化发展具有重要意义,但目前抗逆力理论的应用群体依然有限,尚待进一步扩展和探索。

第三节 常用的介入取向的实务理论(案例)

社会工作介入取向的实务理论在漫长的发展过程中相互影响,多数理论在实施策略中内含其他理论的观点,这种相互联系的特点有助于我们理解这些理论的实质。在这一节中,我们将探讨六个在社会工作实务中被广泛采用且有联系的介入取向的理论,包括认知行为理论、任务中心模式、危机介入模式、社会支持理论、叙事治疗模式以及寻解干预模式。我们将通过具体的案例分析,帮助读者进一步理解和掌握这些理论的实际应用方法。

一、认知行为理论(海员焦虑抑郁)

认知行为理论(Cognitive-Behavioral Theory)起源于20世纪60年代。20世纪90年代后,社会工作者为了弥补传统介入时间较长、成本较高的弊端,才将认知行为理论纳入干预理论的范畴。认知行为理论将认知与行为治疗相结合,关注个体认知的改变和行为的学习。在社会工作者看来,认知对行为的改变至关重要,个体所有的行为都能够通过观察、测量以及学习和规划来改变。从实务介入的角度,认知行为理论的干预目标是改变认知或行为,在辨识出的认知和行为前导因素的前提下,澄清前导因素与问题之间的关联,尝试以新的认识方式去思考或以新的行为方式去应对,从而消除或化解前导因素与问题之间的必然联系。改变不良认知和行为的过程通常包括六个步骤:心理测量;认知重构;学习技能;强化技巧和技能训练;一般化和维持;后测和跟踪随访。

认知行为的治疗方法作用于抑郁或焦虑个体的思维模式和行为习惯时,通常能够取得符合预期的干预效果。海员们由于长时间在海上工作,面临着孤独、单调的生活环境和不稳定的家庭关系等多重压力,这些因素常常导致他们出现焦虑和抑郁症状。因此,在面对具有较高焦虑情绪或抑郁的海员群体时,应首先考虑采用认知行为疗法,通过识别和调整那些不合理的思维模式,帮助海员建立更加积极和现实的认知态度,从而减轻他们的焦虑和抑郁症状。例如,一个海员可能因为连续长时间工作而产生对工作能力的怀疑,认知行为治疗师会引导他认识到这种怀疑是不切实际的,并帮助他建立起更合理的自我评价和树立更积极的工作态度。

 案例 2-1

赵伟(化名),一位在远洋油船上工作了近两年的海员,最近因连续数月的高强度工作以及期间出现的数次工作失误而开始感到极度的焦虑和抑郁。他担心自己无法胜任繁重的工作任务,害怕失去工作,同时也感到与家人和朋友的关系日益疏远,这进一步加剧了他的心理压力。过了一段时间,赵伟发现自己经常失眠,即使在深夜也难以入睡,脑海中总是充斥着对未来的担忧和对家人的思念。他感到自己的心情持续低落,对任何事物都提不起兴趣,甚至开始怀疑自己的价值。他开始避免与人交往,更喜欢独自一人待在房间里。

根据案例2-1中的描述,通过对赵伟采取认知行为干预策略,以期能够帮助他逐渐摆脱焦虑和抑郁的困扰,恢复正常的心理状态。在认知行为理论的指导下,社会工作者首先与赵伟建立了信任关系,并通过访谈和评估确定了他的主要问题和不合理的思维模式,即逃避行为和负面思维循环。赵伟的主要问题是过度担心自己的工作能力和未来的就业前景,他认为自己一旦犯错就会被解雇,这种思维模式使他始终处于高度紧张的状态。赵伟进而陷入了负面思维的循环中,他过度关注自己的问题,忽视了自己可能具有的资源和能力。他将自己的失败和挫折归咎于自身,认为自己无法改变现状。为了逃避这种痛苦的情绪,赵伟选择了避免与人交往,这进一步加剧了他的孤独感和无助感。

在干预阶段,社会工作者首先采用认知重构技术,与赵伟一起识别和调整这些不合理的思维模式,例如"我永远无法摆脱这种困境"或"我注定会失败"。社会工作者引导赵伟认识到,要主动挑战这些负面思维,从一个更积极、更客观的角度看待问题。例如,他可以尝试将失败视为学习的机会,而不是个人能力的体现;担心和焦虑并不能改变现实,反而会影响他的工作效率和心理健康。同时,社会工作者还帮助赵伟建立起更合理的自我评价和工作态度,让他明白在工作中犯错是难免的,重要的是从错误中学习和成长。此外,社会工作者通过行为调整策略,鼓励赵伟设定具体的目标以积极参与各种社交活动,如与家人视频通话、参加船上的社交活动或进行体育锻炼;随后逐步改变他的逃避行为,鼓励他积极与家人和朋友保持联系,与人交流,分享自己的感受。社会工作者还教给赵伟一些放松技巧和应对策略,如深呼吸、冥想或渐进性肌肉松弛,以帮助他缓解压力和焦虑。

从上述案例来看,认知行为治疗在海员群体的干预治疗中发挥了显著作用。该理论与海员记忆中潜藏的不同陈述紧密相连,为理解和应对多种偏颇认知提供了独特的视角和方法。尽管如此,在看待这种治疗时还不可过于乐观,很多问题还无法借助这种治疗来解决。比如,如果我们确信由海员职业特性所导致的各种消极体验时常会使得某些海员的认知问题加强而又对另外一些海员没有影响，就有可能意味着那些出现问题的个体在面对某些创伤或严重事件时，是在一个正常的事件程序上做了过分情绪化的处理。认知行为治疗与这个程序到底存在一种什么样的关系呢？应该怎样借助于这样一种关系来进行治疗？凡此种种，尚有待于做进一步的探讨。

二、任务中心模式（海员职业倦怠）

任务中心模式起源于20世纪五六十年代在美国兴起的实证实践运动。受到当时占主导地位的社会工作心理动力学方法的实证严谨性的刺激，哥伦比亚大学社会工作学院的几位教职员工认识到需要基于证据以证明有效性的干预措施。此后，社会工作教育家比尔·里德（Bill Reid）和劳拉·爱泼斯坦（Laura Epstein）与芝加哥大学社会服务管理学院的研究生一起开发了任务中心模式。实证实践运动通过引入专业从业者作为研究团队关键成员的概念，对社会工作产生了持久的影响，这也进一步促进了任务中心模式的发展。在任务中心模式的发展过程中，里德和爱泼斯坦受到当时流传的几种理论模型和思维模式的影响，通过几项实证研究整合和扩展了它们。经过多年的发展，任务中心模式被定义为一种基于实证经验的短期社会工作干预模式，它专注于通过与实践经验丰富的服务对象群体合作，共同实施策略以解决特定的目标问题。在经验实证方面，任务中心模式基于使用实证研究与开发方法，建构了自身的开发路径。这种方法通过测试干预措施、评估结果、完善干预措施、再次测试干预措施，而后在新服务对象和新问题之间重复循环，逐步指导着任务中心模式的发展，并使之趋向成熟。在任务中心模式中，几乎所有的实践都在尽可能地使用具有经验支持和数据驱动的干预理论和方法。在短期干预方面，任务中心模式的简洁性建立在其研究证据的基础之上，这也恰好可以证明其简短治疗的有效性。目前的研究表明，限时的短期治疗与开放式的非固定周期治疗（如心理动力学治疗）一样有效。进一步的研究则发现，限时的短期治疗在某些情况下可能更有效。此外，支持短期治疗的研究表明，帮助过程中最大的收获期发生于早期干预治疗中。限时的短期治疗也部分解决了提前终止或服务对象"退出"的问题。在短期时限的条件下，任务中心模式进一步通过与服务对象合作、专注于服务对象关注的问题来解决这一问题。

任务中心模式的基本原则、结构特征和理论基础与社会工作通用实践的观点一致，由此为社会工作通用实践添加了一个框架。任务中心的问题解决过程有五个阶段：一是问题探索。运用行为治疗的方法探讨服务对象关心的问题、确定问题、清楚地定义问题并排出问题的优先次序。二是签订协议。在确定问题属于哪一种问题后与服务对象协商出一个改变的目标。三是社会工作者与服务对象共同制定出具体的目标。四是迈向目标,协助服务对象完成任务。五是结束任务。

任务中心模式通常有以下特征:

(1)以服务对象为中心。服务对象被置于问题解决过程的中心,社会工作者对服务对象表现出无条件的积极尊重。

(2)明确界定服务对象。一是服务对象必须愿意承担自己的任务并且做出承诺,愿意尝试完成任务、解决问题;二是服务对象处于正常的生活状态,具有自主的能力。

(3)赋权于服务对象。服务对象是问题解决的主要推动者,有权决定干预的重点和行动方案。在整个解决过程中,尊重服务对象的自决权至关重要。

(4)合理界定任务。一是服务对象的问题;二是服务对象解决这个问题的能力;三是服务对象的意愿。

(5)平等的服务对象-社会工作者关系。服务对象和社会工作者在非等级权力结构中作为合作伙伴一起工作,两者的关系立场是高度协作和平等的。

(6)以经验为基础。任务中心模式兼容了多种研究理论和实践模型的综合方法,以基于事实信息和经验实证的结果作为判定、评估的标准。

(7)多系统应用。任务中心模式能够轻松达到跨系统适配的目标,范围涵盖个人、家庭、团体、社区和组织。

(8)问题解决行动。问题解决结构中的灵活程序和技术,能够适应不同服务对象的不同情况,并支持服务对象通过任务目标积极解决问题。

(9)介入计划简洁。通常在4个月内每周进行6~12次短期限时干预。介入时间可根据服务对象的特定情况进行调整。

(10)折中主义。任务中心模式不拘泥于任何理论或方法。社会工作者根据服务对象的个人特征及所处的环境,从一系列互补的理论和实践模型中汲取灵感,以增强干预效果。

案例2-2

海员张凡(化名),男,45岁,拥有20年的远洋航海经验,目前服务于一家国际知名的航运公司。多年的海上生活让张凡感到疲惫不堪,对工作的热情逐渐消退,他逐渐感到职业倦怠,对日常工作和海上生活失去了原有的热情和动力,甚至开始质疑自己的职业选择。他常常感到疲惫不堪,对工作任务敷衍了事,与同事和领导的关系也日趋紧张。他感到困惑和迷茫,不知道该如何走出职业倦怠的困境。在偶然间接触到社会工作后,他决定寻求社会工作者的帮助。

任务中心模式,作为一种注重实效的咨询方法,其重点在于通过明确的目标设定和详细的计划执行,来推动个体的发展和问题解决。对于那些因长期从事高强度工作而感到职业倦怠的海员来说,任务中心模式能够帮助他们明确个人职业发展的目标,并制订出切实可行的改善计划。通过任务中心模式,社会工作者能够与海员一起,将复杂的职业问题分解为一系列小而具体的任务,逐步克服,最终实现职业满意度的提升和职业倦怠的减轻。首先,社会工作者与张凡进行深入交流,确定了其职业倦怠的表现:一是情感衰竭。张凡对工作失去了兴趣,对船上的规章制度和领导的要求感到厌烦。二是去人格化。他对待同事和乘客的态度冷漠,缺乏应有的关怀和耐心。三是成就感降低。他对自己的工作感到不满,对未来缺乏规划。其次,在充分了解张凡的职业倦怠状况及具体原因后,社会工作者识别出需要解决的关键任务,如改善工作态度、提高工作效率、改善人际关系等,并由张凡排出任务的优先次序。接着,社会工作者与张凡一起,将复杂的职业问题分解为一系列小而具体的子任务,每个子任务都有明确的目标和可操作的步骤。这些子任务包括调整心态、学习新的航海技能、改变与同事的沟通方式、寻求家庭的慰藉、增加休息时间等。每一个子任务都设定了明确的时间表和完成标准,以确保张凡能够逐步克服职业倦怠的困扰。同时,优先解决影响最大、最紧迫的子任务。例如,调整心态和设定工作目标可以优先进行。再次,社会工作者与张凡共同执行任务计划。在任务执行过程中,密切关注张凡的进展及其人际网络的反馈,及时调整任务计划以确保任务能够顺利完成。同时,为张凡提供必要的支持和帮助,如心理辅导、技能培训等。在此过程中,强调服务对象的优点与优势及他们的网络资源的重要性,并将社会工作者和服务对象置于同等地位,而不是单向地由服务对象向社会工作者倾诉。在任务完成后,社会工作者对任务执行情况进行评估和总结,分析任务执行过程中的成功经验和不足之处,为今后的工作提供借鉴和参考。此外,社会工作者还会对张凡的职业倦怠状况进行评估,判断是否有所改善。最后,根据任务评估的结果,为张凡提供后续跟进和支持。如果职业倦怠状况有所改善,可以进一步巩固成果并继续推进其他子任务的执行;如果改善不明显或出现新的问题,需要重新审视任务计划并进行调整,并为张凡乃至其家庭成员提供持续的心理辅导和技能培训支持,帮助他更好地应对职业倦怠问题。

案例2-2告诉我们,明确的目标和计划是克服职业倦怠的关键。而任务中心模式正是这样一种能够帮助我们设定目标、制订计划并付诸实践的咨询方法。在问题探索协议和确定任务阶段,任务不仅是针对服务对象的,也是针对与服务对象有关的系统的,并且强调从服务对象内部、所处外部环境统筹看待问题。案例中社会工作者的角色本质上是一个资源顾问。其服务的对象可以是个人、夫妇或家庭,在初步干预失效的情况下,可根据服务对象的特点逐步扩大干预范围。

三、危机介入模式(海员创伤应激恢复)

危机介入模式是一种短期实践模式,为经历危机状态的服务对象提供即时帮助。在危机状态下,一个人会因感到不知所措而难以应对压力、创伤或灾难性事件产生的急性痛苦。危机介入模式的目标是调用应对策略化解危机,减轻服务对象的直接压力,并将他们解决问题的能力至少恢复到危机前的功能水平,使个人在未来面对压力源时能够使用新确定的优势、资源和应对机制。在危机介入模式的整个发展历史中,危机介入干预呈现为一种多专业视角,涵盖精神病理学、心理学和社会工作专业领域。危机介入模式的起源可以追溯到埃里希·林德曼(Erich Lindemann)和杰拉尔德·卡普兰(Gerald Caplan)在精神病理学领域的研究。林德曼在1944年对危机及其伴随症状进行了最初的定义,这促进了危机理论的发展。20世纪60年代,卡普兰扩展了危机的定义,并引入了"稳态"进行概念化。他在第二次世界大战后与移民家庭的合作使他将危机视为一个人对感知到威胁的严重程度与可用于解决威胁的资源之间不平衡的反应。有效的治疗将帮助个体恢复至平衡或稳定状态。经过发展,社会工作者拥有有效识别环境因素的能力并将其纳入治疗所需的专业知识,社会工作的元素逐渐融入危机理论的建构之中。危机介入模式已在多元环境和群体的背景下,面向个人、家庭、团体和社区实施。

现代社会的危机更加多元化,个体危机之外存在着大量的公共危机,传统的个体心理危机介入模式忽视了危机的社会性因素,无法有效解决由危机带来的一系列问题。因此,危机介入模式逐渐从心理学的个体认知拓展到生态系统模型,越来越强调环境系统对于个体行为的重要影响。危机介入模式的四个核心系统假设为我们提供了深入理解其运作机制的基础。第一,系统在其整个发展历程中,不可避免地会遭遇各种压力和潜在的危险事件。这些事件可能源于内部或外部因素,但它们无疑都会给系统带来挑战。第二,当系统面临这些困难、压力或危险事件时,其有能力凭借内在的优势、积累的资源和预先建立的应对机制来保持自身的动态平衡和稳定状态。这种自我调节的能力是系统适应性和弹性的体现。第三,在某些情况下,系统所面对的压力或危险事件可能超出了其现有优势、资源和应对机制的能力范围,使它们在避免或减轻事件负面后果方面变得力不从心。第四,通过及时、有效的干预,不仅可以缓解系统的紧急危机状态,还可以利用系统的优势、资源和应对机制来转变局势,使其朝着更加积极的方向发展。由此观之,该模式也蕴含四个流程性的假设,即危机发生阶段、解组阶段、恢复阶段、重组阶段。这四个阶段大致体现着危机从诞生到消亡需要经历的过程。

 案例 2-3

在波涛汹涌的大海上,一艘名为"海洋之心"的货船正在执行从亚洲到欧洲的货运任务。船上的海员们日复一日地工作,与风浪为伴,与孤独为伍。然而,一场突如其来的新冠疫情打破了这份平静。某日,船上多名海员突然出现了高烧、咳嗽等症状,经过船上医疗团队的初步诊断,怀疑这些海员感染了新型冠状病毒。不幸的是,由于船上医疗条件有限,且船舶所处位置与陆地距离遥远,受感染海员们的病情迅速恶化,最终不幸离世。受感染海员们的死亡在船上引起了巨大的震动。海员们面对突如其来的疫情和生命的逝去,心理上都承受了巨大的压力,陷入了创伤应激状态。他们感到恐惧、无助和悲痛,担心自己也会感染病毒,同时也对受感染海员们的离世感到深深的惋惜和不舍。很多海员反复回忆着疫情发生时的情景,即使在安全返回岸上后,这些画面依旧会在他们的脑海中闪现。

面对这一危机,船长和船上的管理团队迅速启动了危机介入模式,采取了一系列措施来应对这一挑战。第一,增强及时性与透明度。船长立即召集全体海员,通报了受感染海员的病情和死因,以及船上的疫情情况。同时,船长还承诺将全力保障海员的健康和安全,采取一切必要措施来防止疫情在船上扩散。第二,加强协调与沟通。船上的医疗团队加强了与海员的沟通,为他们提供了专业的健康咨询和心理支持。医疗团队还定期对海员进行健康检查,确保他们的身体状况得到及时监控。船长还加强了与岸上指挥部的沟通,请求他们提供必要的医疗援助和物资支持。同时,他也与海员家属保持联系,及时通报船上的情况,让他们放心。第三,建立危机管理团队。船长任命了一批经验丰富的健康海员组成危机管理团队,负责协调和执行各项危机管理工作。这个团队包括了医疗、安保、后勤等多个部门的成员,他们共同制定应对策略和纠正措施。第四,加强心理疏导与干预。船上的治疗师为海员们提供了心理疏导服务,帮助他们缓解焦虑、恐惧等负面情绪。同时,船上还组织了一系列心理教育活动,如心理讲座、小组讨论等,帮助海员们建立正确的疫情认知和应对态度。对于一些心理压力较大的海员,治疗师还为他们提供了个性化的心理干预方案,如认知行为治疗、放松训练等,以帮助他们尽快恢复心理健康。最后,治疗师还联系了岸上船舶公司的社会工作者和心理治疗师,为进一步干预做好准备。

回到岸上后,在隔离期间,社会工作者为海员们提供了五个阶段的远程介入治疗。一是初步评估与建立信任关系。在该阶段,社会工作者及时进行接案评估,在海员刚刚结束海上航行并安全上岸之后,立即与他们取得联系,深入探讨并记录他们的个人基本信息以及他们在此次事件中的具体经历和心理状况。社会工作者利用专业的心理评估工具,全面了解海员们的创伤应激反应程度,从而能够制订出更加符合他们个人需求的干预计划。社会工作者以最大的尊重、理解和关怀的态度,与服务对象建立起一个稳固的信任关系,让他们能够充分感受到来自外界的支持和理解。二是提供情感支持与信息传递。一方面,社会工作者给予服务对象情感上的支持,为海员们提供充分的情感支持,耐心倾听他们的感受和经历,给予他们必要的安慰和鼓励,帮助他们更好地面对现实;另一方面,为他们准确及时地传递信息,讨论疫情的发展动态、心理健康知识等,帮助他们更好地了解当前的情况,并增强他们的心理韧性。三是危机干预与情绪管理。针对海员可能出现的恐慌、焦虑、抑郁等情绪问题,进行及时的危机干预,防止他们的情绪问题进一步恶化;向海员们教授有效的情绪管理技巧,如深呼吸、放松训练、情绪表达等,帮助他们稳定情绪并缓解压力。四是提供心理咨询与心理治疗。一方面,根据不同海员的特征,为他们提供个性化的心理咨询服务,帮助他们处理创伤记忆、缓解心理痛苦;另一方面,组织服务对象参加小组治疗活动,通过分享彼此的经历、互相支持来增强他们的心理韧性。此外,社会工作者还向海员们普及心理健康知识,提高他们应对心理问题的能力。值得注意的是,社会工作者在该部分将海员们分为两类进行分别干预,一类是未参与受感染海员救治的人员,另一类是参与过受感染海员救治的人员。这样的分类有助于帮助后者缓解替代性创伤。五是资源链接与后续跟进。社会工作者为海员提供相关的社会资源信息,如心理咨询机构、法律援助等,帮助他们获得更多的支持;对这批海员进行定期的跟进,了解他们的恢复情况,并根据他们的实际需要调整介入计划。

该案例的介入过程,按阶段可分为两部分,即船上阶段和船下阶段。由于危机事件发生于正在航行的货船上,船上管理成员便迅速担任起危机介入的角色,初步开展相应的心理帮扶。回到岸上后,由专业人员继续为海员进行干预。创伤后应激障碍(Post-traumatic Stress Disorder)是个体直接接触创伤源所带来的心理创伤,例如目睹死亡、遭受交通事故等。而替代性创伤(Vicarious Traumatization)是助人者在帮助遭受心理创伤人员后受到的二次创伤,例如为战后士兵或为遭遇严重车祸者提供帮助的助人者可能遭受替代性创伤。相比替代性创伤,创伤后应激障碍更为人们所熟知,但替代性创伤同样具备较高的危害性,且极容易被忽略。因此,替代性创伤也需要受到相应的重视。

由案例观之,海员因工种的特殊性而时常要面对各种不可预测的突发事件,如海难、突发严重疾病、船只故障等。这些突如其来的危机不仅威胁着海员的生命安全,更可能给他们带来严重的心理创伤。在这种情况下,危机介入模式成为一种强有力的心理支持工具,帮助海员们渡过难关,重新找回内心的平静与坚强。危机介入模式旨在帮助个体在面对突发事件和危机时,能够有效地应对和调整。对于经历了海上突发事件,如海难、突发严重疾病、船只故障等,从而遭受心理创伤的海员,危机介入模式能够提供即时的心理支持和干预,帮助他们在遭受创伤后迅速恢复心理功能,减轻心理痛苦。

四、社会支持理论(海员社会化整合)

社会支持的研究起源于20世纪60年代,是关于生活压力对身心健康影响的研究。当时的研究结论是,社会支持可以保护个人健康免受压力的负面影响,并帮助人们恢复良好状态。20世纪70年代,精神病学研究中第一次使用了"社会支持",随后医学和社会学等学科对社会支持和身心健康两者的关系做了诸多研究。根据约翰·卡塞尔(John Cassel)和悉尼·科布(Sydney Cobb)的说法,社会支持可以缓冲压力,并使个人相信他们受到关心和爱护,从而对同一个社区产生归属感。20世纪80年代,随着社会网络分析的引入,社会支持的研究取得了长足的进步。在之后的几十年里,各学科领域的学者围绕社会支持,选取不同的研究对象展开研究探索。

社会支持是一个复杂的概念,对于社会支持的概念定义尚未有一致的定论。在梳理了各流派对社会支持的定义后,我们认为,社会支持是指个体从社交网络中获得的精神和身体支持。社会支持可以减少个体的心理应激反应,缓解精神紧张,提高其社会适应能力,进而帮助个体更好地应对压力事件。社会支持中要素的流转具有意识指向性和双向交换性。在个体需要帮助时,周围客观存在的关怀能让他们感觉到被关注和接纳,从而感受到自我价值。这个过程不仅是环境对个体的支持,还包含个体对自身社会资源的反哺,这也代表着支持提供方和接收方均在有意识地进行交换。依其来源,社会支持可被分为两个类别:一是由有组织的团体或机构提供的正式社会支持;二是由家人、朋友、同事、邻居等亲密人际关系网络提供的非正式社会支持。而从内容的角度来看,社会支持又可分为主观与客观两大维度。主观支持是个体在内心深处所感受到的慰藉,这种支持体现在被他人理解与支持所带来的情感体验与满意程度。客观支持则是那些可以具体量化、直观可见的帮助,如物质上的援助、社会活动的参与等。总体而言,社会支持理论的核心观点在于,一个强大的社会支持网络对于个体应对压力和挑战至关重要。基于这一理论视角,社会工作应当致力于帮助个体构建并扩展其社会网络,同时提升他们有效利用这一社会网络的能力,从而为个体提供更加坚实的心理与物质支持。

案例2-4

小王(化名),25岁,新生代海员,毕业于某大学航海类专业。毕业后,他加入了一家国际航运公司,开始了他的海员生涯。他来自内陆城市,对海洋和航海生活充满了好奇与期待,但同时也感到了一丝不安和迷茫。海上工作与陆地生活存在巨大的差异,小王在适应过程中遇到了诸多困难,如孤独感、文化冲突、职业技能提升困难等问题,导致他在社会化整合过程中受阻。他开始担心自己无法适应海上的生活方式,无法与同事们建立起良好的关系,更担心自己在这个陌生的领域里无法找到归属感。

在了解到小王的困惑后,社会工作者决定运用社会支持理论来指导他的社会化整合过程,旨在帮助他更好地适应海员职业,实现社会化整合。首先,社会工作者帮助小王识别了他现有的社会资源,包括他的家庭、朋友以及即将加入的航海专业组织。社会工作者鼓励小王主动与这些资源建立联系,寻求他们的支持和帮助。其次,社会工作者协助小王制订了一份详细的社会化整合计划。这个计划包括如何与同事建立良好的关系、如何适应海上的生活方式、如何寻求专业组织的帮助等。在计划的执行过程中,社会工作者不断地给予小王鼓励和指导,帮助他逐步克服适应期中的困难。在社会工作者的帮助下,小王建立了一个由公司同事、行业前辈、海事机构工作人员等组成的社会支持网络。这个网络为小王提供了情感支持、信息支持和实际帮助,使他在遇到问题时能够及时获得帮助和支持。同时,为了解决文化冲突问题,社会工作者通过举办了一系列的文化交流活动,让小王有机会与靠港该地区的不同国家的海员进行交流和互动。这些活动不仅增进了海员间的了解,还帮助小王更好地适应了海上生活的多元文化环境。

社会支持理论强调个体在社会网络中的位置及所获得的支持对其心理健康的重要性。对于刚刚加入海员行列的新人来说,面对新的工作环境、生活方式和人际关系,他们往往会经历一段适应期,这个过程也被称为社会化整合。在这个过程中,社会支持理论所提供的指导显得尤为重要。在社会支持理论指导下的咨询可以帮助他们建立起良好的社会支持系统,促进其社会化整合过程。社会工作者会协助海员识别和利用现有的社会资源,如家庭、朋友、同事以及专业组织,从而增强他们的社会归属感和适应能力。

五、叙事治疗模式(海员家庭关系)

叙事治疗模式(合作语言取向治疗和叙事解构治疗)起源于 20 世纪 80 年代,由麦克·怀特(Michael White)和大卫·艾普斯顿(David Epston)共同创立,属于后现代心理治疗的一个分支。受后现代主义的影响,叙事治疗模式强调知识的社会建构以及通过语言达成的社会建构主义。吉尔·弗里德曼(Jill Freedman)和金恩·库姆斯(Gene Combs)将叙事理论的基本思想提炼为四种结构。其一,被社会构建的现实。社会建构主义的方法假设所有知识都是通过话语在社区中创造的。简言之,我们通过特定关系背景发展自我形象和对他人的看法。这种信念与心理治疗中流行的概念相似。其二,由语言构建的现实。创造性地使用语言和对话是叙事治疗的艺术。在叙事解构的方法中,重点是解构有问题的或具有压迫性的故事,从而出现新的、更具赋权性的故事。例如,在治疗经历过性虐待的个体时,治疗师经常会接触到充满羞耻、内疚和观点含糊不清的个人叙事。然而,所有被虐待的个体并不会自然发展出这种带有负面涵义的叙事,是服务对象的虐待背景导致了有问题且有负面涵义的叙事出现。如果个体在受到虐待后,其周围的社会资源指责、忽视或以任何一种不支持的方式回应,那么该个体就极易出现负面涵义的叙事。相反地,如果个体立即得到了充分的社会支持,那么很有可能就不会出现负面涵义的叙事。事实上,在社会环境没有让由消极语言构建的现实包围个体时,个体甚至有可能从这样严重的创伤中增强自我意识,并可能在社会支持中说出真相。其三,通过叙事以组织和维持现实。个体出生在文化背景的故事中,通过生活经历来呈现自身的故事。故而,这一持续演进的自我叙事,在治疗时间的边界之外,必须依托服务对象在社会中的生活得以传播与延伸。它不仅仅是一个简单的叙述,更是一种持续不断的成长与探索,这种过程在服务对象的生活中悄然渗透,无声地改变着他们的内心世界和外在行动。其四,不存在根本性真理。任何建构主义的立场都无法逃避与价值观、个人道德问题的对抗。因此,语言的形成不仅可能源自主流文化中的优势地位,也可能源于文化中根深蒂固的性别偏见、阶级歧视、种族主义等负面观点。当治疗师从事实践活动时,他们有时会无意间与那些具有压迫性质的文化产生微妙的联系。这是因为治疗师作为社会文化的一分子,他们所处的环境与背景不可避免地影响着他们的诠释方式与行为举止。这些诠释方式虽各具特色,但也映射出人性在本能中对自由的追求。尽管这种现象在某种程度上难以完全掌控,但正是基于对文化背景深刻的理解与持续的自我反思,治疗师们才得以更加审慎地面对和处理这些潜在的问题。他们努力在尊重与理解的基础上,探索更为平等、公正的治疗方式,以确保每位服务对象都能在治疗过程中获得应有的尊重与支持。

 案例 2-5

颜锋(化名)是一名长期在远洋船舶上工作的海员,他在海上度过了其大部分的职业生涯。由于工作性质的特殊性,他每年回家的次数非常有限,导致其与妻子温女士和两个孩子(大儿子,12岁;小女儿,8岁)的相处时间极短。长期的分离让他与家人之间的关系变得紧张和疏远,特别是与孩子的关系。颜锋常常感到自己在家庭中被误解和忽视,感觉自己在孩子们心中的地位被淡化。温女士则感到独自承担家庭责任的压力越来越大,孩子们也因为缺少父亲的陪伴而感到孤独和不安。

在颜锋寻求社区常驻的社会工作者的帮助后,社会工作者为其展开了个案形式叙事治疗。在第一个目标外化阶段,社会工作者首先与颜锋一家进行深入的交谈,帮助他们认识到当前家庭关系中存在的问题。社会工作者通过外化技术,将问题命名为"距离的挑战",并指出这是一个影响家庭成员关系的重要因素,而非家庭成员本身的问题。在第二个解构重构阶段,在叙事解构方面,社会工作者引导家庭成员分享各自对"距离的挑战"的看法和感受。颜锋表达了对家庭的愧疚和对孩子们的思念;温女士则表达了对颜锋工作的理解和支持,但也流露出独自承担家庭责任的疲惫;孩子们则表达了对父亲的思念和对家庭团聚的渴望。在重构方面,社会工作者帮助家庭成员从新的角度看待"距离的挑战",强调这是由工作性质决定的,而非家庭成员的过错。同时,社会工作者引导家庭成员思考如何在有限的相处时间内建立更加紧密的关系,以及如何利用现代通信工具来增进彼此之间的情感联系。在第三个行动和见证阶段,社会工作者协助家庭成员制订具体的行动计划,包括颜锋在工作间隙与家人视频通话、定期寄送礼物和信件,以及利用假期时间回家陪伴家人等。同时,温女士和孩子们也承诺会更多地理解颜锋的工作,积极参与家庭活动,增进彼此之间的情感联系。此外,社会工作者鼓励家庭成员在行动过程中相互支持、监督和鼓励。例如,在颜锋回家期间,全家人共同参与一些有趣的家庭活动,如野餐、徒步旅行等,以增强家庭凝聚力。在第四个巩固和结案阶段,社会工作者鼓励家庭成员继续保持良好的沟通和互动习惯,以巩固治疗效果。在多次随访评估颜锋家庭的状态后,社会工作者逐渐结束了治疗过程。

海员群体承载着家庭的期望和牵挂,他们的每一次远航都是对家庭责任的坚守。然而,长时间的分离和海上生活的特殊性,常常给海员与家庭成员之间的关系带来挑战。这时,叙事治疗模式为改善海员家庭关系提供了一个独特的视角和方法。叙事治疗模式关注个体的生活故事,并认为通过故事的重写和重新讲述,可以帮助个体重新理解和解释自己的生活经历,从而促进其心理改变。在处理海员的家庭关系问题时,叙事治疗模式能够帮助海员讲述和重构他们与家人之间的故事,帮助其更好地了解家庭所需、接受家庭成员的变化,并揭示出影响家庭关系的深层次因素,发展出更有效的沟通和解决策略,给予其重新审视家庭生活的信心和勇气,从而达到他的期望和实现工作者社会工作的目的。

六、寻解干预模式(海员安全意识与行为)

20世纪70年代后期,国外学者史蒂夫·德·沙泽尔(Steve de Shazer)和因苏·金·伯格(Insoo Kim Berg)提出了寻解治疗,国内又称焦点解决治疗。寻解干预模式主要包括三个介入主题。一是确定接纳,积极反馈:接纳自身存在的问题以及问题的进展,积极分享应对情况。二是奇迹场景,展望未来:对未来拥有积极的想象,将目前的困难视作通向美好未来的必经之路。三是营造进步,共享荣誉:在进步氛围中,与他人分享近期的积极改变。经过多年的发展,寻解干预模式业已形成了较为完备的理论体系、干预实践和实证研究。寻解干预的程序通常包括以下五个基本阶段:描述问题;制定目标;探索例外情况;反馈与赞美;评估进展并探索积极变化。在实际干预过程中,除了自然的同理心、赞美和重塑之外,寻解干预模式倾向于通过各种具体问题来了解服务对象的生活。实现从聚焦问题到解决问题的过程要求干预者能够更多地关注和考察服务对象的资源、优势和可能性,这样的观点无疑契合于优势视角。在社会工作领域,寻解干预模式能否成功的关键在于服务对象对社会工作者的信赖程度以及在服务过程中培养出的服务对象的自尊和自信程度。因此,社会工作者多为陪伴者和指引者的角色,借此将案主自决发挥至最大化。

 案例2-6

> 每一位海员都是船舶安全的守护者。然而,随着航海任务的复杂性和风险性的增加,如何提升海员的安全意识和安全行为成为一个迫切的问题。"远洋一号"是一艘国际货运船舶,它在近期的多次航行过程中出现了一系列的安全问题。这些问题主要源于海员们对缺乏安全意识以及他们在行为上的不规范。具体表现在,他们没有按照规定对设备进行必要的检查、参与应急演练的积极性不高以及在海上操作时过于疏忽。这些问题都可能给船舶的航行带来巨大的安全隐患。

船舶公司邀请社会工作者对"远洋一号"的船组人员进行了团体干预。第一步是描述问题。社会工作者在分完组后,与海员进行深入的沟通,引导海员对问题进行了定义,明确当前存在的安全问题及其原因;通过小组讨论和集体会议,让海员们意识到安全问题的严重性和改进的必要性,从而建立了共识。第二步是制定目标。社会工作者与海员们一起回顾了以往的安全事件中的危险行为。基于此,海员们共同制定具体的安全改进目标,如降低事故发生率、提高应急演练参与度等。社会工作者引导海员们思考这些有效策略背后的原因和动机。他们发现,这些策略往往源于海员们对安全问题的深刻理解和对工作的责任心。通过深入剖析这些原因和动机,海员们更加清晰地认识到自己在安全方面的优势和不足。第三步是探索例外情况。社会工作者与海员一起详细分析了安全事件中的每一个细节,从中挖掘出海员们正常操作的行为情况。这些行为可能是在设备检查方面始终表现出高度的认真和细致;在应急演练中表现积极,能够迅速有效地应对各种突发情况;在海上操作时始终保持高度警惕,避免了潜在的安全风险等。社会工作者对这些行为进行了肯定和赞扬,并让海员们对处于进行安全行为时的状态进行分析和讨论,找出例外出现的条件。在归纳出心情愉悦、人手充裕和工作持续时间短的核心条件后,社会工作者引导海员开始解决问题。一方面,通过与企业领导层沟通海员人手不足的问题,解决人少事多的问题;同时,与领导层商讨建立安全行为的奖励机制。另一方面,开展第四步,带领安全意识欠佳的海员给予始终践行安全准则的同事正面的反馈和赞美。这不仅让海员们意识到彼此在安全实践中存在的行为差异,也为其他海员提供借鉴和参考。第五步,跟踪随访。记录员记录在激励机制下海员、领导层在下一次船舶航行任务中的表现。社会工作者可根据具体情况选择结案或调整方案。

寻解干预模式是一种以聚焦和强化个体已有解决策略为基础的心理干预方法。在提升海员的安全意识和安全行为方面,寻解干预模式会通过识别和增强海员在安全实践中已经采用的有效策略,来提高他们的安全素养和自我防护能力。社会工作者与海员一起探讨以往的安全事件,从中挖掘和肯定海员在危机中的积极应对行为,并引导他们应用这些有效的解决方法来应对未来的安全挑战。通过这种方法,可以显著增强海员的安全意识和自我保护能力,降低安全事故的发生频率。

本章小结

本章深入探讨了海事社会工作的理论基础与实践应用。首先,在第一节中,我们对海事社会工作理论进行了整体概述,明确了海事社会工作的重要性和独特性,为后文详细的理论探讨奠定了基础。在第二节中,我们聚焦海事社会工作常用的分析取向的实务理论,具体包括沟通理论、生态视角与系统理论以及优势视角与抗逆力理论。这些理论为我们提供了理解海事社会工作问题的多元视角,有助于我们更全面地把握海员群体的需求和问题。第三节则详细介绍了海事社会工作常用的介入取向的实务理论,并结合具体案例进行了说明。认知行为理论、任务中心模式、危机介入模式、社会支持理论、叙事治疗模式以及寻解干预模式等,这些理论不仅为海事社会工作的介入提供了有力的理论支持。例如,通过认知行为理论帮助海员缓解焦虑抑郁情绪,通过任务中心模式解决海员职业倦怠问题,通过危机介入模式促进海员创伤应激恢复等。综上,本章系统地梳理了海事社会工作的理论基础和实践应用,为我们更好地理解海事社会工作的特点和需求,促进海事社会工作的创新和发展提供了重要的启示和借鉴。

第三章

海事社会工作通用过程

本章所阐述的理论框架为海事社会工作实践提供了丰富的理解维度与行动指南，同时亦为实践中的具体操作提供了坚实的理论支撑。这一框架不仅有助于社会工作者深入洞悉海员的需求，还能合理解释海员的相关问题产生的潜在原因，为制订有针对性的服务计划提供了明晰的干预思路与策略。毋庸置疑，理论框架的差异会导致海事社会工作实践模式的多样性。海事文化、行业发展和社会融入等多维度情境因素、社会工作者的知识结构与实践智慧、海员及其家庭的实际状况，均会在不同程度上影响社会工作者对理论框架的选择。尽管在解决海员问题的社会工作实践中存在多种路径，但也存在若干普适性的共通思路。一方面，强化针对海员群体的专业社会工作服务，这不仅有助于海员的职业成长，同时也与当前海事社会工作以海员能力发展为核心的理念相契合。另一方面，即便在多元化的理论框架之下，海事社会工作的实践仍需遵循一定的标准路径，以确保实务介入过程的规范性和效果的稳定性。一般而言，海事社会工作的实践路径涵盖接案、预估、计划、介入、评估和结案这六个关键环节。面对不同的理论背景和情境要求，社会工作者可根据实际情况灵活调整实践路径的具体内容与策略。

第一节 接案

接案是海事社会工作服务的起始阶段,社会工作者在此环节首次接触有需求的潜在海员服务对象,旨在全面了解海员的背景信息和核心需求。根据所属机构的服务范畴,社会工作者会审慎评估是否能为这些海员提供服务,并初步确立专业服务的合作关系。在这一重要阶段,社会工作者肩负的主要职责涵盖了对海员服务对象需求的分析,对其所需服务的基本类型的辨别与认定,进而将潜在的服务对象转化为实际的服务对象。同时,社会工作者在此阶段还需与海员服务对象明确双方的期望与责任,初步构建互信的专业关系,为后续专业实务的顺利推进奠定基础。

一、接案的概念及内容

接案,作为社会工作服务流程中的首个关键环节,它不仅标志着社会工作者与服务对象之间专业关系的初步建立,更是后续服务顺利推进的重要基础。接案是指在社会工作服务过程中,社会工作者首次与服务对象接触,通过深入的交流和沟通,全面了解服务对象的基本情况、问题和需求,进而与服务对象建立稳固的信任关系。这一过程是社会工作服务流程的开端,也是社会工作者和服务对象建立长期合作关系的关键。

在接案阶段,社会工作者需要完成多样化的工作。首先,他们需要通过细致的观察和深入的交流,全面了解服务对象的基本情况,包括其家庭背景、教育背景、职业状况、健康状况等。这些信息对于社会工作者来说至关重要,只有充分了解服务对象,才能为服务对象提供更加专业的服务。其次,社会工作者需要准确识别服务对象当前面临的主要问题和迫切需求,为后续的服务提供明确的方向。最后,社会工作者还需要对服务对象的能力和资源进行评估,以便在服务过程中充分利用这些资源,帮助服务对象更好地解决问题。

在建立专业关系的过程中,社会工作者需要展现出高度的专业素养和人文关怀。他们需要尊重服务对象的意愿和选择,以平等、尊重、理解的态度与服务对象进行交流,建立起基于信任的专业关系。这种关系不仅有助于服务对象敞开心扉,表达真实的想法和需求,也有助于社会工作者更好地了解服务对象,提供更符合其需要的服务。在这一过程中,社会工作者需要具备良好的沟通技巧和同理心。

在明确双方角色和责任方面,社会工作者需要向服务对象明确说明自己在服务过程中的角色和职责,同时也需要了解服务对象在服务过程中的期望和要求。这样有助于双方形成共同的目标和期望,为后续的合作奠定坚实的基础。这一步骤对于确保服务过程的顺利进行,避免误解和冲突的发生具有重要意义。

综上所述,接案作为社会工作服务的重要环节,对于建立专业关系、明确服务方向、制订服务计划等都具有重要意义。社会工作者需要充分重视接案阶段的工作,以高度的专业素养和人文关怀,为服务对象提供优质的服务。只有这样,才能确保社会工作服务的质量和效果,帮助服务对象解决问题,提高他们的生活质量。

二、接案的核心技巧

在接案过程中,社会工作者作为服务提供者,需要掌握一些核心技巧,包括倾听、同理心、提问、澄清、概括、协议、支持等,以确保服务的有效性和服务对象的高满意度。这些技巧不仅涵盖了基本的沟通技能,还包含了深入理解和支持服务对象的能力。

倾听是指认真倾听服务对象的陈述,理解他们的感受和需求。社会工作者应全神贯注地倾听服务对象的陈述,不加评判地理解他们的感受和需求。这种倾听不仅是耳朵的倾听,更是心灵的倾听,需要社会工作者用心去感受服务对象的内心世界。

同理心是指理解和共情服务对象的经历和感受。社会工作者应站在服务对象的角度,设身处地地理解和共情他们的经历和感受。这种同理心不仅有助于建立双方的信任关系,还能让社会工作者更准确地把握服务对象的问题和需求。

沟通是指通过提问了解服务对象的问题和需求。社会工作者应通过巧妙的提问,引导服务对象表达他们的问题和需求。这些沟通应该是开放式的,应避免引导性的提问,以便让服务对象能够自由地表达自己的想法和感受。

澄清是指明确服务对象的意思和问题。社会工作者应与服务对象共同明确问题的本质和关键要素,确保双方对问题的理解是一致的。这种澄清有助于避免误解和混淆,为后续的服务提供明确的方向。

概括是指总结服务对象的问题和需求。社会工作者应在理解服务对象的问题和需求后,用简洁明了的语言总结这些问题和需求。这种概括有助于服务对象更好地理解自己的问题,同时也为后续的服务计划的制订提供了依据。

协议是指与服务对象达成共识,明确双方的合作关系。社会工作者应与服务对象就服务目标、计划、期望等进行充分的讨论和协商,达成共识。这种协议不仅明确了双方的合作关系和职责,还为后续的服务提供了明确的方向和框架。

支持是指给予服务对象鼓励和支持,增强他们的信心和勇气。这种支持可以是情感上的安慰,也可以是行动上的帮助,旨在让服务对象感受到社会的温暖和关爱。

总的来说,在接案过程中,这些关键的技巧对于提高社会工作的专业性和效果是至关重要的。它们有助于建立双方之间的信任,为后续的服务提供坚实的基础。通过运用这些技巧,社会工作者可以更好地了解服务对象的需求和问题,为他们提供更加贴切和有效的帮助。同时,这些技巧也有助于促进社会工作者的专业成长,提升他们的服务水平。因此,在接案过程中,社会工作者应该注重培养和运用这些核心技巧,以提高社会工作服务的质量和效果。

三、接案的流程

接案的流程是一个详细且系统的过程,它主要包括以下几个核心步骤:

1. 初次接触

初次接触是社会工作者和服务对象之间的第一次互动。在这个阶段,社会工作者的主要任务是了解服务对象的基本情况,包括他们的个人背景、生活环境、心理状态等。同时,也要努力建立一个信任的关系,让服务对象感到舒适和安心,从而更愿意敞开心扉,分享他们的故事,倾诉他们的问题。

2. 收集信息

收集信息是接案过程中的关键步骤。社会工作者需要通过与服务对象的面谈,以及其他可能的途径,如家庭访问、咨询相关人士等,来全面收集服务对象的问题和需求信息。这些信息可以帮助社会工作者更准确地理解和评估服务对象的情况。

3. 初步评估

初步评估分为两个方面:一是社会工作者需要对服务对象的问题和需求进行评估,这包括他们的能力、资源、可能的阻碍和机会等;二是社会工作者需要根据评估结果,权衡自己是否有能力处理服务对象的问题。如果发现自己的能力有限,就需要考虑寻求其他专业人士的帮助。

4. 制订计划

社会工作者需要与服务对象共同制订一个服务计划,这个计划需要明确双方的角色和责任,以及预期的目标、方法和时间表。

5. 签订协议

在制订好服务计划后,社会工作者与服务对象需要签订一个服务协议。这个协议需要明确服务的目标、内容、时间、方式等,以确保双方对服务的期望和责任有清晰的理解和共识。

6. 提供服务

社会工作者根据服务计划,为服务对象提供专业服务。这个阶段需要社会工作者灵活运用各种专业知识和技能,以满足服务对象的需求,解决他们的问题。

四、接案的注意事项

在接案这一关键环节,社会工作者需保持高度的专业性和敏感性,确保服务过程的顺利进行。以下是接案过程中需特别注意的几个问题:

1. 尊重服务对象的个性和自主性

在接案过程中,社会工作者应始终尊重服务对象的个性和自主性。这要求社会工作者在提供服务时,充分尊重服务对象的意愿和选择,避免任何形式的强迫或诱导。同时,社会工作者还需深入了解服务对象的个性特点,理解其独特的需求和期望,以便提供更加贴合服务对象实际需求的服务方案。

2. 保护服务对象的隐私和信息安全

保护服务对象的隐私和信息安全是社会工作者的基本职责之一。在接案过程中,社会工作者应严格遵守保密原则,采取必要的技术和管理措施,确保服务对象的信息不被泄露、滥用或非法获取。这包括在收集、处理、存储和传递服务对象信息时,严格遵循相关法律法规和伦理规范,确保信息的安全性和完整性。

3. 注重服务对象的文化差异

社会工作者在接案过程中,应充分考虑服务对象的文化背景差异。这要求社会工作者具备跨文化交流的能力,能够运用适当的沟通技巧和服务方法,确保与服务对象的有效沟通。同时,社会工作者还应尊重服务对象的文化传统和价值观,避免在服务过程中出现文化冲突或误解。

4. 保持与服务对象的适度接触

在接案过程中,社会工作者应保持与服务对象的适度接触。这既是为了避免过度介入服务对象的生活,尊重其自主性和隐私,也是为了根据服务对象的实际情况和需求,灵活调整服务方式和频率,确保服务的有效性和可持续性。社会工作者应与服务对象建立一种基于信任和尊重的合作关系,共同推动问题的解决。

5. 决定是否需要采取紧急介入措施

在某些紧急情况下,如家庭暴力、自杀倾向等,社会工作者需要迅速做出反应,跳过接案而直接开展紧急介入。在做出决策时,社会工作者应充分考虑服务对象的生命安全和福祉,同时遵守相关法律法规和伦理规范。在紧急介入过程中,社会工作者应保持冷静、果断和高效,及时采取必要的措施,防止事态进一步恶化。

6. 评估自身及隶属机构的能力

随着社会发展,服务对象的需求越来越多样化。在接案面谈过程中,社会工作者不仅需了解服务对象的需求,还应评估自身及隶属机构是否有能力帮助服务对象达成目标。这要求社会工作者具备专业的评估能力和资源调配能力,以确保服务的有效性和可持续性。

7. 确保服务对象需求符合服务机构工作范围

在接案过程中,社会工作者应确保服务对象的需求符合服务机构的工作范围。当服务对象的需求超出社会工作者及其隶属机构的能力范围时,社会工作者应及时将服务对象转介至其他合适的机构,以确保服务对象能够得到及时有效的帮助。同时,在面对不符合规定甚至无理的服务要求时,社会工作者应按照规定流程结束接案,并告知服务对象相关规定和原因,以维护服务机构的声誉和权益。

第二节 预估

一、预估的任务

预估作为社会工作服务中的一个重要环节,旨在通过系统化和科学化的方法,收集并深入分析服务对象的问题和需求信息,进而为服务对象量身定制合适的服务计划。这一过程不仅体现了社会工作者的专业素养,更是确保服务效果最大化的关键。在预估实践中,社会工作者需完成以下核心任务:

1. 识别服务对象问题的主客观因素

服务对象的问题往往不是单一的,而是由多种因素交织而成的。社会工作者需要细致入微地分析这些因素的内在关联,既包括服务对象个人的心理、生理等主观因素,也包括外部环境、社会结构、政策制度等客观因素。

2. 探究服务对象问题的成因

仅仅识别问题是不够的,社会工作者还需深入挖掘问题的根源。这就要求社会工作者具备深厚的理论知识和丰富的实践经验,能够透过现象看本质,找到问题的真正成因。

3. 识别服务对象的优势

在预估过程中,社会工作者不仅要关注服务对象的问题和困难,还应积极发掘其潜在的优势和资源。这些优势可能包括服务对象自身的技能、人际关系等,也可能是其所处的社会网络中的可利用资源。通过识别和利用这些优势,社会工作者可以更有效地推动服务对象的改变。

4. 确定服务对象目标的优先顺序

服务对象往往面临多个问题,且问题的复杂性和难度各异。因此,社会工作者需要在与服务对象的商讨过程中,运用敏锐的观察力和判断力,准确把握服务对象的需求和问题的关键点。同时,社会工作者还应根据服务对象的实际情况和需求,合理分析事情的轻重缓急,以决定问题处理的次序。在这一过程中,社会工作者需要与服务对象保持密切的沟通和协作,共同制定问题处理的优先次序和解决方案。

二、预估的特点及原则

(一)预估的特点

1. 系统性

预估需要综合考虑服务对象的问题、需求、能力和资源等多方面因素,进行全面的评估。

2. 动态性

预估是一个持续的过程,需要根据服务对象的变化及时调整和修正。

3. 客观性

预估应基于事实和数据,尽量减少主观情感的影响。

4. 参与性

预估应充分尊重服务对象的意见,鼓励他们表达自己的需求和期望。

(二)预估应遵循的原则

1. 以服务对象为中心

预估应以服务对象的需求和问题为中心,关注他们的感受和体验。

2. 保密性

预估过程中收集的信息应保密,不得泄露给无关人员。

3. 客观、公正

预估应客观、公正,避免受个人情感和偏见的影响。

4. 积极参与

鼓励服务对象积极参与预估过程,充分表达自己的需求和期望。

三、预估的流程

1. 信息收集

信息收集是预估流程的首要步骤,旨在全面理解服务对象的处境。此过程不仅需要确定服务对象的问题及问题发生过程、现阶段发展状况,还需探究服务对象所处的社会环境及其在其中扮演的角色。此外,要分析服务对象无法解决问题的原因,以及分析他们当前所拥有的资源状况,这也是信息收集的重要内容。这一步骤可能需要借助各种调查方法,以获取不同角度的信息,确保对服务对象问题的全面了解。

2. 信息分析

在收集到足够的信息后,接下来需要对这些信息进行深入的分析。此过程旨在识别服务对象真正的问题和需求,并评估这些问题的重要性和紧急程度。通过对信息的仔细分析,社会工作者能够更准确地把握服务对象的困境,为后续的介入策略制定提供有力依据。

3. 全面的能力评估

在此步骤中,社会工作者需要评估服务对象解决问题的能力,包括他们的知识、技能、经验以及可借助的社会资源。通过这一评估,社会工作者能够了解服务对象的真实能力,从而制订出符合其实际情况的介入计划。同时,评估结果还有助于确定问题解决的优先次序,确保服务资源得到合理分配。

4. 决定介入策略

根据服务对象的问题、需求及能力评估结果,社会工作者需要制定具体的介入策略。介入策略应呈现立体式、多元化的特征,以满足服务对象复杂多变的需求。通常情况下,介入策略可分为直接供应和间接辅导两种形式。直接供应包括为服务对象提供直接的服务和资源支持;间接辅导则侧重于提升服务对象解决问题的能力,帮助他们更好地应对未来的挑战。在选择介入技术时,社会工作者可根据社会工作理论的指导,选择合理的社会工作形式,如认知行为小组干预等,以灵活多样的方式把不同的社会工作形式结合起来,实现服务目标。

第三节 计划

一、服务计划的构成

社会工作实务过程中的计划是一个系统化、结构化的过程,旨在确保服务活动能高效、有序和高质量地进行。一个完善的服务计划应包含以下核心构成要素,这些要素相互关联、相互支持,共同构成了一个完整的服务体系。

1. 服务目标

服务目标是社会工作服务计划的灵魂,它明确了服务的最终成果和预期效果。服务目标应具体、可衡量、可达成,并与服务对象的实际需求紧密相联。服务目标的设定有助于为整个服务活动指明方向,确保服务活动的针对性和有效性。

2. 服务内容

服务内容是社会工作服务计划的核心,它具体规定了服务活动所包含的项目和任务。服务内容应围绕服务目标展开,确保服务活动的实施具有实际意义。服务内容的制定应充分考虑服务对象的实际需求和问题,采用适合的服务方法和技巧,确保服务活动的针对性和实效性。

3. 服务对象

服务对象是社会工作服务计划的受益主体,他们是服务活动的直接受益者。服务对象的界定有助于社会工作者更加清晰地了解服务活动的受益主体,从而有针对性地开展服务活动。服务对象的确定应基于服务目标和服务内容,确保服务活动能够满足服务对象的实际需求。

4. 服务时间

服务时间是社会工作服务计划的重要组成部分,它规定了服务活动的实施时间。合理安排服务时间有助于确保服务活动的高效开展,避免时间上的浪费和延误。服务时间的设定应充分考虑服务对象的实际情况和需求,确保服务活动能够在最佳的时间内完成。

5. 服务人员

服务人员是社会工作服务计划的执行者,他们负责具体执行服务活动。明确参与服务活动的人员及其职责有助于确保服务活动有人负责、有人执行。服务人员的选择应基于他们的专业背景、能力和经验,确保他们具备完成服务任务所需的技能和素质。

6. 服务资源

服务资源是社会工作服务计划顺利实施的物质基础,它包括人力、物力、财力等各方面的资源。合理规划服务活动所需的资源配置有助于确保服务活动的顺利进行。服务资源的配置应充分考虑服务活动的实际需求和可行性,确保资源的充分利用和有效管理。

7. 服务评价

服务评价是社会工作服务计划的重要环节,它通过对服务成果进行客观、公正的评估,为服务质量的持续改进提供依据。服务评价应设定明确的评价标准和方法,确保评价结果的客观性和公正性。服务评价的结果可以作为服务计划调整和改进的依据,促进服务质量的不断提升。

二、制订服务计划的原则

在制订服务计划时,为确保其有效性和实用性,必须遵循一系列基本原则。这些原则不仅为服务计划的制订提供了指导,也为服务活动的实施提供了保障。以下是制订服务计划需遵循的几个基本原则及其重要性:

1. 服务对象导向原则

该原则强调服务计划的制订必须以服务对象的需求为出发点,始终关注服务对象的利益。这意味着在服务计划的每个环节中都要充分考虑服务对象的需求和期望,确保服务计划能够真正满足服务对象的实际需求。通过服务对象导向原则,可以确保服务计划更加贴近实际,提高服务对象的满意度和信任度,同时,也有助于建立长期的合作关系,促进服务活动的可持续发展。

2. 目标明确原则

该原则要求服务计划必须具有明确的目标,以便为服务活动提供清晰的方向和预期成果。服务目标应具有可衡量性和可实现性,以便对服务计划的实施效果进行评估。目标明确原则有助于确保服务活动的高效进行,避免偏离方向或产生浪费。同时,明确的目标也可以激励社会工作者和服务对象共同努力,共同实现服务目标。

3. 务实可行原则

该原则强调服务计划必须具备实际可行性,避免过于理想化而导致难以实施。在制订服务计划时,应充分考虑现有资源和条件,确保服务计划能够在现实条件下得到有效执行。务实可行原则有助于确保服务计划的顺利实施,避免因为资源不足或条件限制而导致服务活动无法达成目标,同时,也有助于提高社会工作者的执行力和应变能力,确保服务活动能够取得预期效果。

4. 资源整合原则

该原则要求充分利用现有资源,合理配置服务活动所需的人力、物力、财力等资源。通过资源整合,可以优化资源配置,提高资源利用效率,为服务计划的实施提供有力保障。资源整合原则有助于确保服务计划的顺利实施,避免因资源不足而影响服务效果,同时,也有助于提高社会工作者的资源管理能力,促进服务活动的可持续发展。

5. 持续改进原则

该原则要求建立服务计划评价机制,不断总结经验教训,持续改进服务计划,提高服务质量。通过持续改进,可以不断完善服务计划,使其更加符合服务对象的需求和期望。持续改进原则有助于确保服务计划的不断优化和创新,提高服务质量和效果,同时,也有助于激发社会工作者的创新精神和学习动力,推动服务活动的不断进步和发展。

三、制订服务计划的方法

制订服务计划时,可以采用以下技巧和方法来提高服务计划的质量和可行性:

1. 需求分析

在制订服务计划之前,首先需要对服务对象的需求进行深入了解。这可以通过调查、访谈等手段来实现,从而为服务计划的制订提供可靠的数据支持。在沟通过程中,服务对象可能需要一定的时间来适应,因此他们在表达自己的需求时可能会出现真实性和全面性不足的问题。这就需要社会工作者具备足够的耐心和敏感度,通过用心的倾听和深入的挖掘,去验证服务对象所陈述的事实,并从中识别出他们最本质的需求。特别是在处理那些容易引发歧视和污名化的问题时,社会工作者更需要有充分的准备和准确的分析能力。

2. 目标设定

在完成了需求分析之后,接下来就需要根据分析结果来设定具体、明确且可衡量的服务目标。这些目标应该能够反映出服务对象的需求,同时也要具备可行性和可评估性。换言之,要对一个抽象的目标概念进行"操作化"。例如,海员想要缓解自己因长期离家而产生的焦虑情绪,他的求助目的是"缓解焦虑情绪"。但如何让"缓解焦虑情绪"这个目标可操作化呢?这就可以借助目前一些通用的李克特式焦虑量表,为"焦虑程度"进行具体界定和描述,并服务于海员

第三章 海事社会工作通用过程

缓解目标的达成。而一些无法借助量表实现的操作化,就需要社会工作者根据对服务对象的需求分析来将抽象的目的概念拆解成具体可实现的操作化目标。

3. 选择介入行动

在明确了服务目标之后,就需要选择合适的介入形式。根据海员群体可能出现问题的类型和性质,介入行动可以分为六个方面:

(1)认知治疗。认知治疗旨在帮助海员群体识别并调整不良的认知模式,如焦虑、抑郁、自我否定等。通过专业的心理咨询和干预,引导海员建立积极、健康的心态,增强他们的心理韧性和应对能力。这种介入方式对于改善海员的心理状态、提高生活质量具有重要意义。

(2)社会网络修复。海员长期在海上工作,可能面临与家人、朋友和社区联系中断的问题。社会网络修复旨在帮助海员重建和加强与家人、朋友和社区的联系,增强他们的社会支持网络。通过组织家庭探访、社区活动等方式,让海员感受到家的温暖和社区的关怀,提高他们的社会归属感和幸福感。

(3)危机干预。海员在工作中可能面临各种突发危机,如失业、疾病、海上事故等。危机干预旨在及时、有效地应对这些危机,减轻海员的身心压力,保障他们的生命安全。可以通过建立紧急响应机制、提供心理援助和物资支持等方式,为海员提供全方位的保障和支持。

(4)资源整合。海员在面临问题时,往往缺乏必要的资源和支持。资源整合旨在充分利用各种资源,包括政府、企业、社会组织等,为海员提供全方位的支持和帮助。通过链接资源平台、建立合作机制等方式,实现资源的优化配置和高效利用,为海员提供更加全面、专业的服务。

(5)经济援助。由于海上工作的特殊性质,部分海员可能面临收入不稳定、经济困难等问题。经济援助旨在通过提供经济支持来帮助海员解决生活困难。通过设立救助基金、提供就业援助等方式,为海员提供必要的经济保障和支持,减轻他们的经济压力。

(6)安置服务。对于因各种原因无法继续从事海上工作的海员,安置服务旨在为他们提供合适的职业转型或安置方案。通过职业咨询、培训等方式,帮助海员找到适合自己的新的职业方向和发展道路,确保他们顺利实现职业转型和生活转型。同时,安置服务为海员提供必要的生活支持和社会保障,确保他们的基本生活需求能得到满足。

4. 风险评估

在制订社会工作实务计划的时候,需要对可能出现的风险进行预测,并制定出相应的风险应对措施。这样可以减少服务活动过程中的不确定性,确保服务活动的安全和稳定。风险评估涉及以下几个核心环节:

(1)风险识别

风险识别是风险评估的首要步骤,需要对社会工作实务计划进行全面、系统的分析,识别出可能影响计划执行的各种风险因素。这些风险因素可能来自多个方面,如政策变动、资源不足、服务对象需求变化、团队协作不畅等。

(2)风险分析

在识别出风险因素后,需要对这些风险进行深入的分析,评估其发生的可能性和潜在影响。通过风险分析,可以明确风险的性质、特点和可能带来的后果,为制定风险应对措施提供科学依据。

(3)风险应对措施制定

基于风险分析的结果,需要制定有针对性的风险应对措施。这些措施旨在降低风险发生的可能性、减轻风险带来的负面影响,并确保服务活动的安全和稳定。风险应对措施可以包括制定备选方案、加强资源保障、优化团队协作机制等。

(4)风险监控与调整

风险评估并非一次性的工作,而是需要贯穿于社会工作实务计划执行的全过程。在计划执行过程中,需要不断监控风险的发展情况,并根据实际情况对风险应对措施进行调整和优化,以确保风险始终处于可控状态。

总之,风险评估是社会工作实务计划中的重要环节,对于确保服务活动的安全和稳定具有重要意义。通过科学的风险评估,可以预见并应对可能出现的风险,降低服务活动的不确定性,提升社会工作的专业性和实效性。

第四节 介入

介入是社会工作实务服务直接发挥效用的阶段。社会工作者采取的立体化、多方面、系统性的手段,均是为了与服务对象及其社会支持系统一起合作,以帮助服务对象实现诉求、解决问题、达成目标,这所有的工作构成了介入阶段的工作。

一、介入的分类

介入作为一种重要的社会工作方法,在实践中可以根据不同的标准进行分类。

其一,根据介入的对象,介入可以分为个案介入和团体介入。个案介入聚焦于单一的服务对象,通过个别化的工作方法和策略,旨在提升个体的社会功能、解决个体问题、促进个体的全面发展。社会工作者通过深入了解个体的需求、问题和资源,制订个性化的服务计划,提供有针对性的支持和帮助。团体介入的对象为集体单位,如家庭、小组或社区。这种介入方法通过促进集体单位内部成员的互动和资源整合,激发集体的潜能,提升集体的社会功能和整体福祉。社会工作者在团体介入中扮演引导者、协调者和资源链接者的角色,推动集体单位的积极发展。

其二,根据介入的目的和内容,介入可以分为治疗性介入和支持性介入。治疗性介入主要针对那些因个人原因(如心理创伤、精神疾病等)导致社会功能受损的人群。社会工作者通过心理咨询、治疗等方法,帮助服务对象恢复社会功能,提升生活质量。治疗性介入强调对服务对象的深入了解和评估,制订个性化的治疗方案,并关注治疗过程中的反馈和调整。支持性介入主要关注那些因社会环境原因(如贫困、失业等)导致生活困境的人群。社会工作者通过提供资源和支持,帮助服务对象增强自我解决问题的能力,提高生活质量。支持性介入注重资源的链接和整合,以及服务对象自我能力的提升。

其三,根据介入的方式,介入可以分为直接介入、间接介入和综合介入。直接介入是指社会工作者直接与服务对象进行接触和交流,提供直接的支持和帮助。这种介入方式能够直接了解到服务对象的问题和需求,提供及时的反馈和调整。间接介入是指社会工作者在个人、家庭、社区乃至更大的社会系统层面,代替服务对象采取介入行动,通过改变服务对象所处的个体状态、社会环境或资源网络来间接影响服务对象。这种介入方式强调对服务对象环境的改善和资源网络的整合。综合介入则是指将服务对象视为环境中的个体,在环境中综合使用直接介入和间接介入的方式,同时运用多种社会工作方法和技巧,为服务对象提供全面、综合的支持和帮助。综合介入强调对服务对象问题的全面分析和解决,注重服务对象的整体福祉和发展。综合介入需要社会工作者具备较高的专业素养和综合能力,能够灵活运用各种社会工作方法和技巧。

二、选择介入的原则

1. 针对性原则

社会工作者在选择介入方法时,必须充分考虑服务对象的实际情况和需求,确保介入方法与问题相匹配。例如,对于一个失业的海员,提供职业咨询和就业服务可能比提供心理辅导更为有效。

2. 适宜性原则

社会工作者要考虑到自己的专业能力和资源状况,应该根据自己的专业背景和经验,选择自己擅长和有资源的介入方法。例如,一个有着丰富心理咨询经验的社会工作者,可能会更擅长进行心理辅导,而不是物质援助。

3. 自决性原则

社会工作者的介入活动需要体现以人为本的原则,从服务对象的切身利益出发,并鼓励服务对象全过程参与,促进由服务对象自决,促进他们以更加负责任的态度解决问题、完成任务。

4. 发展性原则

社会工作者需要考虑到服务对象的发展潜力,通过介入促进服务对象的成长和发展。社会工作者应该帮助服务对象看到自己的优势和潜力,鼓励他们积极参与解决问题的过程,逐步建立起自我发展的能力。例如,对于一个年轻的失业者,社会工作者可能会通过职业培训和创业指导,帮助他们找到适合自己的职业道路,实现自我价值。

总的来说,介入阶段既要考虑到服务对象的需求和问题,也要考虑到自己的专业能力和资源状况,还要考虑到服务对象的发展潜力,通过科学和专业的选择,确保介入的成效和质量。另外,值得注意的是,由于船上与船下的干预条件不同,社会工作者需要对海员的不同问题采取不同的设计策略。例如,当遇到海员两次工作时段临近而仅有几天时间能够在岸上接受介入时,单次疗法(Single-session Therapy)无疑值得我们首先考量。这一策略的独特之处在于仅通过一次会晤,就能有效地聚焦并解决来访者当前最为紧迫的心理问题。它不仅帮助来访者提升适应生活的技巧性和灵活性,更是一种强调即时效果的治疗模式。与传统的长期介入相比,单次疗法并不追求来访者经历持久、特征性的根本性改变,而是专注于迅速、有效地解决其眼前的心理困惑,为他们提供即时的心理舒缓和帮助。这一方式不仅高效便捷,更在快节奏的现代社会中为那些急需心理支持的人们提供帮助。

第五节 评估

一、评估的概念及内容

在社会工作实务中,评估指的是对社会工作服务或项目进行全面、系统、深入的审查和评价,以确定其在目标达成、过程质量、成果效益以及资源利用效率等方面的实际情况和效果。评估不仅是对社会工作实务的一种总结和反思,更是改进未来工作方向和策略的重要依据。这包括对服务或项目的目标实现程度、执行过程的质量、最终取得的成果以及相关资源的利用效率等多个维度的细致分析和考量。评估的过程不是简单回顾过去,它需要建立在对实际情况深刻理解的基础上,对已有的社会工作服务或项目进行多角度、多层次的梳理和剖析。这种深入的审查旨在揭示服务或项目的优势与不足,识别实施过程中的问题和挑战,从而为未来的决策提供坚实的数据支持和行动指南。更为重要的是,评估的结果对于指导社会工作者制订更加精准、高效的服务计划,优化服务流程,提升服务品质具有不可替代的作用。因此,评估不仅是社会工作实务的重要组成部分,也是推动社会工作专业发展和创新的重要动力。通过评估,社会工作实务能够不断汲取经验教训,实现服务质量的持续提升,进而在服务对象和社会中树立起专业可靠的形象,为社会的和谐与进步做出更大的贡献。

二、评估的类型及方法

1. 评估的类型

社会工作实务过程中的评估工作是一个全面、系统、深入的过程,它涉及目标达成度、过程质量、成果效益以及资源利用效率等多个方面。可以根据项目的需求选择不同的评估侧重点。通过评估工作,可以全面了解社会工作服务或项目的实际情况和效果,为改进工作、提高效率提供重要依据。

（1）目标达成度评估

目标达成度评估是评估工作的核心内容之一,它主要关注社会工作服务或项目是否达到了预期的目标和效果。在评估过程中,社会工作者需要对照预设的目标指标,对实际完成情况进行逐一比对和分析,以判断服务或项目是否实现了预期的效果。

（2）过程质量评估

过程质量评估是对社会工作服务或项目实施过程中的各个环节进行审视和评价,包括服务流程、服务质量、服务方法、服务技巧等。通过评估,可以发现服务过程中存在的问题和不足,为改进服务质量和提升服务效果提供依据。

（3）成果效益评估

成果效益评估是对社会工作服务或项目所取得的成果和效益进行评价,包括直接效益和间接效益两个方面。直接效益指的是服务或项目直接对服务对象产生的积极影响,如改善生活质量、提高社会适应能力等。间接效益则是指服务或项目对社会、经济、文化等方面产生的积极影响,如促进社区和谐、推动社会发展等。

（4）资源利用效率评估

资源利用效率评估是对社会工作服务或项目在资源利用方面的效率和效益进行评价,包括人力、物力、财力等方面的投入和产出情况。通过评估,可以了解服务或项目在资源利用方面的实际情况,发现资源浪费和不合理使用的问题,为优化资源配置和提高资源利用效率提供依据。

2. 评估的方法

（1）定量评估方法

定量评估方法主要通过收集和分析数据来评估社会工作服务或项目的实际

情况和效果。常用的定量评估方法包括问卷调查、量表评估、数据分析等。这些方法可以帮助社会工作者了解服务对象的数量、比例、变化等情况,为制订和调整服务计划提供科学依据。在大多数情况下,定量评估的构建依赖于具有明确维度和题项刻度的李克特式焦虑量表。这种类型的量表不仅能精准捕捉服务对象的当前状态,还允许通过多次测量实现数据的前后对比。多次测量所得数据一般根据测量时间进行命名,如基线期测量(前测)、介入期测量(后测)、随访期测量。顾名思义,基线期测量也就是在介入开始前进行的测量,用作服务对象原始状态的参照指标;介入期测量是介入完成后,对服务对象进行的测量;随访期测量则是结案后,为了跟踪服务对象的状态而开展的测量。随访期测量没有固定时间间隔,通常干预后一个月进行的随访测量是短期测量,三个月后的测量是中期测量,半年及之后的测量是长期测量。可根据社会工作的目标,选择不同时间进行测量。

(2)定性评估方法

定性评估方法主要通过深入访谈、观察、案例对照等方式来评估社会工作服务或项目的实际情况和效果。这些方法可以帮助社会工作者了解服务对象的内心世界、生活经历、需求变化等情况,为制订更加符合服务对象实际需要的服务计划提供依据。定性评估通常根据与服务对象访谈的资料内容、实际表现进行判断,但这种方法依赖于社会工作者对整个干预过程的判断,不可避免地具有很强的主观性。目前在循证实践理念的影响下,传统描述和解读访谈内容的方式拓展为根据扎根理论为访谈内容进行编码分析。

扎根理论(Grounded Theory)是格拉泽(Barney G. Glaser)和施特劳斯(Anselm L Strauss)在撰写《终老意识》(*Awareness of Dying*)的过程中,逐渐完善的一套逻辑一致的"发现"理论的资料收集和分析程序,其主要宗旨是在经验资料的基础上建立理论。它融合了社会学中两个相互矛盾而且彼此竞争的传统,即哥伦比亚大学的实证主义与芝加哥学派的实用主义及田野研究。扎根理论是一种以质性为主导、引入量化的研究方法。在扎根理论的具体应用中,资料收集大多采用经典的质性研究方法,如民族志法、深度访谈法、焦点小组访谈法等。在资料分析阶段,扎根理论体现为"系统化程序",包括记录、分析、编码、摘记和报告撰写等一系列科学化的步骤,其中对资料进行逐级编码是核心程序,也是量化特征最显著的环节。在这一环节,逐级编码分为开放性编码、主轴性编码与选择性编码,图2-2比较直观地呈现了各级编码的流程与作用。值得注意的是,扎根理论本身是用于探索理论的,在社会工作领域只是换了一个角度,借其归纳证据为干预效果佐证。

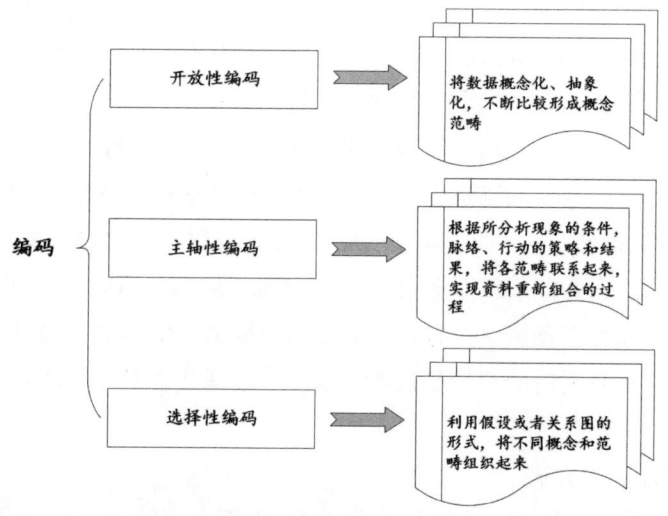

图 2-2　各级编码的流程与作用

(3)综合评估方法

综合评估方法是将定量评估和定性评估方法相结合,综合考虑服务对象的数量、比例、变化以及内心世界、生活经历、需求变化等因素,全面评估社会工作服务或项目的实际情况和效果。这种方法可以更加全面、深入地了解服务对象的实际情况和需求,为制订更加科学、合理的服务计划提供依据。

总之,社会工作实务过程中的评估类型多样,方法灵活。社会工作者应根据服务对象的实际情况和需求选择合适的评估类型和方法,确保评估结果的科学性、客观性和有效性。

三、评估的流程

社会工作实务过程中的评估流程主要包括以下几个阶段:

1. 准备阶段

评估前,社会工作者需要明确评估的目标、范围、内容和方法,制订详细的评估计划。同时,社会工作者还需要与服务对象、相关利益方进行沟通,确保他们对评估的目的和流程有充分的了解。

2. 信息收集阶段

在评估过程中,社会工作者需要运用各种方法和工具,如问卷调查、访谈、观察等,收集服务对象的相关信息。这些信息包括服务对象的基本情况、需求、问题、资源等,为后续的评估分析提供数据支持。

3. 信息分析阶段

收集到数据后,社会工作者需要对数据进行分析和处理。这一阶段包括数据的整理、分类、统计和解释等步骤,旨在揭示服务对象的现状、问题和需求,为制订结案策略和随访计划提供依据。

4. 撰写评估报告阶段

根据信息分析结果,社会工作者需要撰写评估报告。评估报告应包括评估目标、方法、过程、结果和建议等内容,以便向服务对象、相关利益方和上级部门汇报评估成果。

5. 反馈与应用阶段

评估报告完成后,社会工作者需要将评估结果反馈给服务对象和相关利益方,并根据评估结果制订或调整服务计划。同时,社会工作者还需要将评估成果应用于实际工作中,以优化服务质量和提升服务效果。

四、评估的注意事项

1. 遵循循证实践的理念

评估的准确性和可靠性取决于社会工作者是否持中立态度,是否严格遵循证据为本的理念。社会工作者在收集用于评估的信息时应确保来源可靠、真实有效,避免信息失真或误导。同时,社会工作者还应对纳入评估流程的信息、数据进行严格的质量控制,包括信息的清洗、整理、分析等,以确保评估结果有参考价值。

2. 注重服务对象的参与和反馈

服务对象是社会工作服务的直接受益者,他们的参与和反馈对于评估结果的准确性和有效性具有重要意义。社会工作者在评估过程中应积极与服务对象沟通,了解他们的需求和期望,收集他们的意见和建议。同时,社会工作者还应关注服务对象的满意度情况,及时调整服务策略和方法,提高服务质量和满意度。

3. 关注伦理和隐私问题

评估过程中可能涉及服务对象的隐私和敏感信息,社会工作者应严格遵守伦理规范和法律法规,确保评估工作的合法性和合规性。在收集和处理数据时,社会工作者应采取适当的措施保护服务对象的隐私和保证信息安全,避免泄露或滥用数据。

第六节 结案

当社会工作者和服务对象认为已成功达成计划的目标时,或者当社会工作者和服务对象因个人原因不得不单方面中止干预进程时,或者由于某些不可抗力因素必须结束服务时,社会工作的实务服务就需要结束了,此时社会工作也进入了最后的结案环节。

一、结案阶段的主要任务

一般情况下,结案是一种事先计划好的行动。当社会工作者与服务对象需要结束这段专业关系时,结案阶段便自动开启了。在案件处理进入结案阶段时,社会工作者需要明确此阶段的主要任务,包括但不限于总结工作、巩固成果、解除专业工作关系、撰写结案报告等。

首先,社会工作者需要对整个案件的处理过程进行深入的回顾和总结。这不仅包括对案件本身的处理结果进行梳理和归纳,还包括对案件处理过程中的经验教训进行总结,以便于在未来的工作中能够更好地应对类似的问题。

其次,巩固成果也是结案阶段的重要任务之一。社会工作者需要确保案件处理的结果得以有效执行,并对可能出现的问题进行及时的跟进和处理,以确保案件处理的结果能够真正地落到实处。

再次,解除专业工作关系也是结案阶段的一个重要任务。社会工作者需要对案件处理过程中涉及的专业工作关系进行妥善的处理,以确保所有的工作关系都能够得到妥善的解决,避免因为工作关系处理不当而引发新的问题。

最后,撰写结案报告也是结案阶段的一个重要任务。结案报告不仅是对案件处理结果的归纳和总结,也是对服务工作的一种反馈和评价。因此,社会工作者需要认真对待结案报告的撰写,确保其内容全面、准确、清晰。

二、结案的类型

在社会工作实践中,结案并非一成不变或遵循单一模式进行,而是根据案件的具体特点、处理过程及最终结果,呈现多种类型。这些类型不仅体现了社会工作的专业性和灵活性,也反映了社会工作在处理复杂社会问题时的多样性和细致性。

1. 目标实现型结案

目标实现型结案是指在社会工作介入过程中,服务对象的预设目标已经达成或基本达成,从而顺利进入结案阶段。在此类结案中,社会工作者与服务对象共同制订了明确的服务目标和计划,并通过一系列专业服务和支持,使服务对象在心理、生活状况或社会功能等方面取得了显著的改善和提升。当这些目标得以实现或基本实现时,社会工作者与服务对象将共同评估服务效果,并决定结束专业关系。

2. 服务对象中止型结案

服务对象中止型结案是指服务对象自身的原因(如需求变化、失去联系、拒绝继续服务等),导致被社会工作服务无法继续进行,从而不得不提前结束专业关系。在此类结案中,社会工作者需要与服务对象进行充分的沟通和解释,了解其原因和意愿,并尊重其决定。同时,社会工作者还需评估服务对象是否需要其他形式的支持或帮助,以确保其能够顺利适应和应对结案后的生活。

3. 不可抗力型结案

不可抗力型结案是指由于外部不可抗力因素(如自然灾害、法律政策变化、机构调整等),导致社会工作服务无法继续进行或无法达到预期效果,从而不得不提前结束专业关系。在此类结案中,社会工作者需要认真评估不可抗力因素对服务的影响和后果,并与服务对象进行充分的沟通和解释。同时,社会工作者还需积极寻求其他资源和支持,以帮助服务对象应对结案后的挑战和困难。

4. 当事人角色流转型结案

当事人角色流转型结案是指在社会工作介入过程中,随着服务对象的问题得到解决或改善,其角色和地位也发生了变化,从而自然进入结案阶段。在此类结案中,社会工作者需要关注服务对象角色转变的过程和感受,并为其提供必要的支持和帮助。同时,社会工作者还需评估服务对象在新的角色和地位下是否具备应对挑战和困难的能力和资源,以确保其能够顺利适应和融入新的生活环境。

三、服务对象的负面反应

在社会工作实践中,结案标志着专业关系的结束和服务过程的阶段性完成。然而,在这一阶段,服务对象可能会出现各种负面反应,如否认结束、故意倒退、过分依赖、极端愤怒、反复抱怨。这些反应不仅影响结案过程的顺利进行,还可能对服务对象自身的心理和社会功能造成一定的损害。因此,深入理解和妥善处理服务对象的负面反应,对于确保结案工作的顺利进行具有重要意义。

(1)否认结束:服务对象可能不愿意接受专业关系的结束,对结案感到震惊、失落或愤怒。他们可能会否认服务结束的事实,试图延长服务期限或拒绝接受服务结束的现实。

(2)故意倒退:在结案阶段,服务对象可能会出现行为上的倒退,如重新表现出之前的问题行为、拒绝履行之前的承诺或协议等。这种倒退可能是服务对象对结案的一种抗拒反应,也可能是他们对未来生活感到不确定和恐惧的表现。

(3)过分依赖:服务对象可能会表现出对社会工作者的过分依赖,他们可能无法独立应对生活中的问题和挑战。这种依赖可能源于服务对象对社会工作者的信任和依赖心理,也可能源于他们对自身能力的怀疑和内心的不安。

(4)极端愤怒:服务对象可能会对结案感到愤怒和不满,可能会指责社会工作者没有提供足够的支持或没有解决他们的问题。这种愤怒可能源于服务对象对服务效果的不满和失望,也可能是他们对社会工作者工作的误解和偏见。

(5)反复抱怨:服务对象可能会在结案阶段反复抱怨和批评社会工作者的服务,他们可能会抱怨社会工作者没有理解他们的需求或没有提供足够的帮助。这种抱怨可能源于服务对象对服务过程的不满和失望,也可能是他们对社会工作者的期望值和实际效果有差距感。

四、结案时的特殊情况及处理方法

如果服务对象出现上述特殊情况,社会工作者需要审慎处理。这可能是由于他们对案件结果感到不满,或者对处理过程有疑问。面对这种情况,社会工作者需要保持冷静,积极与服务对象沟通,了解他们的疑虑和不满的原因。同时,社会工作者需要耐心解释案件的处理过程和结果,让他们理解并接受。在这个过程中,社会工作者要尊重服务对象的感受,给予他们足够的关心和支持。具体方法如下:

(1)提前告知与准备:社会工作者应提前告知服务对象结案的时间和原因,让他们有足够的时间做好心理准备。同时,社会工作者应与服务对象一起回顾服务过程,总结服务成果和经验教训,帮助他们认识到自己的成长和进步。

(2)建立信任与沟通:社会工作者应与服务对象建立良好的信任关系,积极倾听他们的想法和感受,理解他们的需求和期望。通过有效的沟通,社会工作者可以了解服务对象产生负面反应的原因和动机,从而制定有针对性的处理策略。

(3)提供支持与引导:社会工作者应提供必要的支持和引导,帮助服务对象应对结案带来的挑战和困难。这包括提供心理支持、情感支持、信息支持等,以及帮助他们建立新的社会支持网络、培养自我管理和应对能力等。

(4)尊重选择与决定:社会工作者应尊重服务对象的选择和决定,避免强制结束专业关系或施加压力。如果服务对象表示不愿意结束服务关系或需要继续服务支持,社会工作者可以与他们协商制订合适的继续服务计划或转介到其他服务机构。

(5)反思总结与提升:社会工作者应对结案过程进行反思和总结,分析服务对象的负面反应的原因和影响因素,以及自己在处理这些反应时的表现和不足。通过反思和总结,社会工作者可以不断提升自己的专业能力和服务水平,为未来的工作提供更好的支持和服务。

五、结案后的随访服务

结案并不意味着服务的完全终止,而是标志着专业关系的一个阶段性结束。社会工作者还需要对案件进行随访,了解案件处理结果的实施情况,以及服务对象的生活状况。为了确保服务对象的持续成长和适应,以及评估服务效果,社会工作结案后的随访服务显得尤为重要。随访服务是指在社会工作结案后,社会工作者对服务对象进行一定周期内的跟进和关注,以了解其生活状况、服务效果以及是否需要进一步的支持和帮助。随访服务可以通过电话、面谈、邮件等多种方式进行,旨在与服务对象保持联系,提供必要的支持和指导,促进服务对象的持续成长。通过随访服务,社会工作者可以了解案件的处理是否真正解决了服务对象的问题,是否需要进一步的帮助和支持。同时,随访服务也是对社会服务工作的一种监督,有助于提高社会工作者的工作效率。

海事社会工作：理论与实务

本章小结

　　本章详细介绍了海事社会工作的通用过程，包括接案、预估、计划、介入、评估和结案六个主要环节。每一个环节都是海事社会工作中不可或缺的部分，它们共同构成了一个完整的服务流程。接案是海事社会工作的起点，涉及理解接案的概念、内容，掌握接案的核心技巧，明确接案的流程，并了解接案过程中需要注意的事项。有效的接案能够为后续工作奠定良好的基础。预估要求社会工作者对服务对象的问题和需求进行全面、深入的了解。通过明确预估的任务、特点及原则，掌握预估的流程，社会工作者能够制订出更具针对性的服务计划。在计划阶段，社会工作者需要构建服务计划，明确服务计划的构成，了解制订服务计划的原则和方法。一个完善的服务计划能够确保社会工作服务的有效性和针对性。介入是社会工作服务的核心部分，涉及不同的介入分类和选择介入的原则。社会工作者需要根据服务对象的具体情况和需求，选择最合适的介入方式，以实现服务目标。评估涉及对服务过程和服务效果的全面评价。了解评估的概念、内容、类型及方法，明确评估的流程，并注意评估过程中的注意事项，有助于确保评估结果的客观性和准确性。结案是社会工作服务的最后阶段，涉及完成结案阶段的主要任务、了解结案的类型、处理服务对象的负面反应、应对特殊情况及处理方法，以及提供结案后的随访服务。一个妥善的结案过程不仅能够确保服务效果的可持续性，还能够为服务对象提供持续的支持和帮助。

第四章

海事社会工作方法

为海员群体营造一个宽松和具有支持性的发展环境,及时把握海员及其社会网络的动态,从海员自身的内生动力入手,提升其抗逆力和沟通技能,应该成为促进海员职业健康发展和能力建设的基本干预框架。社会工作干预是通过有意识地实施变革战略,旨在阻止或消解风险因素,激活或调动保护因素,减少或消除危害,并在消除危害的基础上改善干预对象的境况。在这个意义上,海事社会工作干预的核心目标是选择那些形式得当、具有成效的工作方法,围绕海员个体、家庭、团体、组织、社区和社会,为服务对象带来积极影响,促进其能力建设与发展。在海事社会工作领域,个案工作、小组工作和社区工作三大经典方法依旧发挥着重要作用。这些方法能够有效应对海事环境中的各类社会问题和挑战,通过专业、系统的方法论指导,为海事相关群体提供全方位的支持与服务。本章将详细阐述海事社会工作的三种主要方法:海事个案工作、海事小组工作和海事社区工作,描述其在海事领域的应用。

第一节 海事个案工作

海事个案工作是海事社会工作的重要方法之一，随着"一带一路"背景下的远洋航运业持续繁荣以及海事服务精细化、精准化水平提升，海事个案工作的重要性不断凸显。

一、海事个案工作概述

1. 海事个案工作的定义

海事个案工作是指运用专业的知识、方法和技巧，通过专业的工作程序，帮助有困难的海员或其家庭发掘和运用自身及周围的资源，改善海员自身状态或其与社会环境之间适应状况的专业服务活动。海事个案工作旨在通过系统的评估和细致的服务，为海员群体提供全面、个性化的帮助和支持。在海事社会工作领域，海事个案工作扮演着至关重要的角色，它不仅是一种有针对性的工作方法，更体现着对海员个体需求的关切。在海事环境中，关注服务对象问题细节与特征的"一对一"模式能够帮助解决海员、渔民等特定群体面临的复杂问题，促进他们的全面发展。

2. 海事个案工作的要素

海事个案工作，作为海事社会工作领域的一个分支，其要素涵盖了多个方面，这些要素共同构成了其核心框架。

（1）专业的海事社会工作者。在社会工作领域内，专业的海事社会工作者被定义为既具备扎实的社会工作理论基础，又精通海事相关专业知识和技术的专门人才。他们不仅对社会工作的基本原理和方法有深入的理解，更在海洋法规、航海技术、船舶管理以及海上事故救援与处理等海事特定领域展现出卓越的专业素养。这些专业工作者在从事海事社会工作时，能够迅速适应并妥善处理各种复杂的海事情境，为与海事相关的服务对象提供精准、专业的服务。他们的专业性和能力，是确保海事社会工作高效、准确执行的核心驱动力，对于维护海事领域的和谐稳定、促进海事人员的全面发展具有不可替代的重要作用。

(2)海事社会工作的服务对象。该领域服务对象主要涵盖了在海上工作和生活的人群,如渔民、海员、海上石油钻井工人、灯塔守护者,以及从事海上救援任务的人员等。这些服务对象在海上作业过程中常面临诸多挑战与困境,诸如极端天气条件下的生命安全威胁、海上事故引发的紧急救援需求、长期远离陆地生活带来的孤独感和疏离感,以及由工作强度和压力导致的身心健康问题等。因此,他们亟须得到社会工作者的迅速识别和评估,以及及时的、有针对性的帮助与支持,以确保他们的生活状况和心理健康得到改善和维护。

(3)海事社会工作的价值观。坚持以人的全面发展为本,秉承尊重、平等、公正等原则。这些价值观要求社会工作者在了解和介入海事服务对象的问题时,始终将人的尊严和价值放在首位,尊重他们的文化习俗、个人差异和选择,坚持平等对待每一位服务对象,并在服务过程中追求公正和公平,确保每个人都能享受到应有的社会资源和服务。海事社会工作秉持的核心价值观,深刻体现了对海员的全面发展的关注与追求。

(4)海事社会工作的专业方法和技巧。这些方法和技巧包括但不限于沟通与倾听技巧、危机干预、心理辅导、资源整合与链接等。通过这些专业的方法和技巧,社会工作者能够准确地把握服务对象的需求,深入分析他们所面临的问题,从而制订出切实可行的服务计划,并通过有效的实施和评估,推动服务对象生活状况的改善,确保海事社会工作目标的实现。

3.海事个案工作的特征

(1)针对性明确

海事个案工作的首要特征是其高度的针对性。它主要聚焦于具体的个人或家庭在海事领域所面临的问题,这些问题可能涉及海上安全、海员权益、海事法律等多个方面。社会工作者在介入时,会针对每个服务对象的实际情况和需求进行深入分析,制订个性化的服务计划,并提供相应的支持和帮助。这种针对性的工作方式,能够确保服务更加贴近服务对象的实际需求,提高服务的有效性和满意度。

(2)综合性显著

海事个案工作所涉及的问题往往具有复杂性和综合性。这些问题可能同时涉及多个领域和方面,需要社会工作者具备广泛的知识和技能。同时,社会工作者在服务过程中可能需要与多个部门、机构或个人进行合作和协调,如海事部门、医疗机构、法律机构等,以确保服务的全面性和有效性。这种综合性的工作方式,要求社会工作者具备较高的专业素养和协调能力,以应对复杂多变的服务需求。

(3) 专业性突出

海事个案工作对社会工作者的专业知识水平和技能要求较高。社会工作者不仅需要具备扎实的海事知识,还需要掌握社会工作理论、个案工作方法等专业知识。同时,他们还需要具备良好的沟通能力和人际沟通技巧,以便与服务对象建立良好的关系并保持有效的沟通。这种专业性的要求,使得海事个案工作成为一项需要高度专业化和规范化的工作。

(4) 长期性明显

海事个案工作往往需要长期的跟进和关注。由于海事领域问题的复杂性和长期性,服务对象往往需要经历较长时间的治疗和康复过程。在这个过程中,社会工作者需要持续跟进和关注服务对象的进展和变化,及时调整服务计划并提供必要的支持和帮助。这种长期性的工作方式,要求社会工作者具备耐心和毅力,以应对可能出现的各种挑战和困难。

(5) 实效性显著

海事个案工作注重服务效果的实效性。社会工作者在提供服务的过程中,会定期评估服务效果并根据评估结果进行调整和改进。这种实效性不仅体现在服务对象的满意度上,更体现在问题的解决和社会的进步上。通过海事个案工作的实施,可以有效地解决海事领域的一些具体问题,提高服务对象的生活质量和幸福感,同时也为社会的进步和发展做出积极贡献。

二、海事个案工作流程

海事个案工作的流程通常包括接案、预估和计划、介入、评估与结案四个主要部分。

1. 接案

接案是海事个案工作的起始阶段,也是建立服务关系的关键环节。在此阶段,社会工作者需要主动与潜在的服务对象进行接触,了解其基本情况、需求和问题。通过初步的沟通和交流,社会工作者可以判断服务对象是否适合接受个案服务,并确定双方是否愿意建立专业关系。接案过程中,社会工作者还需要注意收集相关信息和资料,为后续的预估和计划奠定基础。

2. 预估和计划

在接案之后,社会工作者需要对服务对象的问题进行全面、深入的预估。预估内容包括对服务对象问题的性质、原因、影响等方面的分析,以及服务对象自身资源和能力的评估。基于预估结果,社会工作者需要制订个性化的服务计划,明确服务目标、内容、方法、时间等。服务计划需要具有可操作性和针对性,以确保服务的有效性。

3. 介入

介入是海事个案工作的核心阶段,也是实现服务目标的关键环节。在此阶段,社会工作者需要按照服务计划的要求,为服务对象提供具体的服务和支持。介入方式可以是多种多样的,包括提供信息、咨询、辅导、支持等。在介入过程中,社会工作者需要与服务对象建立良好的关系,保持沟通和互动,以确保服务的有效性和针对性。同时,社会工作者还需要关注服务对象的反馈和变化,及时调整服务计划和方法。

4. 评估与结案

评估与结案是海事个案工作的最后阶段,也是对整个服务过程进行总结和反思的环节。在此阶段,社会工作者需要对服务效果进行评估,了解服务目标是否实现、服务对象的问题是否被解决等。评估结果可以为后续的服务提供参考和借鉴。如果服务目标已经实现或者服务对象的问题得到显著改善,社会工作者可以与服务对象协商结案事宜,结束个案服务。如果服务目标尚未实现或者服务对象的问题仍然存在,社会工作者可以与服务对象继续合作,制订新的服务计划,继续提供服务。结案时,社会工作者还需要对服务进行总结和反思,总结服务过程中的经验和教训,为未来的服务提供参考和借鉴。

三、海事个案工作原则

海事个案工作原则是保证服务的有效性和专业性的重要保障。服务对象利益最大化原则、个性化原则、保密原则和系统分析原则是海事个案工作的四个主要原则。这些原则要求社会工作者在服务过程中始终以服务对象利益为出发点和落脚点,尊重每个服务对象的独特性和差异性,保护其隐私和权益,同时运用系统思维和方法解决问题。通过遵循这些原则,社会工作者可以更好地为海事领域的个人或群体提供有效的支持和帮助,推动海洋经济的持续发展和海洋活动的安全有序进行。

1. 服务对象利益最大化原则

海事个案工作的核心在于为服务对象提供有效的帮助和支持,因此,服务对象利益最大化原则成为首要原则。该原则要求社会工作者始终将服务对象的利益放在首位,尊重其权益和需求,确保服务过程中能够最大限度地满足其利益诉求。在服务过程中,社会工作者需要全面了解服务对象的实际情况,制订符合其需求和能力的服务计划,确保服务的针对性和有效性。同时,社会工作者还需要与服务对象建立良好的信任关系,确保其能够积极参与服务过程,共同实现服务目标。

2. 个性化原则

海事个案工作的服务对象具有多样性和复杂性,每个人的问题和需求都是独特的。因此,个性化原则成为海事个案工作的重要原则之一。该原则要求社会工作者在服务过程中充分尊重每个服务对象的独特性和差异性,针对其具体情况制订个性化的服务计划。个性化原则要求社会工作者具备敏锐的观察力和判断力,能够准确把握服务对象的真实需求和问题,提供有针对性的支持和帮助。同时,社会工作者还需要关注服务对象的个人特点和优势,鼓励其发挥自身潜能,实现自我价值。

3. 保密原则

海事个案工作涉及许多敏感和私密的信息,如个人身份、家庭情况、心理状况等。因此,保密原则成为海事个案工作的重要原则之一。该原则要求社会工作者在服务过程中严格遵守保密规定,确保服务对象的隐私得到保护。社会工作者需要妥善保管服务对象的档案资料,不得随意泄露其个人信息。同时,社会工作者还需要与服务对象建立良好的信任关系,确保服务对象在服务过程中能够感受到安全和被尊重。此外,社会工作者还需要对服务过程中的信息进行保密处理,避免对服务对象造成不必要的困扰和伤害。

4. 系统分析原则

相对于其他领域的社会工作而言,海事方面的个案由于具有一定的职业特色,内含因素可能会更加复杂,需要综合考虑多个方面。因此,系统分析原则成为海事个案工作的重要原则之一。该原则要求社会工作者在服务过程中具备系统思维,从整体上把握服务对象的问题和需求,分析问题的成因和影响因素,制订综合性的服务计划。系统分析原则要求社会工作者具备跨学科的知识和能力,能够运用多种方法和技巧解决问题。同时,社会工作者还需要与相关部门和人员建立合作关系,共同为服务对象提供全面、有效的支持。通过系统分析,社会工作者可以更全面地了解服务对象的问题和需求,制订更具针对性和有效性的服务计划,提高服务质量和效果。

四、海事个案工作注意事项

在进行海事个案工作时,除了遵循基本的工作原则外,还需特别注意以下几个方面,以确保服务的质量和效果。

1. 强调服务对象的尊严和价值

海事个案工作的首要注意事项是强调服务对象的尊严和价值。社会工作者应当始终秉持以人为本的服务理念,尊重服务对象的个人选择和意愿。在与服务对象的互动中,社会工作者要以平等、尊重的态度进行交流,避免任何形式的歧视或偏见。同时,社会性工作者还要关注服务对象的内心世界,尊重其情感、信仰和文化,努力创造一个安全、舒适的服务环境。

2. 关注服务对象的家庭

家庭作为海员等海事个案工作的主要服务对象生活和发展的基础,对服务对象的心理、情感和社会适应等方面具有重要影响。因此,在进行海事个案工作时,社会工作者需要特别关注服务对象的家庭情况。通过了解服务对象的家庭背景、家庭结构和家庭关系,社会工作者可以更好地理解服务对象的问题和需求,从而制订更加有效的服务计划。同时,社会工作者还要鼓励服务对象与家人保持良好的沟通和互动,促进家庭关系的和谐与稳定。

3. 注重社会融入维度

海事个案工作的服务对象往往面临着与社会的脱节和隔阂。因此,注重社会融入维度是海事个案工作的重要注意事项之一。社会工作者需要积极帮助服务对象建立社会支持网络,拓展其社交圈子,提高其社交能力。通过组织各种社交活动、提供心理支持和咨询等方式,社会工作者可以帮助服务对象更好地融入社会,减少其孤独感和无助感。同时,社会工作者还要关注服务对象的职业发展和社会地位提升,为其创造更多的就业机会和更大的发展空间。

4. 尊重服务对象职业文化

海事个案工作的服务对象具有较为独特的职业背景和文化背景。因此,尊重服务对象的职业文化也是海事个案工作的重要注意事项之一。社会工作者需要了解不同职业的特点和要求,尊重服务对象的职业选择和职业发展。在与服务对象的互动中,社会工作者要避免对其职业进行贬低或歧视,并鼓励其发挥自身的职业优势和能力,实现自我价值。同时,社会工作者还要关注服务对象在工作中可能面临的困难和挑战,为其提供必要的支持和帮助。

第二节 海事小组工作

一、海事小组工作概述

1. 海事小组工作的定义

海事小组工作是指将海事领域的个人或群体组成小组,通过小组互动和协作,实现共同目标和任务的一种社会工作方法。该方法以科学的知识和技巧为基础,强调小组成员之间的互动和合作,旨在促进小组成员的发展,提高其在海事领域中的适应能力和综合素质。海事小组工作不仅关注个体的成长和发展,还注重整个小组的凝聚力和协作能力,以应对复杂多变的海事职业环境和社会挑战。该模式能够通过有组织地集合海员及其家庭成员或相关人士,引导他们共同参与各类小组活动,以此作为平台共同探讨和解决面临的难题。海事小组工作为参与者创造了一个充满互动和关爱的环境,使得小组成员能够在交流与分享中相互启发、相互鼓励,从而有效提升海员及其家庭成员的生活质量与幸福感。

2. 海事小组工作的类型

海事小组工作的类型多种多样,每种类型都有其特定的功能和作用。在实践中,社会工作者需要根据海事社会工作的实际需求和挑战,选择适合的小组类型进行实践。同时,社会工作者还需要不断学习和探索新的小组工作方法和技术,以提高小组工作的效果和质量。

(1)任务型小组

任务型小组是海事社会工作中最常见的小组类型之一。这类小组通常由具有共同目标和任务的成员组成,如海上安全小组等。成员们通过共同讨论,共同完成任务,以实现小组的整体目标。任务型小组强调目标导向和团队合作,成员之间需要建立明确的责任分工和协作机制,以确保任务能顺利完成。

(2)学习型小组

学习型小组旨在提高小组成员的专业知识和技能水平。在海事社会工作中,学习型小组可以包括海事法律法规学习小组、海上急救技能培训小组等。成员们通过共同学习和交流,不断提升自己的专业素养和实践能力。学习型小组注重知识的共享和传承,成员之间需要建立良好的学习氛围和互助机制,以推动小组的整体进步。

(3)支持型小组

支持型小组主要关注小组成员的情感支持和心理关怀。这类小组包括海员心理健康支持小组、海事家庭互助小组等。成员们通过相互倾听、分享经验和提供情感支持,帮助彼此应对海事工作中的压力和挑战。支持型小组强调情感交流和同理心,成员之间需要建立信任和亲密的关系,以促进小组内的情感支持和互助。

(4)治疗型小组

治疗型小组针对具有特定问题或需要的小组成员,如海事事故服务对象、海事创伤后应激障碍患者等。这类小组通过提供专业的治疗和支持,帮助成员们面对和解决问题,促进他们的康复和成长。治疗型小组需要由专业的社会工作者或心理咨询师进行引导和管理,确保治疗过程的有效性和安全性。

(5)兴趣型小组

兴趣型小组基于成员们的共同兴趣或爱好而组建,如航海摄影小组、海上运动俱乐部等。这类小组通过组织各种活动和交流,增进成员间的友谊和互动,丰富他们的海事生活。兴趣型小组注重娱乐性和休闲性,成员们可以在轻松愉快的氛围中享受航海相关生活带来的乐趣。

二、海事小组工作流程

海事小组工作的服务动机既源于服务对象的主动到访,也源于社会工作者的主动设计与实施。不同于个案工作中的单个服务对象,由于人数的增加,小组工作无法将"个性化"原则贯彻到底,而需要通过具有普适性的小组活动为更多人服务。但这并不意味着小组工作就是照本宣科式的方法。面对国外的干预理论,拿来主义般直接应用于我国的群体之中,往往会出现水土不服的情况。因此,社会工作者需要根据所选干预理论的既往研究,结合当下所要服务的群体特征,开发出适用于我国环境的本土化干预。从某种意义上看,这也是"个性化"的一种体现。

目前,国际主流社会工作小组干预基本遵循循证实践理念。仅仅汇总和展示小组成员访谈资料,并不能完整反映干预的效果。相比个案工作中的定性访谈,量性结合的分析被认为是测试小组工作效果更可取的方法。需要说明的是,应用流程繁复的定量分析方法不是"炫技",而是对小组工作成员及科学干预的基本尊重。由于小组干预的各项计划、活动并不是"拍脑门"决定的,因此社会工作者从主动设计的视角,谈一谈小组工作的具体流程。

1. 设定干预的主题与主体

顾名思义,主题即围绕什么开展干预,主体则是对谁开展干预。例如"提高海员的抗逆力"就是一个简单的主题,而海员是接受干预的主体。在广义的海事社会工作中,不仅海员可以作为服务对象,渔民、海上石油钻井工人、灯塔守护者,以及从事海上救援任务的人员均可以被当作服务对象。服务对象来自真正存在问题且需要解决的群体,而存在什么问题以及怎么确定这个问题可以被社会工作者解决,就需要小组工作设计者参考大量的既往研究或者基于真实世界的实践经验来回答。一方面,可以分析有关海事社会工作干预研究中所提出的研究不足的原因,按照前人研究的思路继续完善。例如可以参考相关干预领域的元分析和综述研究得出未来的研究方向。另一方面,可以通过总结自身有关海事方面的实践经验,另辟蹊径地寻找到尚未有研究涉及的干预主题。

2. 开展研究设计

基于项目主题需求,要将项目的各个层面进行系统化的设计,如招募与抽样、小组数目与分配方式。

(1)招募与抽样

小组成员的招募方式多种多样,例如线上招募、校园招募、内部推荐、行业活动招募等。由于海事相关职业群体的特殊性,目前海事小组工作成员的主流方式是依托社会工作机构、社区、街道办事处、海事企业、海事非营利组织等进行招募。

在社会工作研究中,采用合理的抽样方式对于开展循证干预研究和效果检验具有重要作用。以下是对小组工作领域中几种常用抽样方式的简单介绍。一是简单随机抽样,作为最基础的概率抽样方法,其核心理念在于确保总体中每个个体被选中的机会均等,且不受任何已知分组或层次的影响。在实际操作中,社会工作者可以采用随机数生成器等工具,从已掌握的成员资源或已招募的小组成员中随机抽取一定数量的样本。例如,在针对某公司海员的干预中,社会工作者可以从工作人员登记册中随机抽取海员作为样本,以获取广泛而均衡的干预反馈。此外,这种方式简单可靠,是开展随机对照试验的重要前提。二是分层抽样,该方式将总体划分为若干个互不交叉的层或组,进而从每一层或组中独立地进行随机抽样。这种方法旨在提高样本的代表性,使得不同层或组之间的差异得以充分体现。以某海员培训中心针对不同职级海员的干预为例,社会工作者可根据不同职级将总样本划分为不同层级,然后在每一层级中随机抽取样本,以确保纳入符合要求的样本。三是整群抽样。整群抽样将总体划分为若干个群组,然后随机选择部分群组作为样本,并对选中的群组中的所有个体进行调查。这种方法适用于总体规模较大或分布范围较广的情况。例如,若要对某海事协会旗下企业的海员的抗逆力进行干预,可将各公司视为群组,然后随机选择几个企业进行干预,以获取全面而深入的干预反馈。四是多阶段抽样。该方法又称多段抽样或多级抽样,是将抽样过程分为多个阶段进行的方法。这种方法适用于总体规模庞大、分布广泛且内部差异较大的情况。在社会调查中,当研究对象的总体规模较大或分布范围较广时,研究者可以采用多阶段抽样的方法,先对总体进行初步划分,然后在每一阶段中采用适当的抽样方法选择样本,以提高抽样的效率和代表性。

在实际应用中,研究人员需根据研究目的、总体特点以及资源限制等因素选择适当的抽样方案。正确选择和应用抽样方法对于提高研究结果的可靠性和代表性具有重要意义。同时,研究者还需注意抽样方法的科学性和合理性,以确保研究结果的准确性和有效性。

从总体中抽取所需样本是抽样,那抽多少合适呢? 一般而言,由于样本参与项目的程度以及所花费的成本不同,小组成员数量与问卷调查样本数量存在一定的差异,不能直接画等号。因此,小组成员并不是越多越好,需要根据项目的需求、预估成本、参与者的特点、社会工作者数量以及能力来综合确定。目前主要有两种确定样本数量的方法。一是社会工作者根据先前的经验确定。二是根据前人研究中所定的效应量来得出样本数。尽管现今流行大样本量的干预研究,但最根本的还是要根据研究的目的来决定纳入成员的数量。

(2)小组数目与分配方式

在将小组成员招募和抽样完成后,涉及如何分配和确定多少小组的问题,这需要根据干预目的决定。通常，分组方式分为两种：一是仅设置一个干预组；二是设置两组或多组，组别性质分为干预组和对照组。在基础配置（干预组和对照组各一个）上，可以根据干预目的不同，加设干预组和对照组。而组与组之间的分配方式和人数一般遵循1∶1随机分配的原则，也可以按不等比的比例分配。如果说对照组由于可以不施加干预而占有较少的资源，那么干预组就享有小组工作中的绝大部分资源。因此，在干预组人数过多的时候，社会工作者也需要相应地增加，以保证干预质量不会因人数过多、活动现场混乱而降低。如果干预组所纳入样本的年龄等人口学统计特征存在明显的差异，这时候干预组也可以继续做相应的划分，根据某一特征划分为不同的亚组，或者单纯为了干预效果而将干预组随机分为几组后接受干预。一般情况下，社会工作者的数量和亚组的数量应达到动态平衡。当被纳入小组工作干预中的服务对象数量过多时，可增加更多的亚组，配置更多的社会工作者，反之亦然。

3. 设定干预理论及实务措施

在循证实践理念的指导下，遵从具有相对固定流程的社会工作干预理论就显得尤为重要。为帮助社会工作形成体系化的干预研究，自20世纪80年代以来，以美国为首的西方国家发展了一系列的社会工作干预项目，并依托这些干预项目形成了相应的干预手册。干预手册的形成，为开展相同主题的社会工作干预提供了模板和范式。其中，具有代表性的就是认知行为治疗。经大量实践检验，认知行为治疗被认为具有效果好、结构化、问题导向准确、聚焦当下的主要特征。认知行为治疗业已成为国际治疗的主流，获得广泛认可，深得社会工作者的青睐，在教育、卫生、社会福利等领域得到一定的应用。目前，认知行为治疗的流程大致分为六个步骤：心理测量、认知重构、学习技能、强化技巧和技能训练、一般化和维持、后测和跟踪随访。根据这些流程，尽管身属社会科学的社会工作依然无法被精准复现，但也能够为后续研究提供干预框架的参考方向。

纵观海事社会工作理论中的分析和介入取向的理论，它们均能够为干预的开展赋能。但需要注意的是，诸如沟通理论、生态视角、系统理论等分析取向的理论，由于缺乏较为固定的干预措施，难以支撑起整个干预过程，但这并不代表要将这些理论与介入取向的实务理论割裂起来。例如，由于优势视角缺乏相应的干预框架，目前国内学者段文杰广泛地将其与其他介入取向的实践框架与理论相结合，从整合的视角破除优势视角干预机制不足的问题。这种整合化的干预措施，不仅是社会工作者实施循证实践干预的基础，还有助于推动社会工作理论与实践的本土化,为建设适合中国人群的社会工作开辟了道路,并提供了翔实的干预指引。

4. 干预效果评估

循证实践理念下的小组干预评估可以采用量化和质性相结合的方法,也即同时采用定量方法和定性方法进行效果评估。小组工作中通常将半结构访谈和多期数据分析相结合。半结构访谈允许社会工作者在与参与者的交流中,灵活地探索他们的感受、体验和变化。这种开放性的对话方式,可以捕捉到参与者在小组干预过程中的真实反馈,揭示他们对干预措施的理解和接受程度。通过仔细分析这些访谈资料,社会工作者可以发现参与者对干预措施的认知、态度和行为上的变化,进而评估干预措施的有效性。同时,多期数据分析为社会工作者提供了更为客观和量化的评估依据。通过收集参与者在不同时间点的数据,社会工作者可以比较他们在干预前后的差异,分析干预措施对参与者的具体影响。这种数据分析方法不仅可以揭示干预措施的效果,还可以帮助社会工作者了解效果的变化趋势和影响因素。通过综合运用这两种方法,社会工作者可以获得更为全面和深入的评估结果,为小组干预的改进和优化提供有力的支持。

三、海事小组工作原则

海事社会工作小组在工作时,为确保小组活动的有效性和成员的积极参与,必须遵循一系列基本原则。这些原则不仅有助于建立和谐的小组氛围,还能促进成员之间的互动和成长。以下是对海事社会工作小组工作原则的详细探讨。

1. 自愿参与原则

自愿参与原则是海事社会工作小组工作的首要原则。这意味着成员应基于自身意愿和兴趣选择参与小组活动,而非受到外部强制或压力。自愿参与能够确保成员对小组活动的积极性和投入度,使他们更加主动地参与讨论、分享和互动,从而取得更好的小组效果。

在实践中,社会工作者应尊重成员的自主选择权,避免使用强制手段或施加压力。同时,社会工作者可以通过宣传、推广和提供咨询等方式,激发成员对小组活动的兴趣和热情,鼓励他们自愿参与。

2. 尊重与平等原则

尊重与平等原则是海事社会工作小组工作的基本价值观。在小组中,每个成员都应享有平等的地位和机会,他们的权利和尊严应得到充分的维护。尊重与平等原则有助于建立和谐的小组氛围,促进成员之间的信任和合作。

为了体现尊重与平等原则,社会工作者应关注每个成员的需求和感受,尊重他们的意见和选择。在小组活动中,社会工作者应确保每个成员都有机会发表自己的观点和看法,避免对任何成员进行歧视或排斥。同时,社会工作者还应积极倡导平等意识,鼓励成员之间相互尊重、平等相待。

3. 互动与参与原则

互动与参与原则是海事社会工作小组工作的核心要素。通过互动与参与,成员之间可以建立深厚的联系和友谊,相互学习、相互支持。互动与参与原则有助于促进小组内部的交流和合作,提高小组活动的效率和质量。

为了体现互动与参与原则,社会工作者应设计多样化的小组活动,鼓励成员积极参与其中。在活动中,社会工作者应引导成员积极发言、表达观点、分享经验,同时倾听他人的声音和想法。此外,社会工作者还应关注成员之间的互动情况,及时调节和解决可能出现的矛盾和冲突,确保小组活动的顺利进行。

4. 保密与隐私原则

保密与隐私原则是海事社会工作小组工作的重要保障。在小组中,成员可能会分享一些敏感信息或隐私内容,这些信息需要得到充分的保护。保密与隐私原则有助于维系成员的信任,确保他们在小组中能够自由地表达自己的想法和感受。

为了体现保密与隐私原则,社会工作者应制定严格的保密制度和措施,确保成员的隐私信息不被泄露或滥用。在小组活动中,社会工作者应引导成员尊重他人的隐私和敏感信息,避免过度询问或窥探。同时,社会工作者还应建立有效的反馈机制,及时处理和解决成员可能存在的隐私泄露问题。

5. 目标导向原则

目标导向原则是海事社会工作小组工作的重要指导原则。明确的目标和任务能够确保小组活动有针对性和实效性,使成员能够在活动中获得实际的收获和成长。

为了体现目标导向原则,社会工作者应在小组成立之初就明确小组的目标和任务,并将其传达给每个成员。在小组活动中,社会工作者应引导成员围绕目标和任务展开讨论和行动,确保活动能够取得预期的效果。同时,社会工作者还应定期对小组活动进行评估和总结,及时调整和优化小组的目标和任务设置。

综上所述,海事社会工作小组工作应遵循自愿参与、尊重与平等、互动与参与、保密与隐私以及目标导向等原则。这些原则有助于确保小组活动的有效性和成员的积极参与,促进海事社会工作领域的健康发展。

四、海事社会工作小组工作注意事项

海事社会工作小组工作时,需要注意以下事项:

1. 关注成员需求

在海事社会工作小组工作中,关注成员需求是首要任务。小组成员的需求可能随着时间和环境的变化而发生变化,因此,社会工作者需要持续关注小组成员的需求变化,灵活调整小组活动的内容和形式,确保小组工作能够满足成员的最新需求。例如,在小组活动中,可以通过问卷调查、访谈等方式了解成员的需求,并根据需求调整活动内容和形式,以满足成员的个性化需求。

2. 建立信任关系

建立信任关系是海事社会工作小组工作顺利开展的基础。社会工作者应以真诚和尊重的态度与成员互动,通过长时间的交流和合作,逐步建立起坚实的信任关系。在小组活动中,社会工作者应倾听成员的意见和建议,尊重他们的选择和决定,让他们感受到被关注和被尊重。同时,社会工作者还应关注成员的情感变化,及时给予关心和支持,帮助他们建立自信,提高自我认同感和归属感。

3. 促进互动和交流

促进互动和交流是海事社会工作小组工作的重要任务。社会工作者应积极创造条件,推动小组成员之间的互动和交流,帮助他们建立起一个支持性的关系网络。在小组活动中,社会工作者可以通过角色扮演、小组讨论、团队合作等方式,鼓励成员积极参与,分享自己的经验和感受,倾听他人的故事和建议。这样不仅可以增进成员之间的了解和信任,还可以帮助他们建立起一个相互支持、相互帮助的关系网络,为小组的长期发展奠定基础。

4. 评估与反馈

评估与反馈是海事社会工作小组工作持续改进的关键环节。社会工作者应及时对小组工作的效果进行评估,并给出反馈。评估可以通过问卷调查、访谈、观察等方式进行,了解成员对小组工作的满意度、参与度以及问题解决情况等方面的信息。根据评估结果,社会工作者可以及时调整小组工作的策略和方法,提高小组工作的针对性和实效性。同时,社会工作者还应将评估结果反馈给小组

成员和相关机构,让他们了解小组工作的成效和不足,为未来的改进提供依据。

5.遵守伦理规范

遵守伦理规范是海事社会工作小组工作必须遵循的基本原则。社会工作者应始终遵守社会工作的伦理规范,确保小组工作的合法性和专业性。在小组工作中,社会工作者应尊重成员的隐私权、自主权等权益,不得泄露成员的个人信息和敏感信息。同时,社会工作者还应遵守职业操守,不得利用职务之便谋取私利或从事与小组工作无关的活动。只有这样,才能为小组成员提供高质量的服务,赢得他们的信任和尊重。

第三节 海事社区工作

一、海事社区工作概述

1.海事社区工作的概念

海事社区工作,作为海事社会工作的一个分支,特指在社会工作专业理论的指导下,运用社区工作的专业方法,针对海事从业人员聚居的社区开展的一系列服务活动。在海事社会工作的多元实践领域中,社区工作作为一种重要的工作方法,日益展现出其独特价值。海事社区工作聚焦于海事从业人员的聚居区域,旨在通过整合社区资源、提升海员等海事社会工作服务对象的社区参与能力,进而解决他们面临的问题,提升社区的整体福利水平,并推动社区的持续发展。

2.海事社区工作的特点

海事社区工作的实施,在增强海事从业人员社区参与能力、应对他们面临的多重挑战以及提升社区整体福祉上扮演着至关重要的角色。这一举措不仅有助于社区的长期稳定发展,还对于构建和谐社区起到了积极的推动作用。海事社区工作的鲜明特色,不仅显著地体现在其独特的服务模式上,还渗入了日常管理和运作的方方面面。具体而言,海事社区工作的特点主要体现在以下几个方面:

(1)服务对象的特定性

海事社区工作的首要特点便是其服务对象的特定性。海员作为特殊的职业群体,他们的工作性质决定了他们长期在海上漂泊,与家人分离,承受着陆上人群无法理解的心理压力。因此,海事社区工作必须针对这一群体的特殊需求,提供个性化的服务,如心理支持、家庭关怀、职业辅导等。

(2)工作内容的广泛性

海事社区工作的内容十分广泛,涉及资源整合、能力提升、问题解决等多个方面。首先,资源整合是海事社区工作的基础,通过整合社区内外的资源,为海员及其家庭提供必要的支持和帮助;其次,能力提升是海事社区工作的重要目标,通过培训、教育等方式提升海员的技能水平和文化素养,提升他们的就业竞争力和社会适应能力;最后,问题解决是海事社区工作的直接任务,针对海员及其家庭面临的具体问题,如家庭矛盾、职业困扰等,提供个性化的解决方案,帮助他们走出困境。

(3)工作方法的多样性

海事社区工作的方法多种多样,包括社区调查、社区动员、社区组织等。社区调查是海事社区工作的基础性工作,通过深入社区了解海员及其家庭的实际需求和问题;社区动员是通过宣传组织各类活动,激发海员及其家庭的参与意识和积极性;社区组织则是通过建立健全社区组织体系,为海员及其家庭提供更加便捷、高效的服务。这些方法在实际应用中可以根据具体情况灵活运用,以达到最佳的服务效果。

二、海事社区工作流程

1. 社区调查

社区调查是海事社区工作的起点和基础。在进行社区调研时,专业的社会工作者必须深入社区基层,全方位、多角度地掌握海事行业工作者的具体需求和面临的各种挑战。为了达到这一目标,社会工作者需要运用多元化的调研手段。这些手段包括但不限于问卷调查、深度访谈以及参与式的观察等,以确保收集到的信息真实、有效。除此之外,社会工作者在调研过程中还必须对海事从业人员的特殊需求和问题给予足够的关注。这些特殊问题可能包括家庭关系的紧张、工作环境带来的压力和其他相关的心理社会问题。对于这些问题的深入了解,有助于社会工作者更为精准地识别服务对象的真正需求,从而在制订服务计划时能够做到有的放矢,确保服务计划能够贴近海事从业人员的实际生活,为他们提供更为专业和更具针对性的帮助和支持。这样的调研工作不仅仅是一种表面的数据收集,更是一种对社区成员生活现状的深刻洞察,它为海事社区工作的开展提供了坚实的实践基础。

2. 整合社区资源

在深入社区并全面了解了海事从业人员的实际需求后,社会工作者需要积极整合社区资源,为后续计划的制订提供依据。资源整合首先涉及的是政府、企业、社会组织等多元主体的参与和支持。政府作为政策制定者和资源分配者,在海事社区工作中发挥着重要作用。社会工作者需要积极争取政府部门的支持和协助,获取政策倾斜、项目资助等资源,为海事从业人员提供更多的服务和保障,如积极竞标政府购买的社会工作服务项目等。同时,企业作为社会资源的重要提供者,也可以为海事社区工作提供资金、物资、技术等方面的支持。社会工作者需要与企业建立良好的合作关系,争取企业的支持和参与,共同推动海事社区工作的开展。在整合社区资源的过程中,社会工作者需要注重资源的多样性和互补性。从人、财、物三个方面出发,建立起海事社区工作开展的保障网络。除了以上资源外,社区内的非正式支持网络也是不可忽视的力量。社会工作者需要积极发掘和利用这些资源,如社区领袖、邻里互助组织等,通过他们的帮助和支持,增强海事社区工作的凝聚力和影响力。

通过有效整合社区资源,可以确保海事社区工作的顺利开展,并为海事从业人员提供及时、有效的服务。这不仅可以解决海事从业人员的实际问题,还可以提高他们的生活质量和社会适应能力,促进社区的和谐稳定发展。同时,资源整合也是一个动态的过程,社会工作者需要不断关注社区资源的变化和发展趋势,及时调整和优化整合策略,确保社区资源的持续有效供给。

3. 制订服务计划

在整合社区资源的基础上,社会工作者需要制订针对性的服务计划。服务计划应紧密结合海事从业人员的实际需求和问题,明确服务目标、内容、方式等。同时,服务计划还应考虑社区资源的实际情况,确保计划的可行性和有效性。服务计划应明确界定服务的目标、内容以及实施方式,以确保服务过程的有序进行,从而显著提升服务质量和效率。同时,在策划服务时,必须充分考虑社区资源的实际状况,包括资源的数量、质量以及分布特点。全面了解和有效利用社区资源,是确保服务计划具有实际可行性和有效性的关键。因此,社会工作者在制订服务计划时,既要充分挖掘和发挥社区资源的潜力,又要避免资源的浪费和重复利用,以实现服务计划与社区资源的最佳匹配,从而切实服务于海事从业人员,满足其多元化的需求。

4. 组织社区活动

在制订好服务计划后,社会工作者需要按照计划开展具体的服务活动。一方面,大力提供心理咨询、法律援助、就业指导等发展性的服务。另一方面,可以通过定期举办各类社区活动,如文化娱乐、体育竞赛等生活性质的服务,增强海事从业人员的社区凝聚力和归属感。在实施服务计划的过程中,社会工作者需要密切关注海事从业人员的反馈和需求变化,及时调整服务计划,确保服务的针对性和有效性。

5. 建立支持网络

社区活动所带来的不仅是社区工作的外显效用,更重要的是在社区活动的基础上,构建一个以社区为中心、涵盖多元主体的稳固支持网络。这一网络不仅承载着社区发展的希望,更是海事从业人员获得持续、稳定支持的重要来源。这个网络可以包括政府、企业、社会组织、志愿者等多个方面,形成一个多元化、互补性的支持体系。具体而言,政府作为政策制定者和资源调配者,应在网络中发挥引导和协调的作用,确保政策红利和公共资源能够精准对接海事社区的需求。企业作为社会经济活动的重要参与者,可以通过捐赠资金、物资或提供技术支持等方式,为海事社区的发展注入活力。社会组织则可以利用其专业性和灵活性,为海事社区提供多样化、个性化的服务。志愿者作为社区服务的积极参与者,其力量也不容忽视,他们的参与能够极大地丰富社区服务的内容和形式。此外,随着社区环境和需求的变化,支持网络也应不断调整和完善。例如,当海事社区面临新的发展机遇或挑战时,可以适时引入新的网络主体或调整网络结构,以适应新的发展需求。通过建立这样一个多元化、互补性的支持网络,可以为海事社区提供全方位、长期的支持和服务。这不仅有助于解决海事从业人员面临的实际问题,还能够促进社区的和谐稳定发展,提升社区的整体福祉水平。

6. 评估与反馈

在完成以上流程后,海事社区工作还需要进行定期的评估与反馈。通过评估服务计划的实施效果,可以发现问题和不足,并及时进行改进和优化。同时,通过收集海事从业人员的反馈意见,可以了解他们的需求和期望,为今后的服务提供指导。评估与反馈是海事社区工作不可或缺的一环,它可以确保工作的持续改进和优化。

三、海事社区工作内容

海事社区工作的核心内容在于提高海事从业人员的社区参与能力,解决他们面临的问题,并提升社区的整体福利水平。具体而言,包括以下几个方面:

1. 资源整合:构建多元化的支持体系

资源整合是海事社区工作的基础。社会工作者需要整合社区内外的资源,为海事从业人员提供全方位、多元化的支持和服务。这些资源包括但不限于就业信息、法律援助、心理咨询等,以满足海事从业人员在职业、生活等方面的多样化需求。在资源整合过程中,需要建立有效的合作机制,加强与政府、企业、社会组织等各方主体的沟通与协作。通过搭建资源共享平台,促进资源的高效配置和合理利用,能够为海事从业人员提供及时、有效的支持和服务。

2. 能力提升:加强培训与教育

提升海事从业人员的技能水平和文化素养,是增强其社区适应能力的重要途径。社会工作者可以通过组织各类培训、讲座、活动等方式,为海事从业人员提供针对性的教育支持。培训内容可以涵盖职业技能、文化素养、社区知识等多个方面。在培训过程中,社会工作者需要注重理论与实践的结合,确保培训内容贴近海事从业人员的实际需求。同时,社会工作者还需要建立培训效果评估机制,及时收集反馈意见,不断优化培训内容和方式。

3. 问题解决:提供个性化服务

海事从业人员在生活和工作中面临着各种问题,如家庭矛盾、职业困扰等。为帮助他们走出困境,社会工作者需要提供个性化的解决方案。一方面,建立问题收集与反馈机制,及时了解海事从业人员的实际需求和困难。另一方面,通过组织专家团队或利用社会资源,为海事从业人员提供针对性的咨询和指导服务。在解决问题的过程中,社会工作者需要注重保密和隐私保护,确保海事从业人员的权益得到充分保障。

4. 社区参与:激发内生动力

鼓励海事从业人员积极参与社区事务,是提高其社区归属感和责任感的关键。社会工作者可以通过组织社区活动、志愿服务等方式,激发海事从业人员的参与热情。在社区活动方面,社会工作者可以根据海事从业人员的兴趣和需求,设计多样化的活动内容。这些活动既可以增强海事从业人员的身体素质和文化素养,又可以促进他们之间的交流和互动。同时,社会工作者还需要加强活动的组织和宣传,确保活动的顺利进行。在志愿服务方面,社会工作者可以鼓励海事从业人员加入志愿服务队伍,为社区提供力所能及的帮助。通过志愿服务,海事从业人员可以深入了解社区的需求和问题,增强对社区的认同感和责任感。同时,志愿服务还可以为海事从业人员提供展示自己的机会,增强他们的自信心和成就感。

综上所述,海事社区工作的核心内容在于提高海事从业人员的社区参与能力、解决他们面临的问题并提升社区的整体福利水平。通过资源整合、能力提升、问题解决和社区参与等多个方面的努力,社会工作者可以为海事从业人员创造一个更加和谐、美好的社区环境。

本章小结

本章详细介绍了海事社会工作领域的三大主要工作方法:海事个案工作、海事小组工作和海事社区工作。海事个案工作强调针对个体进行的一对一服务。本章首先概述了个案工作的定义和重要性,随后详细阐述了个案工作的流程,包括接案、评估、计划、介入、评估和结案等关键步骤。同时,本章也指出了个案工作应遵循的原则,并提醒了工作者在个案工作中需要注意的事项,以确保服务的专业性和有效性。海事小组工作作为海事社会工作的另一种重要形式,侧重于通过小组活动来影响和帮助群体。本章从小组工作的定义和类型入手,详细介绍了小组工作的流程,包括小组组建、小组活动设计、小组过程控制、小组评估等关键环节。同时,也阐述了小组工作的原则,并指出了在小组工作中需要注意的事项,以确保小组目标的实现和成员的满意。社区工作作为海事社会工作的宏观层面,旨在通过整合社区资源,解决社区问题,促进社区发展。本章首先概述了社区工作的定义和目的,随后详细介绍了社区工作的流程,包括社区需求分析、资源整合、计划制订、实施与监测等关键环节。同时,本章也详细描述了社区工作的内容,包括社区教育、社区动员、社区服务等,并强调了社区工作者在工作中需要遵循的原则和注意事项,以确保社区工作的顺利进行和社区的整体发展。海事社会工作的每种方法都有其独特的作用和价值,在实际工作中应根据具体情况灵活运用。

第二篇 海事社会工作实践应用

第五章

危机干预模式——对海员自杀心理的干预

海员作为航运的核心人力资源,承担着确保航运安全、促进国际贸易流通的重任。然而,由于工作环境的特殊性,海员面临着一系列心理健康挑战,包括孤独感、社交隔离、工作压力以及家庭分离所带来的心理负担。这些因素综合作用,增加了海员出现心理危机乃至自杀行为的风险。自杀问题不仅是海员个人的悲剧,也对海员的家属、航运企业的运营以及整个社会产生了深远的影响。近年来,随着对海员心理健康问题的关注逐渐增加,学者们开始探索有效的干预措施。危机干预模式作为一种快速响应心理危机的干预手段,被广泛地应用于多个领域,并在处理紧急心理事件方面显示了其有效性。在海员自杀心理干预方面,危机干预模式具有独特的优势,能够及时识别和处理海员的心理危机,降低海员自杀风险。鉴于海员自杀问题的严峻性和复杂性,本章旨在深入探究危机干预模式在海员自杀心理干预中的应用。结合具体的案例,我们将评估危机干预模式的效果及其在海员自杀心理情境下的适用性。

第一节
案例描述

一、基本情况

1. 案主介绍

案主小陈,男性,42岁,初中文化,未婚。他是一名水手,长期在海上工作。不幸的是,小陈沉迷于网络赌博,导致他将所有的积蓄都输光了。绝望之下,他选择跳海自杀,幸而被其他船只救起,但是一只手臂被螺旋桨打断,从此以后小陈更郁郁寡欢,经常有轻生的念头。在船舶公司的引荐下,小陈的家人将他带到了海员流动站,寻求专业的社会工作服务。在接受服务的过程中,小陈多次试图割腕自杀,但都被家人及时制止。不久之后,他又产生了跳楼的念头,幸好被社区工作人员及时发现并报告,社区社会工作者随即紧急介入。

2. 案主家庭背景介绍

案主小陈的家庭经济状况良好,父母以打鱼为业,辛勤劳作。父母由于长期出海,未能陪伴孩子成长,内心充满愧疚。为了弥补这一缺失,父母对孩子溺爱,有求必应,甚至给予大量金钱。在成长叛逆期,父母选择以金钱来替代教育和关心,这导致了案主小陈价值观和行为习惯的偏差。由于缺乏父母的陪伴和正确引导,案主更倾向于从同学那里获得情感满足。在这个过程中,他逐渐形成了错误的价值观,认为物质的满足比家庭的温暖更重要。

3. 社会支持网络

小陈作为一名水手,在工作中与驾驶员建立了紧密的联系,尤其是与一位富有的大副关系密切。这位大副不仅经济状况良好,还是网络赌博的参与者。小陈是和大副共同值班时,也学会了网络赌博。两人频繁交流网络赌博的经验和技巧,这种互动成为他们日常工作中不可或缺的一部分。此前,小陈因其出色的表现赢得了同事们的认可,包括船长和大副,他们都认为他是一名合格且难得的水手。基于他的能力,小陈被提拔为水手长,这进一步证实了他作为专业人士的价值和潜力。然而,当小陈沉迷于网络赌博并将大量金钱投入其中后,他的社交环境发生了显著变化。他开始被孤立,与其他人的交往逐渐减少。原本对他评价颇高的同事们,现在与他的关系也变得疏远。

4. 过往经历

小陈在初中时期就开始打工,这段早期的工作经历可能对他的价值观和人生观的形成造成了一定的影响,使其在面对社会和生活的挑战时缺乏充分的准备。在外闯荡半年后,他决定回归家庭,随父母一起从事捕鱼工作,这样的生活维持了三年。随着时间的推移,他逐渐意识到依赖捕鱼所得的经济来源并不稳定。因此,在父母的经济援助下,他下定决心要取得专业资格证书,并通过了相关考试,这为他成为一名水手的职业生涯奠定了基础。

二、问题与预估分析

1. 存在的问题

(1)心理健康问题:小陈的心理健康问题表现为深度抑郁和强烈的自杀倾向,这可能是网络赌博带来的巨大的经济和精神压力所致。

(2)行为成瘾:赌博成瘾作为一种行为成瘾,它与物质成瘾有许多相似之处,包括强迫性行为、耐受性增加和戒断症状,这使得小陈难以自控,即使面对严重的负面后果,也无法停止赌博行为。

(3)社会孤立:由于赌博成瘾,加上海上工作环境的封闭性,小陈在社交方面遭遇重大挑战。他的行为可能损害了他与同事和朋友的关系,导致被社会孤立,这反过来又加剧了他的孤独感和绝望感,从而加剧了心理健康问题。

(4)经济困难:赌博导致的财务问题不仅增加了他的经济压力,还可能影响他的自尊心和生活质量。失去一只手臂后,他不能再继续从事以前的水手一职,面临职业转变的困难,这对于他的身份认同和生活目标的实现都是一个巨大打击,有可能引发更多的心理和情绪问题。

2. 干预目标

总目标:帮助小陈恢复心理健康,克服赌博成瘾,修复人际关系,改善经济状况,并适应新的生活和工作环境,最终实现个人的全面恢复和社会功能的正常化。

具体目标:

(1)提供紧急心理支持:对小陈进行心理评估,并提供即时的危机干预,以防止自杀行为的发生。通过个体和团体心理治疗,帮助小陈处理抑郁情绪、赌博成瘾和其他心理困扰的问题。

(2)修正价值观和行为:通过教育和辅导,帮助小陈树立正确的价值观和生活态度,改善其行为习惯。

(3)重建社会支持网络:协助小陈重建与家人、朋友及社区的关系,增强其社会支持系统。

(4)解决经济问题:提供财务规划和管理指导,帮助小陈制订债务偿还计划,减轻经济压力。根据小陈的身体状况,提供职业咨询和再培训服务,帮助他找到新的职业方向。

3. 干预阶段

(1)第一阶段:初步接触和评估阶段

在这个阶段,社会工作者首先需要与小陈建立信任关系,并进行全面的评估,包括他的心理健康状况、赌博成瘾的程度、社会孤立的状态、价值观和行为偏差的具体表现、经济困难的严重程度以及身体残疾的影响。这个阶段的目标是为接下来的干预提供详细的信息和依据。

(2)第二阶段:紧急干预阶段

由于小陈多次尝试自杀,这个阶段的重点是提供紧急的心理支持和危机干预,以防止他再次发生自杀行为。社会工作者需要与小陈的家人和医生合作,确保他有足够的支持和监督。

(3)第三阶段:长期治疗和康复阶段

在这个阶段,社会工作者会为小陈提供长期的个体和团体心理治疗,帮助他处理抑郁情绪、赌博成瘾以及其他心理问题。同时,社会工作者也会帮助他重建社会支持网络,修正错误的价值观和行为习惯,并提供职业咨询和再培训服务。

(4)第四阶段:整合资源和跟进阶段

这个阶段的目标是将小陈连接到各种社区资源,如自助团体、社区中心活动,以增强他的社会支持系统。同时,社会工作者还会定期跟进小陈的进度,并根据需要调整干预策略。

(5)第五阶段:结束和评估阶段

在结束和评估阶段,社会工作者将对整个干预过程进行评估,评估小陈是否取得了预期的进步,是否需要继续提供支持,或者是否需要将他转介给其他服务提供者。

第五章 危机干预模式——对海员自杀心理的干预

第二节
危机干预模式在海事社会工作中的应用

第一阶段：初步接触和评估阶段

目标：迅速了解案主的主要问题，有效稳定情绪，确保案主安全；建立信任的工作关系，全面评估案主的情况制订工作计划。

服务过程：

1. 收集案主资料，界定问题和需求

由于前职业为海员的案主无法接受面对面的采访，且受时间和空间的双重限制，社工小丽决定将其家人作为搜集资料的主要对象。在与案主接触之前，社工已通过与家人的交流，详细了解了家庭成员构成、生活状况、经济条件以及健康状况，同时也间接获取了案主对于当前生活的态度和期望的信息。

2. 建立专业关系，进行自杀风险评估

在此阶段，社工小丽结合了案主家人提供的信息，进一步与案主建立良好的专业关系。在获得案主信任的基础上，社工小丽采用治疗性沟通方式与其交流，帮助案主认识当前情绪，宣泄压抑的悲伤情绪，对案主的遭遇感同身受；社工小丽对案主的自杀风险展开了全面评估，了解了其自杀念头、计划和意图的程度，以明确干预的紧急性和所需采取的具体措施；社工小丽协助案主接受失去手臂的事实，鼓励其以积极的心态面对现状，重新振作。此外，社工小丽向案主提供相关的资源和信息，如心理咨询热线、紧急求助电话、治疗机构等，鼓励他及时寻求专业帮助。

谈话片段1：

社工小丽：好久不见，可以和我分享一下您最近的感受吗？（社会工作者与案主寒暄，询问案主的感受，拉近与案主之间的距离，为后续良好的沟通奠定基础。）

案主：嗯，好吧。（案主表现得很配合，这提示社会工作者可以继续询问相关问题。)

社工小丽:我想了解一下您目前的情绪状态,最近有感到非常沮丧、绝望或无助吗?(基于案主情绪低沉的状态,社会工作者选择采用封闭式问题提问,引导案主回答。)

案主:是的,我一直感到很沮丧。(案主很明确地表达了最近的情绪状态,社会工作者决定继续深入话题进行讨论。)

社工小丽:您有没有想过再次伤害自己或者有自杀的念头?(社会工作者帮助案主逐步排解沮丧的情绪,并了解案主的自杀念头。)

案主:(沉默)有。(案主肯定地回答。)

社工小丽:那您有想过具体怎么做吗?(社会工作者帮助案主继续澄清自杀问题,了解更多的细节。)

案主:嗯,我听说一氧化碳中毒好像很快就可以死去,还没有什么痛苦。(案主明确表达了自己的自杀想法,这也侧面体现了社会工作者与案主之间深厚的信任关系。)

社工小丽:您有没有和朋友或家人说过呢?(社会工作者询问案主家庭支持情况。)

案主:没有,但是好几次都被他们拦下了,感觉自己就是他们的拖累。之前在船上认识过几个朋友,但是自从出事后都不太联系了,海上信号不太好,这也正常。(案主流露出非理性想法,认为自己是家人的拖累。)

社工小丽:我理解您的感受,但与他人分享您的内心痛苦是很重要的,他们可能会给予您支持和帮助。您船上的朋友们肯定也很担心您的情况,也希望您可以早点好起来。(向案主表达同理心和理解,给予案主支持。)

案主:嗯,没有用的。(案主很消极。)

社工小丽:海上的朋友虽然信号不太好,但是您可以尝试和父母沟通,他们一定很愿意倾听。我在与您父母沟通的过程中,能感受到他们很爱您。您最近是否有情绪突然改变、睡眠差、失去兴趣等问题出现?(帮助案主认识到自己身边的人际资源优势,继续了解案主关于自杀的想法和情况。)

案主:最近睡眠不太好,总是睡不着。(案主出现躯体症状。)

社工小丽:这可能是您情绪困扰的一个表现。您可以尝试学习一些应对方法,比如寻求专业的心理咨询或治疗。(社会工作者抚慰案主情绪,为案主提供解决办法,给予案主支持。)

案主:好吧,我会考虑的。(案主态度并不明确,提示社会工作者需要进一步帮助案主学习相关方法。)

社工小丽:如果您感到情绪低落或自杀的念头加剧,您可以随时拨打当地的紧急求助热线,他们会提供即时的支持和帮助。(社会工作者再次向案主提供方法,给予案主支持。)

案主:好的,谢谢您的关心。(案主表达感谢。)

社工小丽:我会一直在这里支持您。我很理解您现在的心理状态,如果您需要任何帮助或有其他问题,随时都可以找我。(社会工作者向案主表现出同理心,并告诉案主自己会一直给予支持,让案主安心,降低极端行为的发生率。)

……

社工小丽反思:在这一阶段,社工小丽首先运用封闭式提问,引导案主表达内心的诉求和感受,同时,也直接询问了案主当前自杀意图的强烈程度。在讨论的过程中,案主因情绪激动而哭泣,表达了自己对家庭的担忧,认为自己是家人的负担,不想继续拖累他们。案主展现出了明显的自我否定情绪,对社工小丽的问题显得有些回避。面对这种情况,社工小丽运用专业技能,以温和、耐心的态度安抚案主的情绪。社工小丽通过倾听、理解和支持,逐渐赢得了案主的信任。经过数次深入的交谈,社工小丽与案主建立起了专业而稳固的工作关系。在这个基础上,双方共同商讨了解决主要问题的策略。案主的情绪得到了有效的平复,自杀的念头也逐渐消散。案主的态度开始有所缓和,表示愿意积极配合社会工作者的工作,共同努力克服困难。

第二阶段:紧急干预阶段

目的:确保案主的安全,防止自杀行为的发生,并提供及时的支持和帮助。

服务过程:

1. 为案主提供心理支持服务

持续性的心理支持对于有自杀心理的案主而言至关重要,社工小丽运用专业的知识和技巧给予案主充分的倾听和理解,让他有机会表达内心的痛苦和绝望,没有打断或评判他的感受;表达对案主的关心和同情,让他知道他不是独自面对困难,有人愿意陪伴他渡过难关;帮助案主认识到生命的宝贵和独特,提醒他生命中还有许多美好的可能性和值得期待的事情。社工小丽帮助案主转变消极的思维模式,引导他从不同的角度看待问题,积极寻找解决方案,培养积极的心态。

谈话片段2:

案主:真的完了。我还没有结婚,手臂就断了,船上的工作肯定也保不住了,没有了收入来源,以后的生活该怎么过,真后悔当初网赌,可是一切都晚了。(案主痛哭,社会工作者轻轻地扶住案主一侧的肩膀,让案主的情绪得到宣泄,待其情绪稍微平稳后递上纸巾,进行下一步对话。)

社工小丽:我能体会此刻您的心情,换成是我面临现在的局面,我可能比您更害怕。您现在心里有什么疑问和想法都可以和我交流。(社工设身处地体会案主的内心感受,理解案主的想法和要求,引导案主表达内心的真实感受。)

案主:都这样了,不如死了算了。(案主状态依旧不稳定,态度消极。)

社工小丽:您是觉得自己现在残疾,又输光了所有的钱,水手的工作也失去了,心里难过害怕对吗?(帮助案主澄清他的想法,纠正案主的非理性想法。)

案主:他们都说我废了。(此句话表现出案主很在乎别人的看法。)

社工小丽:嗯,您是听到了周围的人的评价才会这么觉得吗?那您知道您的家人和朋友是怎么看待这件事情的吗?(社会工作者运用提问的谈话技巧,帮助案主理清自己会有这种想法的原因,同时强调支持系统。)

案主:啊?我还真没想过。自从那次被人从海上救下以后失去了一只手臂,真的没有活的想法了。我现在工作也没有,钱也没有,我就是爸妈的拖累。(案主开始流露自己自杀的原因和在乎的对象,这提示社会工作者应该运用对焦的谈话技术,进一步追问案主有关家庭协调支持的问题。)

社工小丽:嗯,是的,谁遇到了这个问题都一样,害怕担心,吃不下睡不着甚至感觉无法活下去了。但是您的父母真的很关心在乎您,他们很担心您会想不开,您之前的公司也很积极地在了解您的现状,大家都很关心您。而且您现在虽然没有手臂了,但是可以参加其他职业培训,只要您好好学习,还是会拥有一份适合您的工作。(社会工作者向案主表达理解和支持,给案主提供信息,借助自己的专业知识和经验向案主提供必要的知识和资源。)

案主:是吗?(案主半信半疑)

社工小丽:嗯,您现在有一些负面情绪是很正常的,这些情绪对身体却有害无益,失去手臂的现实不能更改,但是您可以寻找其他的解决办法,学习别

第五章 危机干预模式——对海员自杀心理的干预

的技术,只要您积极地对待您现在的处境,一定会想到办法的。所以,您有理由好好活下去,并尽可能使生活过得有意义。(社会工作者为案主注入希望。)

案主:真的吗?可是我现在连手臂都没有了,以前的公司也不要我了,我还能找到什么工作呢?(此时案主眼睛里出现了一丝欣喜,并有意识地把低下的头抬了起来,看向社会工作者。)

社工小丽:是的,失去了一只手臂,并不是您理解的就找不到工作,参加工作培训您也会得到很多工作机会。您看您之前船上的工作经验那么丰富,可以应聘海员就业培训讲师呀。更何况现在国家的社会保障体系这么完善,可以为您提供各种福利和便利。只要好好地生活和学习,就有可能寻找到适合您且符合您心意的工作。这些在很大程度上是可以自己把握的。(社会工作者纠正案主的非理性想法,并且帮助案主厘清现状,帮助案主客观且积极地看待自己的现实情况。)

案主:这样啊,原来是我理解错了,我以为失去手臂以后就失去活路了。(案主长舒了一口气,绷紧的身体放松了下来。)

社工小丽:嗯,您害怕担心的问题是可以解决的。接下来,我们是不是可以商量怎么控制网赌行为?(上面社会工作者基本了解了案主有自杀行为的原因,随后将问题聚焦于案主的网赌行为,了解前期调查中案主存在的网赌行为。)

……

案主:谢谢您!既然这样,那我会继续活着。(谈话结束前,案主认真思考过后对社会工作者表达了自己的目标。)

社工小丽反思:在与案主深入交流的过程中,案主表现出对断臂事实的恐惧和害怕,并且频繁表达轻生的想法。这源于案主对自身现实状况的错误认知。社工小丽安抚案主的情绪,郑重承诺保密原则,以获取案主的完全信任,使其放心地表达真实想法和需求。案主倾诉了自己对现实困境的无奈以及对未来生活的恐惧,社工小丽积极倾听,真诚地表示理解;同时,详细讲解针对身体残疾的各种社会保障政策,让案主明白自己的处境并非无解,给予案主希望,缓解其恐惧心理,打消其轻生的念头。

2. 制订安全计划

前期对案主自杀风险进行详细评估,结果表明案主有明显的自杀倾向。因此,需要及时与案主共同制订一份个性化的安全计划,内容包括危急时可联系的紧急联系人、寻求专业帮助的途径以及自我保护的方法等。在具体服务过程中，案主表示自己喜欢音乐，他回忆起在海上工作时，休息时间会听歌并经常哼唱几首。他还提到小区附近有一个风景优美的花园，但因人多很少去游玩。当谈到自己的朋友和家人时，案主流露出悲伤的情绪。他表示自从出事以后，与以前船上的朋友很少联系。虽然家人对他照顾有加，但他认为父母年纪大了，不仅没有共同话题，还总觉得亏欠他们。社工小丽一边安慰案主的情绪，一边给予正面支持，鼓励他与家人多沟通交流。社工小丽针对案主的自杀心理，提供了具体的应对策略和支持资源，帮助案主应对自杀念头。

3. 寻求专业支持和帮助

社工小丽对案主的心理状态进行综合评估后，认识到案主当前的状况需要立刻寻求专业支持与合作。因此，在提前告知案主并获得其同意的情况下，社工小丽邀请心理健康专业人士共同制订和评估干预计划，为案主提供心理健康教育，帮助其了解情绪和心理状态，使其掌握有效的应对方法。

第三阶段：长期治疗和康复阶段

目的：考虑到案主的社会支持网络单薄，为了帮助案主在解决问题的同时获得更多的社会支持，社工小丽决定采用团体辅导的方式为案主提供长期的个人与团体心理治疗，助其应对抑郁情绪、赌博成瘾及其他心理问题。同时，社工小丽帮助他重构社会支持网络，矫正错误的价值观和行为习惯，提供职业咨询和再培训服务。

服务过程：社工小丽在与案主沟通的基础上，与案主共同策划了多个主题的团体辅导活动，内容包括情绪管理、认知矫正、人际交往、网络安全、职业培训等，如表5-1所示。

表 5-1 活动计划表

主题	目标	内容
情绪管理	(1)提高情绪意识； (2)学习情绪表达； (3)培养情绪调节能力； (4)增强情绪理解； (5)促进心理健康	(1)情绪觉察练习：通过冥想、日记记录等方式，让成员觉察自己的情绪变化。 (2)情绪分享会：组织成员分享自己的情绪经历，互相倾听和支持。 (3)情绪调节技巧训练：如深呼吸、渐进性肌肉松弛等，帮助成员在情绪激动时平静下来。 (4)角色扮演：模拟现实生活中的情境，让成员练习在不同情境下管理情绪。 (5)情绪管理案例分析：共同探讨一些典型的情绪管理案例，从中学习经验
认知矫正	(1)提高自我认知； (2)识别认知偏差； (3)学会挑战非理性信念； (4)培养积极的思维方式； (5)提高应对压力的能力	(1)认知偏差识别：通过案例分析或小组讨论，让成员识别常见的认知偏差，并讨论如何避免。 (2)思维记录：鼓励成员记录自己的思维过程，分析其中的认知偏差，并尝试进行纠正。 (3)积极自我对话：引导成员用积极的自我对话取代消极的自我评价，提升自信和自尊。 (4)认知重构练习：提供具体的情境，让成员练习用更客观、理性的方式看待问题，改变固有的思维模式。 (5)情绪与认知关系探讨：讨论情绪如何影响认知，以及如何通过认知调整来改善情绪。 (6)挑战非理性信念：组织小组讨论或角色扮演，让成员挑战彼此的非理性信念，提供不同的观点和看法
人际交往	(1)提升沟通技巧； (2)增强人际信任； (3)提高社交能力； (4)改善人际关系； (5)拓展社交圈子	(1)角色扮演：模拟各种人际交往场景，让成员在实践中学习和提高交往技巧。 (2)小组讨论：就与人际交往相关的话题展开讨论，分享彼此的经验和观点。 (3)故事分享：成员分享自己在人际交往中的成功或失败经历。 (4)沟通技巧训练：学习非言语沟通、积极倾听、反馈等技巧

(续表)

主题	目标	内容
网络安全	(1)促进安全意识; (2)遵守法律法规	(1)案例分析:研究和分析实际发生的网络安全案例,总结经验教训。 (2)竞赛活动:举办网络安全竞赛,激发成员的学习热情和竞争意识。 (3)安全意识培训:增强团队成员和组织内其他人员的安全意识。 (4)法律法规学习:了解相关法律法规
职业培训	(1)提升就业能力; (2)增强自信心; (3)提高职业适应性; (4)实现就业; (5)促进个人发展	(1)职业技能培训:教授具体的职业技能,如烹饪、手工艺、电脑操作等。 (2)就业指导:提供就业信息、求职技巧、职业规划等方面的指导,帮助成员更好地了解就业市场和自身优势,提高就业成功率。 (3)心理辅导:关注成员的心理健康,培养他们的自信心、适应能力和抗压能力,以应对就业过程中可能遇到的困难。 (4)康复训练:根据需要进行相关的康复训练,提高他们的身体机能和生活自理能力,为就业创造更好的条件。 (5)个性化培训:根据成员的特殊需求,提供个性化的培训内容,如针对视障人士的盲文培训、针对听障人士的手语培训等

社工小丽反思:在接受服务的过程中,通过与案主的长期接触,案主开始主动向社会工作者询问下一次活动的主题和时间,并且表示自己受益良多。社工小丽运用过程评估和结果评估,认为长期的团体辅导成效显著,有效降低了案主的自杀风险。案主的自杀念头明显减少,情绪更加稳定,生活态度也更为积极,最高限度地保障了其生命安全。通过团体活动和讨论,案主对自身性格、优缺点有了更清晰的认知,增强了自我接纳和自我价值感;同时,学会了分析和解决问题的方法,能更好地应对生活中的困难与挑战。在团体辅导中,案主学会了与他人建立良好关系,提高了沟通交流能力,结交了新朋友,拓展了社会支持网络,在遇到困难时能得到更多帮助与支持。随着心理状态的改善和问题解决能力的提

升,案主的生活质量显著提高,能够更加健康、快乐地生活。

第四阶段:整合资源和跟进阶段

治疗过程中,社工小丽与案主的家属保持持续沟通,其家人表示案主已开始积极寻找工作,且会主动与家人交流。与此同时,社工小丽积极整合正式和非正式资源,帮助案主领取残疾人就业保障金,为其接受更专业的职业培训和教育提供物质支持。此外,社工小丽还为案主联系了当地知名的康复机构,并结合医生的建议,为其提供合适的治疗方案,协助案主接受康复治疗。至此,案主的经济困难和治疗问题得到了有效解决,亲属与案主均对社会工作者的关心和帮助表示感谢。

第五阶段:评估和结案阶段

1. 评估:

(1)结果评估:多次为案主提供情感支持,确保其情绪稳定,保障生命安全。经过团体辅导,使案主的支持网络得以强化。通过整合资源和职业培训,有效地解决了案主的经济困难问题。

(2)过程评估:在个案介入过程中,社会工作者运用社会工作专业技巧和方法,与案主建立良好的专业关系,帮助案主逐渐减弱自杀动机,做好自杀评估,建立危机干预计划;在团体辅导过程中,充分考虑到案主的职业属性,为案主积极构建社会支持网络,解决案主的真正问题。

2. 结案

服务过程:在正式结束服务之前,社会工作者向案主表达了告别之意,并告知他们自己的服务已经完成。此外,社会工作者还提醒亲属继续留意案主的情绪变化,并提供必要的情感支持。在服务的最后阶段,社会工作者联系了案主的家人,了解到该案主目前已在一家海事公司担任职业讲师,并且情绪稳定,生活状态良好。

第三节 评析

一、理论分析

1. 危机与危机干预

危机理论是心理学和社会学领域的一个重要分支,它旨在研究和解释人们在面对重大生活事件、压力或挑战时的心理和行为反应。危机理论认为,危机的发生往往具有突发性和偶然性,人们在经历危机时,会面临一系列复杂的情感、认知和行为问题,这些问题可能导致个人的心理健康和生活质量下降。危机通常被分为两类:发展性危机和境遇性危机。发展性危机,也被称为内源性危机,是在个体发展的某个特定阶段发生的危机。这类危机是个体在成长过程中的某些关键转折点上(如青春期、成年早期、中年期等)遇到的问题。发展性危机通常是可以被预测的,并且与个人的成长和发展密切相关。例如,青少年在进入大学时可能会面临身份认同的危机,成年人可能在职业选择或婚姻问题上遇到危机。境遇性危机,也称外源性危机或环境性危机,是由外部事件引起的危机,包括自然灾害(如地震、洪水、台风)、人为事故(如交通事故、暴力事件)、公共卫生事件(如传染病暴发)等。这类危机通常是突发的、意外的,并且超出了个人的预期和控制范围。

发展性危机和境遇性危机的主要区别在于它们的起因和性质。发展性危机源于个体内在的成长和发展需求,而境遇性危机是由外在的突发事件引起的。发展性危机通常可以被预测和理解,而境遇性危机往往是不可预测和难以控制的。在应对这两种危机时,需要采取不同的策略和方法。对于发展性危机,可以通过心理咨询和教育来帮助个体更好地理解和处理;而对于境遇性危机,需要更多的社会支持和援助,以及专业的危机干预措施。

危机干预理论源自危机理论,其核心目标是通过实施有效的措施帮助处于心理危机中的个体或群体,恢复到正常的生活状态。该理论根据干预手段的不同,可以进一步划分为多个模式,包括平衡模式、认知模式、心理社会转变模式、折中危机干预理论、悲伤辅导模式和社会资源工程模式等。这些模式均有理论支撑,共同构成了危机干预理论的框架。在众多危机干预模式中,贝尔肯(Belkin)等学者提出的三种基本模式尤为重要:平衡模式、认知模式和心理社会转变模式。这三种模式为不同类型的危机干预提供了理论基础和实践指导,并由此衍生出针对社会团体的社会资源工程模式。

(1)平衡模式:这一模式认为,个体在面临危机时会经历心理或情绪的失衡。危机干预的首要任务是帮助个体恢复到危机发生前的平衡状态。在危机初期,个体可能会感到极度的迷茫、混乱和失去自我控制。因此,此时的干预应主要集中在稳定个体的心理和情绪上,待他们达到一定程度的稳定后,再考虑其他干预措施。

(2)认知模式:此模式提出,危机的根源并非事件本身,而是由于个体对事件及其情境的认知出现偏差。基于此,社会工作者需要帮助案主识别并纠正其认知中的非理性和自我否定成分,以恢复思维中的理性和自我肯定成分,使受害者能够重新掌控生活中的危机。此模式适用于那些心理危机状态已基本稳定,且正在逐步恢复到危机前心理平衡状态的案主。

(3)心理社会转变模式认为,危机与个体的内部困难(如心理因素)和外部困难(如社会和环境因素)密切相关。在个体的成长过程中,遗传、社会环境和社会影响等多种因素会相互作用。因此,社会工作者在分析案主的危机状态时,应同时考虑其内部因素和外部因素。这包括评估案主的个人心理、情绪、资源以及应对能力,同时也要了解其同伴、家庭、职业、宗教和社区等外部环境对危机的影响。

2.危机干预技术

(1)沟通和建立良好的专业关系技术

沟通和建立良好的专业关系是社会工作的重要组成部分,社会工作的核心目标是帮助案主实现积极的改变。有效的沟通和建立良好的关系可以帮助社会工作者更好地理解案主的需求和挑战,从而制定更有针对性的干预策略,还能激发案主的参与热情,提升服务的质量和可持续性。在危机干预等紧急情况下,这些技术更是发挥着不可替代的作用,帮助社会工作者稳定案主的情绪,协助他们渡过难关。需要注意的是,专业关系与我们日常的私人关系有所不同。它建立在满足案主需求和解决相关问题的基础之上,是一种工作性质的联系。这种关系强调的是协作、平等与合作,旨在通过专业手段协助个案,而非作为一个独立的目标存在。社工既需要建立安全、信任的专业关系,又要保持关系的界限,才能帮助案主在关系中安全地表达与探索,发生积极的改变。

(2)支持技术

危机干预的支持技术指的是在面临危机情境时,采用的一系列方法和策略,旨在帮助个体应对情绪困扰,提升应对能力并推动其恢复。它包含了倾听和理解,即认真聆听个体的经历与感受,并表达出深深的理解与同情。同时,它提供情感支持,给予温暖、关怀与安慰,以减轻案主的焦虑和恐惧。支持技术在社会工作实务过程中具有举足轻重的地位。它不仅能够协助社会工作者与案主建立起稳固的信任关系,还能为案主提供必要的情感支持,使其感受到关怀与理解,增强情感韧性。同时,支持技术可以提升案主的自信心,让他们更有勇气去积极应对危机。通过这一技术,案主的应对能力得以提高,从而更有利于他们实现积极的改变。此外,支持技术还有助于增强案主的社会支持网络,使他们能够更好地拓展和利用社会资源。所以,支持技术是危机干预中不可或缺的一部分,对于帮助个体渡过危机、恢复心理平衡和提高应对能力具有重要作用。

(3)干预技术

在成功建立起与案主的良好关系,并为其提供了专业的支持之后,当案主的状况趋于稳定,社会工作者便可以与案主共同探讨和分析存在的问题。通过这种合作,社会工作者能够协助案主制定有效的解决方案,并一同实施这些计划以解决问题。在这个过程中,社会工作者可以根据案主的危机产生的原因和类型,运用不同的理论视角,寻找合适的干预技术。不同理论视角下的危机干预思想有很多,例如,理性情绪治疗模式、优势视角、社会支持理论、认知行为理论、系统理论等。这里简单介绍其中几种:

第一,理性情绪治疗模式。艾利斯与哈帕于 1955 年提出了理性情绪治疗模式,这一理论深刻分析了心理失调的成因和机制。其核心内容是 ABC 理论:A 是指个体遇到的特定事件;B 是指个体对这些事件的个人信念和评价;C 则涉及事件发生后个体产生的认知、情绪以及行为反应。传统观念认为,情绪和行为反应直接源于事件本身,但理性情绪治疗模式强调,这些反应实际上是通过个体的信念来传递的。因此,在干预中,重点在于帮助个体识别并修正那些导致不良后果的非理性信念。

第二,优势视角。优势视角或称能力视角,强调关注个体的内在力量和资源。在社会工作中,这种视角促使我们关注人们及其环境中的优势和资源,而非仅仅聚焦于问题和病理。它基于信念,即每个人、群体、组织和社区都拥有独特的内在能力,这些能力涵盖天赋、知识、社会支持和资源等各个方面。只要提供适当的条件,这些能力便能得到有效发挥,从而促进个体或群体的功能性提升。从优势视角出发,社会工作的干预策略不再是孤立地处理问题,而是努力发掘和增强案主的内在潜力和可能性。在面对创伤、痛苦和困境时,社会工作者与案主共同寻找希望,并将这种希望转化为积极的行动,助力案主逐步走出困境,重拾生活的信心和动力。

第三,社会支持理论。社会支持理论分为个人资源和社会资源两个方面:个人资源涉及个人的内在功能和应对策略,而社会资源是指个人社交网络中其他人所能提供的帮助。基于这一理论,社会工作的一个重要方向是通过干预手段优化个人的社会网络,从而改善其在日常生活中的支持系统。对于那些缺乏社会网络资源或者不擅长利用这些资源的个体,社会工作者的任务是提供必要的援助,协助他们增强社会网络的规模和质量,并提升他们运用这些资源的技巧。

3. 危机干预步骤

(1) 迅速建立关系,进行危机评估

在危机干预中,社会工作者面临的首要任务是稳定案主的情绪,因为他们在危急情况下往往会感到困惑和情绪波动。为了实现这一目标,社会工作者可以运用简洁明了的语言、全神贯注的倾听以及情感支持等技巧来帮助案主恢复情绪,并与他们建立起基于信任的合作伙伴关系。然而,由于危机情况下时间紧迫,社会工作者需要迅速做出危机判断。因此,他们必须同时将注意力集中在案主最近的生活状况上,尽可能全面地了解案主的基本信息。基本信息的获取途径是多样的,如果直接询问案主无法获得足够的信息,社会工作者可以尝试角色扮演、填充或完成句子等方式进行间接询问。在这个过程中,为了确保案主的安全并促进其心理健康和社会功能的恢复,社会工作者必须评估他们可能采取破坏性行为的风险以及这种行为的潜在危害程度。这样,社会工作者可以迅速实施适当的干预和治疗措施来应对危机情况。

(2) 明确干预目标和方法,拟定干预计划

在帮助案主情绪稳定之后,社会工作者的下一步工作是深入探究引发危机的根本原因。通过了解这些因素,社会工作者能够制定出有效的介入方案,针对当前面临的问题提供解决的办法。社会工作者在制订干预计划时,首要任务是确立清晰的干预目标,这些目标需针对案主的具体需求或现状,比如对于失业者而言,目标可能包括协助其寻得新职或增强其再就业能力。随后,社会工作者需

选择合适的干预策略,诸如个案访谈、小组活动或资源链接等。策略的选择应综合考虑案主的实际状况和需求,以及社会工作者本身的专业知识和经验。确定了干预目标和策略之后,社会工作者需规划具体的干预行动方案,明确实施步骤、时间表及预期成果。干预方案应具备一定的弹性,以便在执行过程中根据实际情况做出相应调整。

(3)执行干预计划,推进长期治疗和康复

实施干预计划是推动案主长期治疗和康复的关键一步。在这一阶段,社会工作者需按照既定的干预方案,逐步开展各项活动,确保计划得到有效执行。这包括定期与案主会谈,提供专业咨询,引导参与培训和教育项目,以及协助建立支持网络等。社会工作者应持续监测案主的进步情况,评估干预计划的成效,并根据反馈及时调整策略。在治疗和康复过程中,鼓励案主积极参与,增强其自主性和解决问题的能力也至关重要。此外,社会工作者还需与其他专业人士协作,整合资源,为案主提供全方位的支持。这可能需要医疗、心理、教育等多个领域的专家,共同为案主的长期康复制定综合方案。总之,执行干预计划是一个持续的过程,需要社会工作者的耐心、专业知识和不断的努力。

(4)定期随访,评估干预效果

在干预计划实施过程中,社会工作者应定期对案主进行随访,以确保计划顺利进行。通过这种方式,社会工作者能够及时掌握案主在执行计划方面的进展,对干预过程中出现的问题做出快速反应,并采取相应的纠正措施,避免问题的恶化。此外,定期随访还有助于关注短期内的成效,及时调整策略以应对可能出现的挑战。同时,通过对比干预前和干预后的数据,社会工作者能够准确评估干预计划的整体效果,并据此确定服务目标的达成程度。这一过程包括持续地收集和分析相关数据,评估干预效果,并根据评估结果对干预计划进行必要的调整。总之,定期的随访和评估是确保干预计划成功和实现预期目标的关键。社会工作者必须不断地进行数据收集、效果评估,并根据评估结果调整干预计划,以此来提升干预效果的效率和质量。

4. 社区危机干预和一般危机干预的关系

社区危机干预和一般危机干预本质上并无太大区别,但是社区危机干预相比于一般危机干预,在风险识别、干预措施的落实、干预效果的评估等方面都面临着更大的挑战。首先,社区危机干预通常发生在更为复杂的社区环境中,这可能导致风险识别的难度增加。相比之下,一般危机干预往往针对特定的个体或

第五章 危机干预模式——对海员自杀心理的干预

群体,风险识别相对容易,由于社区危机干预的环境更加复杂,涉及的个体和群体更多,因此干预措施可能难以落实。而在一般危机干预中,由于涉及的利益方较少,干预措施的执行可能遇到的阻碍较小。社区危机干预的效果往往难以评估,因为社区环境复杂,影响因素众多,且很多影响因素都是隐性的,不易观察和测量。相比之下,一般危机干预的效果往往更容易评估,因为它们的影响因素较少,且易于观察和测量。

5. 危机干预中的自杀风险评估

在危机干预中,进行准确的自杀风险评估是至关重要的。这要求社会工作者仔细观察和深入询问个体,以全面了解其自杀意念、计划及实施的可能性。社会工作者应迅速识别案主是否有自杀想法及这一想法出现的频率,同时调查其家庭成员是否有自杀史。除此之外,评估个体的心理健康状况也同样关键。社会工作者需要判断个体是否存在心理不稳定状况、严重的心理问题或精神障碍。同时,社会工作者还应关注个体在社会环境中的支持系统,包括他们是否感受到足够的社会支持和关爱,以及是否有孤独、无助等负面情绪,因为这些因素都可能加大个体的自杀风险。在整个评估过程中,社会工作者还需警惕自身可能出现的反移情现象。反移情现象可能会影响案主的真实评估,并损害与案主之间的信任和合作关系。为了降低反移情的影响,社会工作者应提高对自己情绪和反应的自我觉察,并通过参与相关培训和教育,提升处理反移情的能力。

二、干预过程分析与效果评价

1. 干预过程分析

本案例中讲述的是社会工作者对一位多次尝试自杀的水手进行危机干预的整个过程。社会工作者在面对多次企图自杀的海员时,会采取分阶段的危机干预策略。每个阶段的干预目标和任务各有侧重,同时会使用不同的方法和技术来实现这些目标。这些方法和技术的应用旨在缓解危机、防止案主自杀行为的发生,并促进其恢复和成长。

(1)对初次接触和评估阶段的分析。在此阶段,社会工作者综合了案主家人提供的信息,对案主的自杀行为进行了初步评估,以确保采取适当的安全措施,防止悲剧再次发生。同时,社会工作者努力与案主建立起良好的专业关系。在赢得案主的信任后,社会工作者运用治疗性沟通技巧与之互动,协助案主识别和表达当前的情绪状态,特别是那些被压抑的悲伤情感,并尽力做到设身处地地理解案主的处境。此外，社会工作者还对案主的自杀风险进行了全面的评估，包括自杀念头、计划和意图的强度，从而明确干预的紧迫性及所需采取的具体措施。随着对话的深入，案主情不自禁地流泪，表达了自己对家庭的负罪感，不愿继续成为家人的负担。案主展现出强烈的自我否定情绪，对社会工作者的提问显得回避。在这种情况下，社会工作者运用专业知识来安抚案主的情绪。经过一系列的交谈，社会工作者与案主建立起了稳固的专业关系，并一起探讨了应对主要问题的策略。案主的情绪得到了有效的缓解，自杀的念头也随之消散，态度开始软化，表示愿意与社会工作者合作，共同克服困难。

（2）对自杀心理紧急干预，建立理性认知阶段的分析。社会工作者通过细致的沟通揭示了案主自杀想法背后的深层原因，即案主担心无力偿还债务，以及因失去手臂而对生活失去信心。然而，在更深入的探讨中发现，案主真正感到绝望的是他对于未来生活的恐惧，担心自己无法正常生活，会受到他人的轻视，无法为父母提供依靠，会让他们失望。社会工作者运用ABC理性情绪疗法，帮助案主认识到自己的非理性认知，并逐步建立起更加合理的思维模式。最终，案主意识到自己对家庭的重要性，认识到自己之前的想法是片面的。

（3）对长期治疗和康复阶段的分析。社会工作者通过前期与案主的深入沟通，识别出案主对未来持有的非理性认知是其有自杀倾向的核心原因。为了转变这一认知，社会工作者决定利用社区资源，采用团体辅导的方式进行干预。由于案主在社会支持网络方面相对薄弱，团体辅导能够为其提供一个更为丰富的社会支持环境，并有助于提升案主在团体中的自我效能感。社会工作者精心设计了服务计划，并确保每一节主题活动都相互关联，旨在帮助案主实现由内而外的改变和成长，最终达到自助的目标。在计划实施过程中，社会工作者首先着重于帮助案主释放不良情绪，让其掌握情绪管理技巧，并以此为基础纠正其非理性认知。通过深入了解得知，案主因交友不慎而陷入网赌，导致严重后果。因此，建立健康的人际关系对于案主的康复至关重要。为了帮助案主恢复社会功能并提升生存技能，社会工作者积极与相关部门合作，为案主提供了一系列职业培训课程。同时，他引导案主运用SWOT分析法审视自身在就业市场上的优劣势，以便更清晰地认识到自身面临的挑战和机遇。在此基础上，社会工作者通过了解就业帮扶政策、收集招聘信息等方式，有针对性地为案主推荐合适的就业岗位，并协助其实现再就业。

在团体辅导过程中，小组成员的参与度普遍较高。每节小组活动均由社会工作者全程带领,各环节紧密衔接,确保了活动的顺利进行。社会工作者不仅对整个活动过程进行了深入的研究和分析,还不断提升自身的专业能力,以更好地把控活动的总体成效。在实现小组目标的过程中,各种形式的活动都是围绕目标精心设计的。在后半部分的分组分享讨论环节,组员们积极分享交流各自的经历和感受,并对活动内容进行了深入的反思。对于表现优秀的组员,社会工作者进行了视频录制,以便记录他们在活动中的成长和变化。在目标成效评估中,这些记录将作为重要的参考依据。

2.效果评价

(1)运用治疗性沟通技术。社会工作者在与有过自杀经历的案主进行交流时,采用了治疗性沟通的技巧。这些技巧旨在稳定案主的情绪,并减轻他因寻求帮助而感到的内在不安。为了达到这个目的,社会工作者不仅提供情感支持,还帮助案主建立积极的自我认知,制定解决问题的策略,并激励他采取实际行动来克服困难。在沟通过程中,社会工作者密切关注案主的状态,对案主的言辞进行澄清和支持,确保沟通的顺畅和有效。

(2)注重利用团体辅导技术,提高对案主的社会支持力度。服务过程中,社会工作者积极整合社区资源,鼓励案主参与社区内的小组活动。在活动中,社会工作者帮助案主结识志同道合的朋友,从而扩大案主的社会支持网络。经过多次参与小组活动,案主表示自己对未来的生活不再像以前那样绝望,并且更愿意与社区居民进行沟通交流。

(3)强调助人自助的理念,致力于助力案主社会功能的恢复。社会工作者根据案主的需求和社区资源,与案主共同策划了多个主题的团体活动。这些活动旨在为案主提供全面的服务支持,同时帮助案主获取更多技能,增强对未来生活的信心。每个活动的主题都经过深思熟虑,确保与案主的未来发展前景相契合。

三、建议

1.正确把握初次介入的时机

社会工作者应该主动把握第一次上门服务的机会,因为在这个时候案主的心理状态是最脆弱的,也更容易听进去别人的教导。初次介入时,案主应该做到尽可能多地倾听案主表达,倾听不仅仅是用耳朵来接收信息,更是需要用心去理解案主的真正意图和感受。在与案主交流时,我们不仅要准确地把握他们所传递的信息,还要通过适当的反馈来让他们感受到被关注和理解。这样的倾听方式能够建立起更加紧密的关系,提升服务质量和满意度。

2. 干预过程中避免替代性创伤和反移情

替代性创伤是指由于频繁接触创伤性事件或与经历过创伤的人互动,而导致心理健康专业人士出现类似的创伤反应。反移情则是社会工作者对案主的情感反应,可能是积极的,也可能是消极的,这会影响社会工作者对案主的看法和治疗方法。为了防止替代性创伤和反移情,社会工作者需要保持专业的边界。这意味着要明确区分个人生活和职业生活,以及在治疗关系中保持适当的距离。社会工作者应该定期寻求来自同事和朋友的支持,并与他们倾诉工作中的挑战和困难。

3. 考虑案主的长久发展

社会工作的目标不仅仅是解决当前的问题,还是帮助个体或家庭建立起自我维持和持续进步的能力,强调个人潜力的开发和个人自主性的增强。社会工作者在实践中应全面考虑案主的长远发展,这要求社会工作者不仅关注当前的困境,还要积极规划案主的未来。通过综合评估案主的多方面需求,社会工作者能够与案主共同制订个性化的干预计划,包括技能培训、资源链接、心理社会支持等,旨在帮助案主克服困难,实现个人目标,并最终实现自立和社会融合。在此过程中,持续跟踪和灵活调整发展计划同样重要,以确保案主能够适应不断变化的环境并朝着既定目标稳步前进。

4. 时刻评估案主的自杀心理

自杀是一种极端的行为,对社会工作者来说,首要的任务就是保护案主的生命安全。作为社会工作者,时刻评估案主的自杀心理是一项重要的责任,通过时刻评估案主的自杀心理,社会工作者可以及时发现潜在的自杀风险,并采取相应的措施来预防和干预。这要求他们不仅要具备专业的知识和技能,以便能够准确识别自杀风险,还需要与案主建立深厚的信任关系,走进他们的内心世界。在评估过程中,社会工作者应提供必要的支持和资源,帮助案主应对压力和困扰。同时,对于出现明显自杀意图或行为的案主,社会工作者必须立即采取紧急措施,确保他们的安全。通过这一系列细致入微的工作,社会工作者能够为案主提供及时有效的帮助,引导他们走出困境,重拾生活的希望。

5. 干预过程注重与社会支持系统相联系

社会工作者在干预自杀心理案主的过程中,与社会支持系统相联系至关重要。这不仅能为个体提供全方位的支持,包括情感、物质和信息等方面,还能显著增强干预效果,帮助他们感受到社会的关爱和温暖,减轻孤独感和无助感。此外,社会支持系统还能为自杀风险个体创造一个积极的社交环境,助力他们重拾自信,促进康复进程。因此,社会工作者应积极与社会支持系统协作,共同为自杀风险个体提供全面、细致的关怀和支持。

本章小结

本章是一个采用危机干预模式对有自杀行为的水手进行社会工作服务的案例。

危机是一种需要紧急处理的事件,强调及时和迅速,自杀心理或行为更是危机的一种,不仅需要及时发现,更需要紧急进行干预。危机干预模式依据采取措施的方式不同,可以细分为平衡模式、认知模式、心理社会转变模式、折中危机干预理论、悲伤辅导模式、社会资源工程模式等,这些模式都建立在一定的理论基础之上,实际上也共同构成了危机干预模式的理论基础。对自杀心理或行为的干预分为以下几个部分:初步接触和评估阶段、紧急干预阶段、长期治疗和康复阶段、整合资源和跟进阶段、评估和结案阶段等。

危机干预模式在海事社会工作中运用时应该注意把握案主的职业环境,综合考虑服务内容,其中在各个阶段应该注重对干预技术的运用,注重与案主之间建立良好的信任和合作关系。此外,在介入过程中应该避免反移情和替代性创伤。

第六章

应急管理模式——对创伤后应激海员的应急干预

海员是指一切在船舶上工作的人员,是促进国家航海事业和经济发展的重要力量。世界贸易离不开海上运输,在当今我国建设航运强国的战略部署下,海运事业的蓬勃发展更离不开海员的服务与贡献。然而,在高强度、高风险、高封闭性的工作环境下,海员需要克服恶劣海况的挑战,同时也面临着思念亲人的情绪压力,从这些方面来讲,海员属于一类潜在的弱势群体。作为一种高危职业,船舶遇险、遭遇海盗或其他严重事故,都会对直接参与的海员或目击者的内心产生深远的影响,有时甚至会留下创伤性的体验。创伤后应激障碍是一个人历经或目睹创伤性事件后所产生的持久反应,会影响和扰乱其日常生活。例如目睹或经历船只起火、碰撞、沉船等事故的海员,皆可能受到不同程度的创伤性影响。在发生创伤性事故后应积极关注事故当事海员及目击海员的心理健康状态,并借助专业力量对其进行及时的介入,帮助他们回归正常生活。

应急管理是指政府或其他公共机构应对突发事件的管理模式,也就是在事件发生过程中采取一系列必要的措施,将突发事件的危害降低到最低限度,最高限度地保证广大社会公众的生命健康和财产安全。将应急管理模式视角与社会工作专业相结合并进行社会工作干预,探索社会工作介入方式和价值,是社会工作的一个重要领域——应急社会工作。社工小李需要围绕案主出现的应急事件进行一系列干预服务,既包括预防服务,也包括危机介入服务,目的是帮助案主有效应对危机、走出困境。对遭受创伤后应激障碍的海员开展社会工作干预,进行心理干预和心理救助是应急社会工作的一项重要内容,充分体现社会工作"以人为本"的利他主义专业价值观和人文关怀。

第一节 案例描述

一、基本情况

某公司的一辆大型货船在驶往国内港口的途中,于夜间在中国南海附近遭遇大风浪遇险沉没,造成二十多名海员遇难,仅一名海员生还,社会影响广泛。

根据幸存者回忆,事发当晚海员用餐后大约半小时,海域风力逐渐增强,海浪不断涌高,还伴有阵雨。轮机长等发现一号货舱开始进水,立即向船长汇报。经过一系列救援努力后,船长发现船舶下沉速度迅猛,难以挽回,下令水手长迅速通知海员准备放下救生艇,并触发弃船警报。水手长在收到放下救生艇的指令后,立即穿上救生衣,携带工具,招呼几名同伴,迅速赶到左舷救生艇甲板。刚解开一个固定钢丝,水手长便被一股巨浪击落水中。当机工长从机舱出来走到医生房间附近时,他听到了弃船警报。他穿上救生衣迅速奔向甲板,正准备通过外部梯子登上救生甲板,却被巨浪卷入海中。与此同时,二管轮刚从机舱门出来,穿着救生衣冲出救生艇层的甲板门,就被大浪冲入水中。厨师正在准备第二天的早餐,突然听到警报,他迅速穿上救生衣,径直冲向厨房后门。刚踏出门,就被巨浪击倒,跌入汹涌的海水中。王明(化名)浮出水面,只见海面上漂浮着尸体和残骸……

此次事件万分凶险,二十多名海员中仅有一人获救,王明(化名)虽然幸存了下来,但是这次事件对他产生的创伤是不可估量的。此次事件之后,王明出现失眠、脾气暴躁、注意力难以集中、做噩梦等症状,陷入恐惧、焦虑、压抑的情绪中。只要上了船,他就会反复重新体验此类创伤性事件,反复出现有关创伤性事件的回忆,同时伴发强烈的恐惧、焦虑、痛苦或抑郁的心理反应,或者心悸、出汗、发抖、呼吸困难等生理反应,扰乱正常生活。此次事件发生之后,王明的正常生活受到了强烈的负面影响,扰乱了他正常的生活秩序,使得他和他的家人都十分苦恼,原本平静幸福的生活被打破,王明和妻子的关系也变得越来越差。

王明妻子在朋友的介绍下找到了社工小李,希望能从社工小李那里得到专业的帮助,尽快使王明从这次惊险经历的创伤中走出来,回归正常生活。

二、问题分析与评估

在王明的妻子等人的带领下,社工小李走进了王明的家。当小李走进王明家时,王明正坐在沙发上,穿着朴素,面容和善,但面对陌生人时眼神中透露着些许胆怯,在与社工交谈的过程中也出现眼神躲闪的现象,并几次出现将手纸捏在手中擦汗的举动。小李看到客厅中悬挂着他和他妻子的结婚照,便指着结婚照夸王明的妻子很漂亮,说到这里时王明露出了一丝笑容,很自豪地说他和妻子是在恋爱长跑十年后结的婚,但又突然有一丝失落,淡淡地说了一句,"无论多好的感情在面对生活的压力后都会被蹉跎成一地鸡毛"。当小李想要聊与王明工作有关的事情时,王明开始抗拒与社工继续交谈,表示他现在看不到生活的意义和希望,现在聊这些只是浪费时间,并认为社工无法帮助到他。

王明家中共有五口人,他的母亲今年七十一岁,患有慢性病,需要常年吃药,但生活能够自理。他的妻子是一名小学语文老师,儿子今年十五岁,由于从小和母亲在一起的时间偏多,所以和王明的关系比较疏远,并且现阶段正处于叛逆期,学习成绩忽上忽下。通过与王明妻子的交谈,小李了解到,王明夫妻的感情是在孩子上初中之后开始走下坡路的。那个时候王明正处于升职期,工作压力比较大,并且由于王明的工作性质,常常出海一两个月才能回家待几天,那几年老母亲的身体也不太好,经常住院,大多数时候家里只有王明妻子一人处理所有的事情。同时王明妻子表示,沉船事件之后王明回到家对她说的第一句话是"如果那天在船上我往前多走一步那我就丝毫没有活着的希望了,如果那天我再坚持一下就能把老秦(王明在单位多年的好友)救回来,现在我不知道该怎么面对他的家人"。自从事故发生后王明就神情忧郁,没出过家门,她下班回家好几次看到王明对着挂在墙上的海上帆船的照片发呆。

同时,社工小李还走访了王明所在的船舶公司,了解到王明之前一直是很热衷于锻炼的人,经常会早起在上班前锻炼身体。但据王明妻子透露,自从事故发生之后,王明就很少走出家门,也不再运动和锻炼了。

社工小李将收集到的信息带回了社工站,并同其他社工组成了一个应急管理小组。社工小李就王明的情况进行了详细的介绍,大家集思广益,全面分析了王明(以下简称案主)存在的问题,并制订了有针对性的干预计划。

1. 存在的问题

(1)在心理上,案主有焦虑和抑郁的表现,并对于发生过的沉船事件有着强烈的自责情绪。

(2)在家庭关系上,案主与妻子的夫妻关系存在问题,并且王明与儿子关系疏远,缺乏沟通。

(3)在观念上,案主对生活缺乏目标和信心,生活态度消极,并且不认为别人能够帮助到他。

(4)在子女教育方面,案主在子女教育上参与得很少,同时案主儿子的学习成绩很不稳定。

2. 干预目标

(1)对案主的创伤后应激障碍(PTSD)进行危机介入,并为案主提供精神慰藉,增强其创伤后心理障碍支持,对案主进行心理重建。

(2)帮助案主促进他与妻子的沟通,形成有效的沟通模式,增进夫妻感情。

(3)帮助案主认识到自身非理性信念,重塑生活的信心。

(4)积极同案主及其儿子进行沟通,改善亲子关系,并联系志愿者解决孩子学业问题。

3. 干预阶段

(1)第一阶段:社工需要取得案主的信任,多进行家访,让案主逐渐熟悉社工,并与案主建立良好的专业关系。

(2)第二阶段:在相互信任的基础上,社工帮助案主卸下心理防御,使他的情绪得到良好的宣泄。社工使用专业的心理干预方法帮助案主走出心理创伤,并教会案主使用正确的方法缓解自身心理不适。

(3)第三阶段:社工帮助案主改善夫妻关系和亲子关系,强化家庭系统对案主的支持。

(4)第四阶段:社工利用社会支持网络,帮助案主利用相关资源,走向更好的生活。

第二节
应急管理模式在海事社会工作中的应用

社工小李组建的应急管理小组对案主的资料进行了详细的分析与评估,并协调工会、医院、船舶公司以及王明的社会支持网络等资源,针对王明的处境和资源制订了详细的干预计划。

第一阶段:建立良好的专业关系

在王明的儿子阳阳(化名)下午放学后,小李带了一些水果和几张周杰伦的海报再次来到王明家。小李和王明打了招呼,王明简单回应后便回到了房间。王明妻子热情地给小李泡了茶,并招呼小李坐下。小李和王明妻子简单聊了聊,说明了此次来意。小李表示这段时间可能会经常到他们家中,这几天会帮阳阳补习功课,顺便让王明多熟悉熟悉自己,从而使王明对小李产生一定的信任感,推进后续干预工作的开展,王明妻子对此表现出极大支持,说到:"让你们费心了,我实在太感谢了。有什么需要我的地方你尽管提,只要能让我们这个家不散,好好地生活,我什么都愿意做!"过了一会儿,王明的儿子阳阳放学回家了,王明妻子向儿子介绍了小李并让阳阳跟她打了招呼:"阳阳,这是社工姐姐,她是来帮助我们家的,你以后见面了要叫姐姐,人家可是研究生哦,你可得多向人家学习!"阳阳听后礼貌地跟小李打了招呼,然后对他妈妈说:"妈,我回房间写作业了。"说完背着书包走进了自己的房间。上次在与王明妻子的交谈中,小李就了解到阳阳很喜欢周杰伦,房间里挂满了周杰伦的海报,平时听的也都是周杰伦的歌,而恰巧小李也喜欢并了解周杰伦。因此这次家访小李就特地带了几张限量版的周杰伦海报给阳阳,王明妻子带着小李走进了阳阳的房间,并说道:"阳阳,姐姐帮你辅导下今天的作业,你要认真哦,妈妈做饭去了。"小李缓缓地走向阳阳,指着墙上周杰伦的海报并很熟练地说出了周杰伦的专辑以及歌曲,此时阳阳看向小李的眼神充满了惊喜,好像找到了知己一般,阳阳和小李就这个话题聊了起来,之后小李还将那两张限量版海报送给了阳阳当作见面礼。相互熟悉了之后,小李还了解了阳阳现阶段的学习成绩,发现阳阳成绩提不上去的主要原因是偏科,阳阳的数学和英语成绩太低是导致阳阳总成绩不高的主要因素。在检查和辅导完阳阳的作业之后,社工跟阳阳一起制订了初步的成绩提升计划,并约定完成两周的计划,小李会送他一个礼物,阳阳欣然接受了这个学习计划,并表示会认真完成。

从那天起,小李每天都去王明家。前三天王明还是一如既往地一言不发,只是偶尔会站在阳阳房间外看一会儿小李辅导阳阳学习,在第四天辅导完阳阳的功课从房间出来时,小李被王明妻子叫到沙发上坐,此时王明也坐在沙发上。小李坐下时王明说:"我看得出来你是真心想帮我们,有啥想问的你就问吧。虽然不知道你是否能帮到我,但我愿意试试。"小李和王明妻子都露出了欣慰的笑容。

谈话片段1:

社工小李:王先生,我知道那次海难对于您来说是一次很大的打击。您感到自责、难过、悲伤和无助。(表达社工小李对案主的同理心。)我们没有经历过这种特殊的突发事故,不能完全感受到您当时的崩溃与绝望,但我知道的是您身边还有很多关心你、爱您的家人。您拥有一个完整的家庭,有一个贤淑温柔的妻子,一个帅气聪明的儿子,这都很让人羡慕。我想让您知道的是,我们都会尽全力地帮助您,您的家人也会一直坚定地陪伴在您的身边,我们会一起走出来的。(从案主的处境出发找出案主的优势,帮助案主重拾生活的信心。)

案主王明:我不知道能不能走得出来,我现在太难受了,我感觉我好像在一个很深但又很狭小的井里面,并且有一块大石头在我身旁,那块大石头每天都会变大,压得我喘不过气。晚上要不就是失眠,要不就是做噩梦(强忍泪水)。每次我看到我的老母亲,都不知道该怎么面对她。报告单显示,我现在身体没有任何问题,我很想像个正常人一样吃饭、睡觉、工作。可关于那件事的记忆总是会时不时像洪水般地袭击我,就好像有一个开关,随时随地都可能被触发,你不知道它什么时候会来。每天醒来都是未知的,你不知道今天是否会有触发因素。有时候我洗漱,看到水龙头里涌出的水我会立刻"惊恐发作",大脑一片空白,它会让我双腿发软,喘不过气,就好像回到了那天的场景。我作为一个身体健全的男人,没办法保护我的妻子和孩子,没有能力照顾我年迈的母亲。我真的太失败了!我感觉我自己永远也过不去了(掩面流泪)!(案主开始愿意敞开心扉、表达情感、宣泄情绪,这是一个好的开始。)

社工小李:王先生,对于您的遭遇我也感到很痛心,我能理解您的那种无助。在我十岁那年,我爷爷在楼梯上摔断了腿,当时我家人都不在身边,我只能无助地哭喊,直到我奶奶回家才找人帮忙把我爷爷送到医院。当时那种孤立无援和心痛无助的感觉,我至今仍然记忆犹新。在那之后的好几年,我听到有人大声呼喊就会难受,感觉喘不过气,但后来我在心理医生的帮助下已经完全从惊恐中走了出来。(社工通过自我披露表达对案主的同理心。)我想说的是,其实每个人都会遇到心理问题,我们很难去说一个人在心理上是百分之百健康的。根据您现在的这种情况,我初步判断可能是创伤后应激障碍,简称PTSD,在全世界范围内有很多这样的人,您不是孤立无援的,而且现在针对PTSD的治疗方法也比较成熟了。接下来我们会帮您链接相关资源进行评估和治疗。您一定要有一个积极的心态,要相信自己能够跨过这道坎,同时也要相信我们一定会尽全力帮您的。(社工根据案主的症状初步诊断案主的心理问题是创伤后应激障碍。)

案主王明:(惊讶地抬起头)真的吗?那说明我还有救?我之前从来没有了解过这些,我以为只有我一个人这么奇怪,这么无能。原来这也是一种病症。(案主感受到社工的专业性,并对未来生活重燃希望,这是一个很好的征兆。)

案主王明向社工倾诉了自己的自我感受,通过案主的表述,社工发现王明的表现符合PTSD四大典型症状中的"反复体验创伤性事件(闪回)"和"警觉性增高",以及PTSD中内疚、自责的情绪反应和失眠、多梦、入睡困难等身体反应,初步判断案主正在经历PTSD。小李通过运用同理心、倾听等专业技巧,让案主感受到社工的接纳、尊重、理解和真诚,并逐步引导案主正确地看待PTSD,案主慢慢地开始信任社工并初步建立起良好的专业关系。

第二阶段:针对案主的PTSD进行危机介入

经过专业的评估和诊断,确认案主患有PTSD。根据循证医学理论,认知行为疗法(CBT)是PTSD治疗领域中应用范围最为广泛的心理治疗方法。社工基于同案主建立的相互信任关系,把认知行为疗法与介入过程相结合,通过深入交流,引导案主自我披露,倾诉出沉船事故发生之后自己的想法和感受,以及如何影响现阶段自己的行为,以便案主能够察觉到自己的想法和感受,帮助被创伤所困的案主,从一种全新的角度看待创伤本身,而非为其所困。

在与王明接触的过程中，小李发现王明能够比较顺畅地向社工表达当下的情绪和感受，但依旧不愿提及那天发生的事情以及当时王明的自身处境。为了更好地找出使王明产生心理创伤的深层原因，社工小李与专业心理咨询师进行分工合作，对王明开展服务。首先，社工运用同理、倾听、情绪宣泄、哀伤辅导等专业方法全程陪伴，对案主的情绪、心理状态进行实时观察评估，充分了解案主的优势、存在的应对困难以及案主对事件的定义，并将观察到的情况反馈给心理咨询师。其次，社工辅助心理咨询师进行阶段性心理评估，并在案主的知情同意下获得其家人和亲朋好友的支持，邀请亲人或好友陪伴，回顾发生在他们身上的经历，转移案主的注意力，消减心理创伤。最后，社工帮助案主预约心理咨询服务，并辅助心理咨询师使用认知加工疗法（Cognitive Processing Therapy，CPT）对王明进行心理干预，并跟进心理咨询进度及咨询结果反馈。

在初期阶段，小李持续对王明进行家访，并逐渐建立起了更深的信任关系，在感受到案主卸下对社工的心理防备后，小李帮助王明梳理重要事件，通过寻找证据挑战王明的非理性信念、撕掉负性标签、松动固有信念，由此开展了以下谈话。

谈话片段2：

社工小李：王先生，经过我们团队的专业评估，我们一致认为想要您彻底从这次创伤经历中走出来，我们有必要找出问题的根源，您需要跟我们谈谈那件事（海难事件），我知道也许迈出这一步对于您来说并不简单，但请您相信我们。我们现在所在的环境很安全也很私密，我们的对话全程保密，不会向任何无关人员透露。（社工表明专业保密的原则，提升案主对于本次谈话的安全感。）您现在方便跟我们好好谈谈这件事吗？

案主王明：（微微皱眉，深吸了一口气）可以。

社工小李：嗯，您真的是一个很勇敢的人，在这一点上我很敬佩您。在我们的谈话过程中，如果您有任何感到不舒适的地方，可以随时终止对话。（社工表达对于案主的尊重。）您可以在任何时候决定是否要继续下去（社工遵循案主自决的原则），在谈话的过程中您可以多去关注您当下的感受。如果可以的话，我们现在就开始了。

案主王明：（双手紧握放在腿上）嗯，好的。

社工小李：好的，王先生，那请您回想一下事件发生时到底是怎样的情景

第六章 应急管理模式——对创伤后应激海员的应急干预

呢?

案主王明: 事故发生在吃完晚饭后的半小时,当时风很大,海浪也很高,并且在下阵雨。但这种情况对于我们来说并不罕见,我作为海员工作十年多了,经常会遇到这种情况。但是那天出了事故,这是我们谁都没预料到的。我的宿舍和老秦(王明多年的好友兼同事)的宿舍离得很近,海浪涌过来,把老秦往我这个方向推来,当时我抓着栏杆,海浪很大,让人喘不过气。老秦对我喊了一句"老王救我!",但当时浪太大了,我根本不敢松手去拉他,我犹豫了几秒,老秦便淹没在了滚滚海浪中。随后不久我也被冲到了大海中,我眼前有各种各样的东西,还有漂浮着的人,挣扎了一会儿我被一块钢板砸到脑袋晕了过去,等我醒来时已经在医院了。

社工小李: 那您对老秦的事情怎么看呢?(社工帮助案主梳理和找出重要事件。)

案主王明: (情绪激动,掩面哭泣)我永远也忘不了老秦看向我的眼神,无助中带着坚定,他一定坚信我会帮助他,但结果是我什么都没做!我是个废人!(案主给自己赋予的负性标签。)我根本不配活着啊……

社工小李: 王先生,您刚刚提到您觉得自己是一个废人,不配活着,您如何定义"废人"和"不配活着"呢?(社工找出案主存在非理性信念的原因。)

案主王明: 老秦从上大学起就是我的好哥们儿,我们俩很能聊得来,但是在生死一线中,我却贪生怕死,不敢出手相助,这不是废人是什么?(案主的非理性信念逐渐显现出来。)

王明情绪崩溃,瘫软在座椅上大哭,小李默默地给王明递上了纸巾,静静地陪伴着他。从王明的言语中,小李发现了造成王明创伤的重要因素在于他因为没有去救好友而陷入愧疚和自责的情绪中,反复自我怀疑、自我否定。因此,待王明情绪稳定后,小李开始引导王明表达出他对这件事情的认知和看法,通过搜寻回忆细节,找出并纠正王明的错误认知。

谈话片段3:

社工小李: 您能不能具体回忆一下当时的场景。当时您是一个什么样的处境?(暴露疗法,让案主得到充分的情绪宣泄。)

案主王明: 我当时双手抓着围栏,海浪在我耳朵旁拍打,周围全都是人的呼叫声和船只残骸碰撞的声音,海浪的压力和冲击力很大,我全身所有的支撑点都在手上,我很惊恐,很害怕,我的心跳很快,感觉双手都在发软,我特别害怕我再也见不到我的家人了,但我当时真的很想活下来啊!在那时我看到老秦被海浪从我身边冲走……

社工小李:所以当时您的处境真的很惊险,但有什么证据能证明当时的您具有足够的能力去帮助老秦吗?(找出案主王明的非理性信念。)

王明沉吟不语,良久,摇了摇头。

社工小李:那次事故的生还率很低,当时的您也处于生死一线中,我从公安机关那边了解到您之所以能够幸存仅仅在于您被冲下海之后一块木板挡住了您,以至于您漂浮在了船体主要残骸的附近,因此救援人员能够第一时间发现您。而您把自己能够生还的原因归结为您抓住栏杆时没有去救老秦,将您在"危难时刻的自救"泛化了,给自己贴上"我是个废物"的标签。如果你是老秦,他遇到这样的情况,你会认为他也是个废物吗?(社工帮助案主撕下负性标签。)

王明连连摇头。

社工小李:您之前说过您跟老秦是多年的好友,那件事发生之后您对老秦抱有很深的愧疚感,所以想做些事来弥补,于是您一直活在痛苦和自责之中,但这样做是最好的办法吗?(帮助案主寻找方案。)

案主王明:嗯,我不配好好活在这世上。

社工小李:如果他在的话,他对您会有什么期望?(方案替换。)

案主王明:(双手抱头)我不知道。

社工小李:我能感受到您和老秦之间的感情很真挚,他在日常生活中对您的帮助很多吗?

案主王明:嗯,他是一个真性情的人,他比我大两岁,待我如亲弟弟一般。上学那会我们总是互帮互助,有学习资料会互相分享,后来工作他帮我把岗位调到现在的公司,离我家更近,工资也更高。他对我真的没话说!

社工小李:所以我能看出来他是真的希望您好,对您并没有任何的私心是吗?

案主王明:嗯,是的。

社工小李:那这样一个待您如亲弟弟、像家人一般的人,会希望您好好活下去吗?

案主王明:当然!他就跟我的家人一样!

社工小李:那什么是好好活下去呢?(帮助案主具体化方案。)

案主王明:对,他一定希望我能正常生活,越过越好。

社工小李:是啊,在您的生活中您不仅对于您的家人来说是最重要的人,对于老秦来说也是啊!您带着他的期望好好生活下去,您还能够有能力帮助老秦的家人,这才是老秦最希望的事情,对吗?

案主王明:嗯,我真的不能再继续颓废下去了,我要做个真男人,好好配合治疗,为了自己,也为了老秦。(案主此时意识到应该要重拾生活的信心并愿意为之采取行动。)

第三阶段:强化案主的社会支持系统

社工和心理医生针对王明开展了心理干预、创伤辅导、团体治疗和药物治疗,王明的PTSD症状得到有效缓解。同时为了帮助案主更好地治疗和恢复,小李帮助案主修复夫妻关系和亲子关系,强化案主的家庭系统;跨领域组成助人网络,多方位协同完善案主的社会支持网络,联动学校、志愿者、工会、医院、心理咨询等多方位主体,帮助案主解决问题,走出困境。社会支持网络的完善和构建促使案主能够利用社会支持网络更好地应对问题,是社会工作"增权赋能"和"助人自助"价值观的体现。社工从与案主身边相关资源着手出发,分析案主的家庭等社会支持网络。

在夫妻关系方面,社工协助案主主动营造良好的家庭沟通氛围,引导案主与家人之间的良好沟通。在介入过程中社工发现,夫妻双方在产生矛盾后,双方都是以指责或冷战的方式进行交流沟通,也不会主动沟通缓和双方之间的关系,导致矛盾激化,问题无法得到有效解决。前期针对案主PTSD的介入过程成为案主和妻子进行交流的契机,两者对对方多了一些理解和宽容,再加之案主同妻子之间的感情基础比较深厚,案主的夫妻关系得到了很好的改善。社工协助案主学习使用正确的沟通技巧,构建起夫妻之间的良性沟通,改善夫妻关系。

针对亲子关系和子女教育问题,社工与案主共同找出导致亲子关系疏远的主要原因,运用家庭良性互动模式,协助搭建父子间沟通的桥梁。社工一方面针对案主设定如何表达对孩子的爱、如何和儿子成为好朋友等方式;另一方面向案主的儿子澄清爸爸对他表达爱意的行为,让孩子理解爸爸,拉近父子之间的关系。社工协助开展家庭会议,表述孩子目前的行为及导致其行为的主要原因,应该如何改变在孩子面前的行为以改善案主儿子与案主之间的关系,同时联系志愿者帮助儿子进行学习辅导,提升学习成绩。最后,社工指导案主巩固与孩子之间的互动效果,调整与孩子互动的方式,以积极的赞扬、肯定等方法促进父子之间的良性互动。

第四阶段:回顾干预过程,强化案主自助能力

社工与案主回顾了整个个案辅导历程,肯定了双方付出的努力和取得的成效,并确定了以后的行动方向和意愿。此外,社工协助王明学会使用肌肉放松法来有效地缓解情绪。

谈话片段4:

社工小李:现在选择一个舒服的坐姿,双脚自然垂放在地,双手放在大腿上,闭上眼睛,我口述放松练习的旁白,做两三个深呼吸后,进行肌肉放松练习。首先跟随我念出的肌肉部位名称,绷紧该部位的肌肉,从1数到10,然后放松。在每组肌肉练习之间停顿15~20秒,在此期间需要保持均匀的深呼吸。

现在放松你的头、脖子、肩膀、手臂、手掌……

案主王明:(缓缓地睁开眼)竟然这么神奇,感觉到整个人有放空的感觉。

社工小李:是的,这种肌肉放松和冥想不仅可以帮助缓解情绪、减轻压力,还能够改善睡眠,增强心理韧性,长期坚持效果更好。

随后小李将冥想放松的音频资料赠与王明,王明表示会长期坚持并使用冥想法。

随着社工的介入,案主的心理状态得到有效改善,心理问题得到缓解,家庭系统良性发展,经过专业评估,个案目标达成,本次个案服务圆满结案。后续的服务评估与跟踪服务将会继续进行,真正地实现"助人自助"。

第三节 评析

世界贸易主要依靠海上运输,中国是世界上航运线较长的国家,海员数量位居世界前列。在船舶航行的过程中,海员会遇到各种各样的困难和突发情况,其类型复杂、危险性大,事故的突发性强,紧张、危险、恐惧和惨烈的场面会对海员造成较大心理创伤,影响海员的工作和生活,关注海员的心理健康与培养海员的专业素养同等重要,也是保证海员队伍发挥好重大作用、建设好海洋强国的基础和前提。当突发情况较为严重时,海员有遭遇PTSD的风险,然而针对创伤后应激海员的应急干预缺乏较为完整的干预模式和体系。基于此,将公共管理领域的应急管理模式与社会工作领域的应急干预相结合,把多主体的互助网络运用到创伤后应激海员的应急干预中,为创伤后应激海员提供专业的、有针对性的服务和帮助,显得尤为必要。

一、理论分析

1. PTSD 与应急社会工作

(1)应激海员的常见心理反应与 PTSD 症状

应激心理反应主要包括情绪反应、自我心理防御反应和行为反应,彼此之间紧密相连。常见的情绪反应包括焦虑、愤怒、内疚、恐惧、抑郁以及习得性无助等。自我心理防御反应包括合理化、压抑、投身、倒退、升华、否认、补偿、抵消等,这些机制是自我欺骗的表现,但暂时减缓了痛苦和不安。行为反应主要为攻击、退缩等,根据应对方式可划分为问题应对和情绪应对,当事人通常会采取不同的方式来应对问题和情绪。问题应对通常发生在个人认为自己能够改变所面临处境或挑战的情况下,而情绪应对更多地出现在个人认为无法改变具有威胁性的环境,因此承受着巨大的心理压力。在不同的情况下,大多数人会同时使用问题应对和情绪应对这两种方式。在应激期间,心理反应受到应激源、环境因素以及个人人格因素的影响。即使是同一个人在不同的时间面对相同的应激源,也会产生不同的心理反应。突发事件会让每个人都产生应激反应,海员亦不例外,正常适度的应激反应是必要和有利的,但人如果长时间处于应激状态下,则会出现一系列的应激心理反应。案例中的案主王明在经历海难后经常出现恐惧不安、紧张焦虑、抑郁悲伤和悲观自责的情绪反应。在社工小李接到个案并与王明接触的初期,王明压抑、沉默寡言、眼神躲闪等逃避的自我心理防御反应,都是明显的应激心理反应。

应激心理反应得不到有效调适,可能会导致产生 PTSD。PTSD 是指突发性、威胁性或灾难性生活事件导致个体延迟出现和长期持续存在的精神障碍,其临床表现以再度体验创伤为特征,并伴有情绪的易激惹和回避行为。简而言之,PTSD 是一种创伤后心理失衡状态。PTSD 的四大典型症状为:①反复体验创伤性事件(闪回):头脑中不停回顾创伤性事件发生的情境,和自己又经历了一次一样生动。例如本案例中的案主王明只要上了船,就会反复重新体验此类创伤性事件、反复出现有关创伤性事件的回忆,伴发强烈的心悸、出汗、发抖、呼吸困难等行为反应,同时伴有失眠、脾气暴躁、注意力难以集中、做噩梦等症状。②回避与创伤事件有关的刺激或者情感麻木:拒绝回应或回忆任何与创伤经历有关的事情,回避创伤的场所及相关人或事,有些患者会出现选择性遗忘。在本案例中,案主王明一直待在家里,不和他人接触,并中断了之前早起跑步锻炼的习惯,这是回避创伤的表现。③警觉性增高:表现为过度警觉,有时伴有惊恐反应,据案例中案主王明的表述,他在洗漱的时候,看到水龙头里涌出的水会立刻"惊恐发作",大脑一片空白,并出现双腿发软、喘不过气的反应。④其他症状:PTSD 患者在物质滥用、攻击性行为、自伤和自杀行为等方面显著高于普通人群。人的心理活动包括感知、情感和意志行为等各部分间的相互影响,是统一协调活动的有机整体。PTSD 如果没有得到及时处理,一旦遇到相关精神刺激,就会加重病情,严重的话可能落下一生的阴影,精神脆弱或失控。

(2)创伤应激海员与应急社会工作

应急社会工作是指围绕突发性事件,秉持利他主义,综合运用科学知识和专业方法,着眼于灾变预防、准备、应急、恢复等全过程,帮助案主摆脱灾变困境,恢复正常能力,促进个人及社会环境的良性互动的工作。社工越早为案主提供心理安抚、陪伴和支持或者危机介入,越能在很大程度上保护案主的自然复原力,减轻灾难对其心理的冲击,并降低日后出现 PTSD 的风险。从应急管理中的预防、准备、响应、恢复这四个环节来看,针对创伤应激海员的社会工作介入主要集中在突发事件的应急响应和恢复重建阶段。在应急响应阶段中,社工应尽快在第一时间接触案主王明,并与其建立良好的专业关系,同时社工应针对王明的情况开展专业评估工作,发现并评估需求,制订服务计划并帮忙联系相关资源,为改善王明的情况提供更多的支持。同时社工应运用专业方法与心理咨询师和医院合作,为王明提供心理干预、创伤辅导、团体治疗和药物治疗的服务,帮助王明修复夫妻关系、亲子关系,并帮忙联系志愿者解决其子女教育问题。在恢复重建阶段中,社工秉持"赋权增能"的指导原则,协助案主学习并使用肌肉放松法,通过调整肌肉状态,有效缓解情绪。这样可以使案主在个案结束后也能具备一定的能力和掌握一定的方法来缓解情绪和心理困扰,并逐渐恢复生活秩序。

2. 应急社会工作与应急管理的契合性

社会工作是一门以心理学、社会学等学科知识为理论基础的综合性学科。其着重于通过个案访谈、小组工作、社区工作等方法为案主提供心理疏导与社会支持,运用专业技巧发掘个人资源,本着助人自助观念进行赋权和增能,从而解决社会问题。应急社会工作与应急管理模式具有价值观、理论和方法上的契合性,一方面体现了应急管理模式与应急社会工作中运用的互补性,另一方面也突出了应急管理模式在应急社会工作中的操作化一致性。

(1) 案主的互补性

社会工作的案主涵盖了两大类:一是弱势群体,他们无法自给自足地维持基本生活水平,需依靠国家和社会支持;二是一般群体中的任何需要帮助的个体。紧急管理是针对特大事故和灾害的危险问题提出的,涵盖政府及其他公共机构在突发事件前的预防、事件发生时的应对、处置以及善后恢复过程。它通过建立必要的应对机制,采取一系列措施,运用科学、技术、规划和管理等手段,以确保公众的生命、健康和财产安全,推动社会和谐健康发展。这些危险可分为人的危险、物的危险和责任的危险三大类别。因此,应急管理的主要服务人群是遭遇危险的人群,这些人群中部分人会深陷困境,部分人可以满足自己的基本生活需求,但在遭遇此类危险后,他们都无法依靠个体的力量解除危险,消除可能的风险,因此需要社会力量的帮助。在这方面,社会工作者与应急管理的案主可以实现互补,社会工作者可以帮助弱势群体获得更多的支持,并实现自助。

(2) 服务目标的一致性

应急的目的在于减轻灾害影响、恢复秩序,促进人与社会的共同进步。应急管理需要围绕案主出现的应急事件进行一系列干预服务,既包括直接服务,又包括资源的分配和整合,目的是帮助案主有效应对危机、走出困境。应急社会工作涉及恢复、预防、发展功能,其基本目标是救助、恢复、预防未来灾害,促进社会和谐发展,两者的基本目标或目标功能是同向的。

(3)行动过程的一致性

应急管理重视全过程,包括减灾预防、应急准备、应急响应、恢复重建四个环节。最为关键的是应急响应阶段,即在突发事件发生时立即介入,提供援助,最终促使受灾者自我恢复。而社会工作的介入时机与之类似,通常在最紧急的时刻逐步展开。特别是在灾害发生后不久,以及灾情即将结束时,社会工作的介入频率较高。在应急响应和恢复重建阶段,社工的作用尤为明显。当然,应急管理者需要规划整个流程,而社会工作也同步涉及四个环节,特别是在针对特定灾害时。社工在灾害预防阶段兼具教育者和规划者的角色,在紧急救援阶段担当紧急救助者和需求评估者的角色,在过渡安置阶段扮演心理疏导者和资源协调者的角色,在恢复重建阶段担负辅导者和支持者的角色。当灾害发生时,不仅需要政府在救助工作当中起主导作用,也需要社会组织、志愿者队伍等多支力量参与协助,社会服务机构提供专业人力资源,基金会等慈善组织提供资金物资支援作为后盾。一般而言,社会工作的预防策划和准备主要针对社会成员,以人为特定对象;而应急管理主要针对各类风险(事件)进行评估和测量,然后制订减灾预防计划。两者最终在应急响应、恢复重建环节殊途同归。

(4)价值理念的一致性

无论应急管理还是社会工作,在核心价值观上都体现了利他主义精神,致力于拯救人们于危难之中,解除他们的痛苦,以科学知识、科学方法、合理程序、适宜的时机和合适的主体来帮助那些需要帮助的人。特别是帮助那些处于特殊困境和危机之中的人,重新获得正常生活或重新焕发生机。而且,这种利他行为通常是无私的、不图回报的援助行为,是对人道主义责任的完全履行。

3. 应急管理模式下对创伤后应激海员进行干预的注意事项

(1)应确保案主的安全:根据社会工作伦理原则,人身安全是首要的。在PTSD的案例中,遭受该障碍的海员通常都经历过紧张、危险、恐惧或惨烈的突发事件,社工在接到此类求助时,要第一时间评估案主的PTSD症状是否威胁到其自身或他人的生命安全,关注案主的身体状况和情绪状态,并让其了解如何加强自身保护和缓解情绪。

(2)要注重与案主建立良好的专业关系:良好的专业关系是有效介入的前提,患PTSD的海员心理防御一般比较强,由于自己深陷心理困境,所以不容易接纳他人。这时候社工对待案主需要有更多的耐心和同理心,要理解案主的艰难处境,怀着真诚的心寻找突破口,取得案主的信任。同时,社工应重视案主的情绪疏导。通常,PTSD 患者可能表现为情绪低落或沉默,或者情绪激动,易于走向极端。针对这两种情况,社工需通过接纳、同理和倾听,为案主提供倾诉平台,以释放和缓解情绪,预防心理疾病和极端事件的发生。

(3)发现隐藏在现实问题之下的潜在问题:社工小李在接触案主王明时,了解到案主面对的情绪问题和婚姻问题。和王明进一步接触后,发现导致王明态度发生转变、生活秩序被打乱的最重要原因是目睹朋友死亡后的创伤后应激障碍,王明因为自责和创伤后应激障碍导致了情绪问题和心理问题,并进一步使王明与妻子产生婚姻问题。如果介入的重点只是婚姻问题,介入的效果一定是难以令人满意的。所以,社工小李在开展干预措施时,需要把问题聚焦在源头上,从源头上解决问题,杜绝治标不治本。中医讲究"望、闻、问、切",诊断病灶一定要从多个角度入手,不能只针对浮于表面的病情。医者仁心,社会工作者也是心灵的医生。社工需要在丰富的实务工作中积攒经验,丰富自己的专业能力,做到独具慧眼,挖掘"故事"背后的真相。

(4)注重联动多方力量参与:社工在服务中主要扮演资源链接者、协调者、服务提供者的角色,在项目实施中有组织、管理的作用,有序引导各方力量开展康复服务。心理咨询师、企业、社区居民、志愿服务队伍作为服务的直接参与者,展现了自身的优势,在人力、物力、财力等方面给予案主支持。社工在处理社会问题时,应该着眼于案主所处的社区和社会环境,明确相关机构和个人的职责和作用,积极沟通协调,充分调动和利用社会各方资源,以实现对案主困境的有效、全方位解决。

二、干预过程分析与效果评价

在这一案例中,社工小李面对的案主是创伤后应激海员,他运用应急干预帮助案主摆脱困境,并获得自助能力。在不同的阶段,干预的重点、使用的方法和技术都不同,产生的干预效果也有所差异。下面对该案例进行干预过程分析和效果评价,并提出相关建议。

1. 干预过程分析

(1)对建立专业关系的分析。根据案主的来源进行分类,案主可分为:自愿性案主,即当事人主动前来寻求帮助,并积极配合社工小李的介入工作;非自愿性案主,即处于困境中的当事人没有寻求帮助的动机,而是其身边的人发现了问题并来寻求帮助。本案例中的案主王明即属于"非自愿性案主",这一类案主并不是主动前来求助,而是在他人的转介或者迫于某种压力前来的个案,因此良好专业关系的建立比较慢。

对于非自愿性案主,建立良好专业关系是一件较为复杂但却至关重要的工作,对此社工小李需要使用特有的关系策略,主要包括让案主感到有更多的控制感和责任感或者让案主感到有所帮助两种策略。让案主感到有更多的控制感和责任感的目的是降低案主的阻抗力,即要让案主清楚地了解社工会做什么事情、不会做什么事情,并提供给案主选择的权利,由此重建案主的控制感。本案例中主要使用的是第二种策略,案主王明一开始陷入了没有人能够帮助到他的无助感之中,没有主动寻求社工小李的帮助,对于社工小李的到来也表现得比较冷漠。这时社工小李采取的策略就是以王明的儿子阳阳为突破口,每天去案主家中帮助阳阳补习功课,案主王明虽然连续三天都一言不发,但关注到了社工小李在尽力帮助他的举动,例如在社工小李帮助阳阳时,王明"偶尔站在阳阳房间外看一会儿小李辅导阳阳学习"。而在社工小李连续去王明家的第四天,在王明妻子的协助下,王明表现出了愿意与社工小李交流的意愿,于是社工小李的介入工作进入了谈话阶段。需要注意的是,即使进入了谈话的阶段,也并不意味着建立专业关系的阶段到此结束,社工小李依旧需要注意并努力与案主建立或加深专业关系,可以说建立良好专业关系的过程应贯穿个案介入的全过程。

(2)对案主社会支持网络的分析。社会支持系统指的是个人间的联系,通过这些联系,个体得以维系自我身份,并获得情感、帮助、信息等多方面支持。借助社会网络,个人间构建了错综复杂的联系,而拥有强大社会支持系统的个体能更好地应对环境挑战。因此,协助案主建立有效的社会支持系统对其成长和发展至关重要。建立社会支持系统有助于案主未来更好地应对困难和挑战,促进个人成长和发展。社会支持网络是由正式支持系统和非正式支持系统组成的。正式支持系统是指政府、机构、组织以及社工、医生、律师等专业人士提供的支持;而非正式支持系统是指包括亲属、朋友、同事、邻居等非专业人士提供的支持。本案例采用访谈的方式对案主的社会支持网络进行有效评估,在充分了解案主正式支持系统状况的基础上,以案主的非正式支持系统状况为出发点,从案主自身、家庭、志愿者等方面设计策略和步骤,帮助案主链接社会资源,构建及增强其非正式社会支持系统的功能。

(3)对培养案主自助能力的分析。"助人自助"代表了社会工作的核心理念,社工小李(帮助者)希望通过指导和支持,增强案主(受帮助者)的自助能力,使他们在未来面对类似困境时,能够独立应对和解决。本案例中社工小李通过掌握的心理知识,在服务中引导案主抒发内心苦闷情绪,适当进行宣泄,同时予以案主希望,正向面对生活。例如,社会工作者会运用"认知行为理论"帮助案主王明找出自己潜意识中的"非理性信念"并给予纠正,再通过引导建立理性的认知和制订出具体方案,为生活注入希望。

2. 效果评价

(1)强调专业融合。社工在处理情绪支持类个案时,可运用理性情绪理论、认知行为理论,另外社工可学习一些缓解情绪的方法,如情感宣泄、音乐舒缓、游戏介入、园艺治疗、深呼吸减压等。社工可在做情绪支持类个案时,引导案主学习一些缓解情绪的方法,鼓励案主进行实际操作,从而了解案主的情感变化情况,有助于案主走出情绪阴霾,合理调整自我情绪状态,建立合理认知,完成情绪支持服务。社工掌握一定的心理知识,可在服务中引导案主抒发内心苦闷情绪,适当进行宣泄,同时给予案主希望,正向面对生活。

(2)强调互动合作。社会工作是社工协助有困难、需帮助的个体克服困难的过程。这并非社工单方面提供服务,而是与不同个体和群体合作、共同面对问题、分析原因、找到解决方案并走出困境。社会工作是与人交互的过程,社工与案主、环境系统之间的互动,可以理解为社工与他人共同努力的过程。社会工作在众多复杂问题上与案主及不同专业群体形成良好关系、互相配合,对解决问题至关重要。个案的需求多样且不稳定,同时案主的状态会经常变化,个人因素通常与案主家庭密切相关。在进行个案服务时,看似是对单个个体进行服务,实际上往往是涉及整个家庭的服务。由于家庭成员的认知水平、职业关系和对社工服务的接受程度各不相同,因此个案服务往往是一个长期而复杂的过程。在本案例中,社工小李充分融合心理咨询师、企业、社区居民、志愿服务队伍等资源,在不同专业群体的通力合作下促成了案主问题的转变与恢复。

(3)注重专业方法。专业方法指的是该行业特有的、通常需要专业教育和培训才能掌握的方法。社工小李从事的服务通常涉及复杂的援助工作,需要运用专业训练过的方法和技能来解决复杂问题。例如本案例中,社工小李针对案主王明的具体情况开展了个案工作,并在运用理性情绪理论、认知行为理论的基础上,运用情感宣泄、音乐舒缓、游戏介入、园艺治疗、深呼吸减压等情绪宣泄方法，帮助案主缓解情绪。同时，社工小李引导案主学习一些缓解情绪的方法，鼓励案主进行实际操作，帮助案主走出情绪阴霾，合理调整自我情绪状态，建立合理认知，完成情绪支持服务。

三、建议

1. 协助案主应对危机

在危机干预中，协助案主应对危机是非常重要的。社工需要帮助案主采取积极的措施来应对危机，如寻求支持、解决问题、调整心态等。社工可以协助案主制订行动计划，为其提供必要的支持和帮助，例如帮助案主寻找缓解情绪的方法，鼓励案主进行实际操作，合理调整自我情绪状态，建立合理认知，完成情绪支持服务，以便更好地应对危机。在协助案主应对危机时，社工需要注意自己的角色和职责，尊重案主的人格和隐私权，避免过度干预或代替案主解决问题。社工还需要与案主建立良好的沟通和信任关系，以便更好地了解其需要和存在的问题，并为其提供个性化的建议和支持。

2. 干预过程中提供情绪支持

社工需要让案主感受到被关注和被支持，帮助其缓解紧张、焦虑、恐惧等不良情绪。社工可以通过倾听、鼓励、安慰等方式来提供情绪支持，同时也可以采取一些放松技巧，如深呼吸、冥想等来缓解案主的情绪。在提供情绪支持和安慰时，社工需要注意自己的言行举止和态度，尊重案主的人格和隐私权，避免使用任何歧视性语言或行为。在危机干预中，提供信息和指导也是非常重要的。社工需要向案主提供相关的信息和指导，帮助其了解自己所面临的问题和困境，并为其提供必要的建议和支持。例如向案主提供相关的书籍、文章、视频等资料，或者为其推荐专业的咨询机构或医生。在提供信息和指导时，社工需要注意自己的用词和语气，避免任何误导性的语言或行为。

3. 监督和评估干预效果

在危机干预中，监督和评估干预效果是非常重要的。社工需要定期评估干预的效果和案主的进步情况，以便及时调整干预措施和服务计划。社工可以通过观察、交流、记录等方式来收集相关信息，并进行分析和评估。同时，社工需要为案主提供必要的支持和帮助，以便其更好地适应生活和恢复身心健康。社工可以采取多种方式来提供后续支持和服务，如定期回访、电话咨询、线上或线下支持等。在提供后续支持和服务时，社工需要注意自己的角色和职责，尊重案主的人格和隐私权,避免过度干涉或代替案主解决问题。

4.建立全方位的沟通机制

社工并不能靠单打独斗就可以把问题解决,达到帮助案主的目的,他需要与多个合作方相互合作,建立联系,以获得合作共赢的局面。所以,社工在帮助案主解决困难时,一定要建立全方面沟通机制,这为了解案主的情况和规划社工工作奠定基础。全方位沟通机制包括案主的微观层面,如案主自身;案主的中观层面,如案主的家人、学校、邻居、社区人员、企业等;案主的宏观层面,如案主所属街道民政工作负责人、志愿者等。

5.干预是介入的核心

虽然我们强调行动是介入阶段的中心,但介入形式可分为行动和非行动。其重点在于按工作计划行动,对案主及环境进行干预,达成改变案主态度或行为的目标。社工的介入手法有多种,比如社工小李常使用"沉默技巧"来让案主有时间思考,鼓励他们对社工小李的沉默做出反应。这种"非行动"干预本质上也是一种介入。

本章小结

突发事件会引发海员的应激心理反应,当应激心理反应得不到有效调适,可能会导致海员产生 PTSD。PTSD 是由突发、威胁或灾难性生活事件引发的精神障碍,其特征是延迟出现并长期存在,表现为再次体验创伤,并伴有情绪易激惹和回避行为。PTSD 若得不到有效的介入和治疗,会严重影响人的人格和心理状态。

将公共管理领域中的应急管理模式与社会工作的应急干预相结合,把多主体的互助网络运用到创伤后应激海员的应急干预中,有助于为创伤后应激海员提供专业的、有针对性的服务和帮助。应急管理模式与应急社会工作案主的行动目标、行动过程和价值理念具有契合性。在应急管理模式下针对创伤后应激海员进行干预时,要确保案主的安全,注重与案主建立良好的专业关系,发现隐藏现实问题之下的潜在问题,注重链接多方力量。

在干预过程中要注重专业关系、案主的社会支持网络、案主的自主能力。在效果评价中要注重专业融合、互动合作和专业方法。

第七章

活动干预模式——对退休海员社会融合的辅导

习近平总书记指出"经济强国必定是海洋强国、航运强国"。建设海洋强国,海员是重要力量。因此需要社会加大对海员的关注和保障力度,不仅要关注在职的海员群体,那些曾为我国航海事业做出贡献的退休海员也值得被重视。海员群体由于特殊的工作性质,长年在海上漂泊,远离陆地,导致其与社会脱节,退休海员更容易对退休后的生活感觉到无所适从,并且难以融入社会,进而产生焦虑、孤独、失落等负面情绪。这不仅会影响其生活质量,甚至会导致抑郁。针对这一情况,社会工作者可以运用专业的方法及时进行干预,帮助他们尽快适应角色的转变,消除消极的想法,充分融入社会,提高晚年生活的品质。本章所采用的方法为活动干预,活动干预是指针对一组有共同问题的成员设计并开展活动。在活动的过程中,通过各位成员的积极参与和配合,进而找到解决退休海员社会融合问题的最佳办法,实现成长与转变。

第一节 案例描述

一、基本情况

任某,56岁,刚刚退休,退休前曾是一名海员,现与妻子共同居住。任某习惯了多年在船上的生活,突如其来的角色转变使其一下子难以适应,每日情绪低落,经常与妻子因为一些琐事吵架。

任某把人生中大部分的时间都奉献给了远洋事业,长达数十年的海上生活造成了与妻子长期分居的局面,孩子们和他也不亲近。任某一直对家人心怀愧疚,他想要弥补却不知道如何去做,内心感到十分矛盾。任某由于性格比较内向,不擅长与人沟通,再加上船上半封闭的环境,导致他对社交一直处于逃避状态,退休后的大部分时间他都把自己关在家里。妻子想让他参与社区里为老年人举办的娱乐活动,也都被他以"我不想和人打交道"为理由拒绝了。多年的海上工作也使得任某患上了风湿类疾病,由于退休后有了更多的闲暇时间,任某会更关注自己身体的状况。他对自己身体的变化十分敏感,每日感到焦虑,还出现了食欲减退、失眠、易怒等症状。

离开了奋斗多年的岗位和并肩作战的同事,生活重心由职场转化为家庭,一下子使任某感到无所适从。他常常怀念以前的生活,也对自己产生了怀疑,认为自己失去了工作能力,也就失去了在家庭中的话语权,害怕由于身体的一些毛病,会使自己遭到家人的嫌弃,成为子女的负担。在这一思想压力下,任某相继产生失落、焦虑、孤独的情绪,并经常感觉身体不适,去医院检查却又没有发现什么大问题,这导致任某的家人十分担心,不知如何是好。

于是任某的子女找到了社会工作机构,希望能够借助专业的力量来帮助自己的父亲早日适应角色转变,回归正常生活,享受自己的老年时光。

二、问题分析与评估

社会工作者小孙在了解到该情况后,决定对任某的情况进行介入,经过慎重

第七章 活动干预模式——对退休海员社会融合的辅导

考虑,小孙将第一次会谈的地点选择在任某熟悉的家中。她进门时,能明显感受到任某对于自己来访的排斥,但任某还是选择了与自己一起坐下交谈。在小孙慢慢的引导下,任某逐渐地放下防备,打开了心扉,与她讲起自己的情况。三十多年的海上生活使他习惯了一个人,他表示一下子每天都和妻子生活在一起让他感到不适应,自己和妻子的生活习惯也有很多不同,二人为此经常吵架。当提到自己的子女,任某深深地叹了一口气,因为自己作为父亲的角色常年缺失,所以孩子们和自己也不是特别亲近,除了过年过节和自己生病住院,很少能有和他们交流的机会。在社工问到他觉得退休生活怎么样时,他的第一反应就是不适应,觉得哪里都不适应,不适应陆地上的生活节奏,也不适应与外人打交道,更会常常怀念以前在船上的日子。任某也和社工说到他其实也想参与社区为退休老人组织的活动,例如一起下棋、早上一起晨练等,但他总担心自己是新面孔而不被他们接纳,不知该如何加入。就这样,他只能每天待在家中,唯一的休闲娱乐就是看电视,一闲下来就胡思乱想,他也常常产生这样的疑问:"为什么自己期待已久的退休生活是这样的呢?"

带着此次访谈的记录,社工小孙回到了机构,经与其他几名社会工作者共同商讨,分析出了任某目前存在的问题并制订出了初步的干预计划。考虑到海员群体的特殊性,社工机构联系到了任某所在的航运公司,在航运公司的帮助下,社会工作者与多名退休海员取得了联系,经过访问发现他们也或多或少存在与任某类似的问题,于是小孙最终决定采用活动干预模式来帮助任某解决问题。

1. 存在的问题

(1)社会适应方面:角色转变困难,认为自己老而无用,自我价值感降低;社会互动能力下降,人际关系出现问题,长时间将自己封闭在家中,拒绝甚至排斥与人进行交往。

(2)情绪方面:过于关注自己的心理状况,时常感到焦虑,心理负担重,出现失眠、食欲减退、易怒等症状。

(3)家庭关系方面:与家人关系冷淡,家庭成员间缺少沟通和交流,缺乏子女的关心。

2. 干预目标

(1)帮助案主尽快适应角色的转变,摆脱社会适应困境。

(2)帮助案主提升人际交往能力,增强其社会参与意愿。

(3)为案主提供心理疏导,转变其错误认知,缓解其焦虑等负面情绪,调节心理状态。

(4)帮助案主获得家人对退休海员的理解和关怀,加强子女对案主的关心和照顾,增强案主与家庭的良性互动,营造良好的家庭氛围。

(5)尽量帮助其他活动成员消除问题或者预防类似问题的发生。

3. 干预阶段

(1)第一阶段:社会工作者与案主建立信任关系,使案主相信在自己和社会工作者的共同努力下可以改变现状;社工召集其他有相似问题的退休海员一起组建活动小组,尝试通过一次次活动来达到干预的目标;开展第一次破冰活动,增进小组内部的人际互动与交往,培养成员的人际交往能力。

(2)第二阶段:针对角色转变困难的问题开展活动,通过让退休海员分享自己以往在船上的经历,帮助成员认识到自身的价值,增强自我价值感,同时接纳自己已经进入人生下一阶段。

(3)第三阶段:开展心理调节方面的活动,增强对于退休的理性认识,彼此间抒发情绪,学习自我排解负面情绪的方法。

(4)第四阶段:开展包括组员家庭成员参与的活动,增进各位成员家庭内部的互动以及对于退休海员的包容与理解。

第二节

活动干预模式在海事社会工作中的应用

社工小孙在对有意向参与的退休海员进行深度访谈后,筛选出了七名对象,与本案的案主任某一起组成活动小组,对他们进行活动干预。

第一阶段:建立信任,提升人际交往能力

活动计划表如表 7-1 所示:

第七章 活动干预模式——对退休海员社会融合的辅导

表 7-1 活动计划表

主题	目标	内容
关系建立	(1)社工与组内成员建立信任关系； (2)帮助组员树立改变现状的信心	社工小孙进行自我介绍并详细地向大家说明本次活动的主题和目的,使大家相信能够凭借自己的努力来改变现状;同时呼吁大家不要紧张和拘谨,把本次活动当成退休后的一次交友活动,享受活动的过程
人际交往	(1)增进组内的人际交往与互动； (2)提升成员社会参与意愿； (3)提高成员社会交往能力	(1)破冰游戏:社工小孙安排小组成员围成一圈,拿出事先准备好的道具,紧接着播放音乐,成员们按顺时针方向传递道具,音乐暂停后,手中持有道具的成员开始进行自我介绍,包括自己的年龄、兴趣爱好、退休时间以及退休前在船上的职位等个人信息,时间控制在一到两分钟内； (2)小组讨论:初步认识后大家自由交谈,在轻松自由的氛围中增进交往与互动； (3)沟通技巧训练:社工小孙向成员介绍包括倾听、语言表达、非语言沟通等常用的沟通技巧

活动总结:活动刚开始时,几位成员还表现得比较害羞和拘谨,只是按照社工小孙的提问进行了介绍,不愿过多地进行自我表露,相互之间的沟通也比较少。对于这一现象,社工小孙并没有指责他们,而是采用鼓励和引导的方式帮助大家尽可能多地表达自己,并且带领大家对发言的成员给予支持。随着活动进程的推进,成员们的紧张感和陌生感有所缓解,大家开始慢慢地放下防备,彼此之间的互动交流增多。通过本次活动,小组成员打破了长期没有进行人际交往的局面,提升了社会参与意愿并掌握了人际沟通技能,活动目标基本实现。

活动结束后,社工小孙对小组成员就此次活动的感受进行了访问,大部分成员都表示对这类活动非常感兴趣,与自己处境相似的新朋友相处,觉得自己不是孤立无援的,并表达了十分期待下次的活动。

谈话片段1:

社工小孙:第一次参加这样的活动,您的感受如何呢?我很想了解您对这次活动的整体看法,是否觉得这样的活动形式和内容对您来说有意义?(社工想要深入了解案主对首次参加活动的真实感受。通过询问案主对活动的整体看法,来评估活动是否达到了预期的效果,以及活动是否满足了案主的需求和期望。这种了解有助于社工更好地测评活动的效果,并为后续活动的改进提供依据。)

案主任某:嗯,说实话,一开始我还有点紧张,不太敢和大家交流。但是老张真是个热心肠,他一上场就把气氛活跃起来了,我一下子就觉得放松多了。听大家纷纷发言,我才了解到原来大家退休之后都或多或少有些困扰和烦恼,不只是我一个人这样。这让我心里的焦虑感减轻了不少,也感觉与大家的距离近了很多。更令我惊喜的是,我还遇到了以前一起共事过的同事,真没想到会在这里碰到他。他以前是我的上级,工作时总是那么严肃,我们并没有太多交流。但这次活动让我看到了他私下的生活状态,原来他和我也有很多相似之处。因为以前就认识,所以我们很快就拉近了关系,聊天时还发现我们竟然有很多共同话题,真是难得。(表达了案主在参加活动时经历的心理变化和人际交往的积极体验。)

社工小孙:听您这么说,我真的很开心!这次活动不仅让您放松了心情,还让您遇见了老朋友,更收获了新朋友。除了他之外,您还认识了其他新朋友吗?(社工想要了解案主与陌生人的交往状况,这也是判断活动成效的一个重要方面。)

案主任某:嗯,我跟在场的几位新朋友都打了招呼,虽然现在还记不全他们的名字,但我们都加了微信,还一起建了个微信群。大家都商量着以后没事可以多聚聚,一起聊聊天,分享一下生活点滴。我觉得这次活动真的很成功,不仅让我有机会认识这么多有趣的人,还让我感受到了大家庭的温暖。(描述了案主通过参加活动所获得的人际交往成果和情感体验。)

社工小孙:太好了!看到您这么开心,我也感到非常高兴。别忘了下周的活动,我们期待与您的再次相聚!(表达了社工对案主积极情绪状态的喜悦和认同,同时也传递了对未来活动的期待和邀请。这有助于增进社工与案主之间的关系,促进双方未来的互动和交流。)

第二阶段:帮助完成角色转变

活动计划表如表 7-2 所示:

第七章 活动干预模式——对退休海员社会融合的辅导

表7-2 活动计划表

主题	目标	内容
回忆往事,重拾个人价值	帮助成员认识到自身的价值,增强自我价值感	分享往事:社工小孙让大家回忆自己以往在船上比较难忘的经历或令人骄傲的事情,然后轮流与大家分享。在此过程中其他成员积极互动,社工也给予正向的回应,肯定成员过往的表现,提升他们的自我价值感,并借此鼓励大家相信自己有能力去适应退休生活,适应角色的转变
角色转变	帮助成员尽快适应角色转变,摆脱社会适应困境	小组讨论:每个成员就自己退休生活的不适进行发言,在每个成员发言完毕后,社工引导大家讨论如何积极地应对,完成角色转变

活动总结:通过本次活动让成员们回忆过去来增强大家对于自身价值和能力的认同。同时帮助大家认识到每个人都会经历角色的变化,这个变化是不可避免但又是正常的,大家需要做的就是放平心态,理性地接受并且积极主动地适应。活动过程中大家积极配合参与,活动效果良好。

谈话片段2:

案主任某:我最骄傲的就是这么多年的航行没有出过一次安全事故。在船上工作,危险无处不在,我曾亲眼见到过同事的手被机器瞬间截断、被蒸汽烫伤,生命危在旦夕不得不请求直升机援助。在工作中一次不恰当的操作不仅会对船舶有所影响,还会对自己和同事的生命安全造成威胁。现在回想还是很庆幸自己能一直保持安全意识,不断完善自己的操作技能,实现了职业生涯零失误。(强调了案主对自己在航行职业生涯中保持安全纪录的骄傲和自豪。)

老王:想想自己在船上的日子,真是艰苦又快乐。白天要检查和拆装机器,晚上还得到机舱看说明书或者找管路,一晃一天就过去了,就这样自己的专业知识也慢慢地积累了。但是每天工作压力还是挺大的,因为船上那些机器只有时刻保持良好的运转状态才能保证航行的安全。我印象最深的还是在热带地区,天气本来就炎热,再加上机器运作产生的热量让自己觉得身体像被火烤了似的。但只要全身心地投入工作,我就感受不到热了,一心只有解决机器的问题,当时只想着得尽快维修好才能不影响航行安全,只有把机器完全修理好才能安心休息。当机器可以正常工作时,自己终于松了一口气,那时的心情也许只有亲身经历过才能体会。(展现了老王在船上工作的艰辛与快乐,以及他对工作的专注和责任感。)

老李:我印象最深的还是去苏丹的时候碰上了海盗。船长知道要过海盗区所以提前准备好了用啤酒瓶装的稀料,由于海盗开的小船速度很快,还是让他们从船尾上来了。当时我们一边用消防水冲,一边用啤酒瓶砸海盗,因为他们都是光着脚的,所以也不敢过来,最后要了几条烟走了,现在想想还后怕呢!(老李描述了自己的惊险经历,并突出了他们如何机智应对并最终成功脱险。)

社工小孙:很感谢大家的分享,我也是第一次听到这么精彩的经历,感觉很震撼,相信各位听了彼此的分享之后也会有一定的感触,谁能和大家交流一下呢?(社工对成员们的分享表示由衷的感谢和赞赏,体现了对小组成员的尊重和认可,社工的提问"谁能和大家交流一下呢?"实际上是在邀请其他成员积极发言,进一步推动交流活动的深入进行。这种提问方式有助于打破沉默和尴尬,让更多的成员有机会参与到讨论中来,共同分享和学习。)

老张:听了大家说的一下子又好像回到了自己还在船上的日子,几乎每一个自己都经历过,当时没觉得有什么,现在想想真觉得自己了不起。以前那么危险的事都经历过了,现在看生活中的这些事突然觉得也没什么了。(展现了老张对过去艰难时刻的重新评价和积极的心态转变。他通过回忆和对比过去和现在的经历,认识到了自己的勇气和坚韧,并以更加乐观和豁达的心态来面对未来的挑战。)

案主任某:看来大家以前都是经历过大风大浪的人,以前在船上真的是不容易,环境不好还有危险。现在退休了,我也想开了,就得好好放松放松,弥补自己以前错过的休闲时光,好好地享受生活。(表达了案主对于退休生活的积极态度和心态的转变。他意识到现在不再需要面对以前的那种紧张和压力,可以更加放松地享受生活了。)

社工小孙:大家能这么想就对了,其实退休也没什么,只不过是进入了人生的下一个阶段嘛。听了大家的分享我觉得各位都具备顺利完成角色转变的能力,希望这次活动能对大家适应角色变化有所帮助,也希望大家能早日真正地适应退休生活!(社工对成员们对于退休的积极态度给予了肯定和鼓励,并进一步强调了退休只是人生的一个新阶段,而非终点。社工通过指出成员们具备顺利完成角色转变的能力,传达了对他们的信任和信心。同时,社工也表达了对活动效果的期望,希望这次活动能够帮助成员们更好地适应退休生活的角色变化,激发成员们的内在动力,使他们更加积极地面对退休生活的挑战和机遇。)

第三阶段:调节情绪,增强对于退休的理性认识

活动计划表如表7-3所示:

表7-3 活动计划表

主题	目标	内容
心理调节	缓解焦虑等负面情绪,调节心理状态	游戏互动:社工小孙给每个成员都发放了纸和笔,让他们写下自己上一周都干了什么、最近的心情如何、退休后有哪些不适应的地方以及期望自己在哪方面有所改进。随后把写完的纸与周围同伴交换,成员在与自己情况类似的地方打钩,如有自己的看法也可以在旁边标注。几次交换之后,社工将纸回收,依次在投影下展示,大家共同讨论,为每个人的问题提出解决办法。同时社工找出大家共同存在的心理上的问题,使问题外化,引起所有成员的共鸣和讨论
理性认识退休	转变成员对于退休的错误认知,增强对于退休的理性认识	座谈会:社工小孙邀请心理学专家为成员们开展主题为"正视退休"的座谈会。专家的分享能为大家进行心理疏导,让成员们明白有情绪是正常的现象。大家应该理性地看待伴随退休而产生的负面情绪,不能被情绪控制,积极寻找摆脱负面情绪的方法。成员们也可以就自己的困惑与专家进行交流,专家给予有针对性的建议,帮助各位成员掌握自我调节的方法

活动总结:活动过程中各位成员积极发言,就自身以及他人的问题发表看法,耐心倾听社工以及专家的建议,并就自己的问题与专家展开讨论。本次活动不仅帮助成员认识到了由退休而导致的情绪问题,同时也能帮助大家掌握管理和调节情绪的方法。最后社工呼吁大家正视现在的生活状态和环境,理性认识退休,并再次对小组成员进行访谈以检验此次活动的成效。

谈话片段3:

社工小孙:对于这次活动,您的感受如何呢?(社工希望深入了解成员对本

次活动的真实感受和评价,获取关于活动效果、活动内容等方面的真实反馈,从而了解活动是否达到了预期目标,是否满足了成员的需求和期望。)

案主任某:以前也知道自己的情绪问题是由于不适应退休生活产生的,但是自己没有人能够倾诉,并且看着与自己一起退休的同事们每天生活多姿多彩的,只有自己有这样的问题,也不好意思和他们说,怕被他们笑话,只能自己每天瞎琢磨,觉得自己是不是有什么心理问题。今天听了专家的讲解,一下子通透了,原来这是退休后普遍存在的问题,不仅我有,大家也一样,以后得多和大家交流交流,可不能因为面子讳疾忌医。(案主通过专家的讲解,认识到了退休后普遍存在的问题,并决定改变之前的态度,积极与他人交流,共同面对和解决问题。这体现了他对更好的退休生活的向往。)

老张:通过这次活动才知道原来不止我一个人这样,我还奇怪呢,明明自己是个挺外向乐观的人,每天也买买菜遛遛狗的,但就是有时候会心情不好,原来这就是不适应退休生活的表现啊!多亏了这次活动,听了专家的话一下子知道问题出在哪儿了,自己也学到了一些调节的方法,等这次回去我就试试。(老张通过参加这次活动,对自己的情绪问题有了新的认识,并获得了解决问题的方向和方法。)

社工小孙:通过这次活动您学到了哪些能够调节退休带来的负面情绪的方法呢?(社工想要了解成员通过本次活动所学习到的调节退休带来的负面情绪的具体方法。)

案主任某:专家说了,要多跟人沟通交流,不能把不好的情绪一直憋在心里。以前没人理解自己,也没人可以倾诉,现在好了,认识了大家,以后可以经常在微信群里聊聊天,等到又有想不通的时候,在群里和大家聊聊,相互开导一下,把负面情绪发泄出去。(案主任某通过专家的建议,意识到了沟通交流对于缓解不良情绪的重要性,并表达了他对于未来与大家交流、相互开导的期待和信心。)

老张:我觉得可以每天给自己找点事做,分散一下注意力,人闲着就爱胡思乱想,得让自己忙起来。最好是别老天天待在家里,多出去溜达溜达,换换环境。你像我本身就爱好广泛,每天都去公园锻炼,还爱钓钓鱼什么的,有时候我自己也怪无聊的,这下好了,认识了这么多老兄弟,我们都约好了下次一起去,人多热闹,有时候大家一起聊聊家长里短的,心情还能好点,也没空去想那些乱七八糟的事了。(老张向其他人介绍了如何充实退休生活、缓解孤独感和无聊情绪的方法。他强调了积极的生活态度的重要性,并鼓励其他人尝试新的活动和环境来丰富自己的生活。同时,他也表达了与大家共同活动的渴望和喜悦,认为这是缓解孤独感和无聊情绪的有效途径。)

社工小孙:看到大家能够理性看待退休带来的负面情绪,掌握调节情绪的办法真是太好了!希望大家日后能够及时关注到自己情绪的变化,在有负面情绪出现的时候运用今天所学的方法来进行调节,不要任其发展,损害自己的身心健康。(社工对成员们能够理性看待退休带来的负面情绪,并且掌握调节情绪的方法表示了肯定和赞赏,强调了及时关注自身情绪变化的重要性,并鼓励参与者在负面情绪出现时运用所学的方法进行调节,以避免情绪损害身心健康。)

第四阶段:增进家庭内部互动,提升家庭成员对退休海员的包容与理解

活动计划表如表7-4所示:

表7-4 活动计划表

主题	目标	内容
增进家庭内部互动,改善家庭关系	增进家庭内部互动,提升家庭成员对于退休海员的包容与理解,营造良好的家庭氛围	(1)社工开场:本次活动邀请各位退休海员的家属共同参与。通过社工小孙进行自我介绍以及本次活动的主题和目的来进行开场,带领成员一同回忆和总结前三次活动的内容。 (2)游戏:社工小孙以家庭为单位,为大家分发纸和笔,让每个人用一个词来形容与家庭成员的关系,然后轮流上前发言解释原因。通过发言获得家庭成员之间对于彼此的真实想法,并澄清误会,改善关系。 (3)家庭代表发言:社工小孙邀请家庭氛围和谐的家庭成员代表向大家分享自己家的相处模式以及遇到问题时的应对方法,希望通过分享能让其他家庭有所感悟并学习。 (4)了解海员:社工小孙向大家详细介绍海员的工作内容、他们每天的生活环境以及长时间出海可能会产生的问题。希望能让各位家庭成员更深入地了解海员工作的特殊和不易,呼吁大家对退休海员给予更多的包容与理解,多多表达对退休海员的关心,多与他们交流,给他们时间,让他们尽快适应陆地生活

活动总结：通过交流与分享，各位退休海员拉近了自己与家庭成员间的距离，各位家属也表达了对退休海员的理解，各家庭之间的氛围融洽，互动增加。作为本次干预的最后一次活动，社工小孙对大家这段时间的配合和参与表示感谢，并对大家的改变做出肯定。希望大家能够在日后继续保持，互帮互助，一起度过美好的晚年生活。

谈话片段4：

社工小孙：通过参加前三次的活动，大家发现自己的家庭成员有哪些改变呢？（了解成员改变情况。）

案主任某的妻子：能感觉到他最近心情还不错，不像以前抓住一点小事就和我吵，而且认识了这些新朋友之后，经常出去参加各种活动，不每天待在家里胡思乱想了。（案主的妻子观察到他最近心情的积极变化，以及这些变化与结识新朋友和积极参与活动之间的关联。）

老张的儿子：我爸每天的生活越来越充实了，有时候还怕他孤单给他打个电话问候一下，谁知道他正和老兄弟们一起在公园里散步呢！（展现了老张儿子对父亲退休后生活的观察和感受，凸显了老张生活状态的积极转变和充实程度。）

老王的妻子：没想到他一把年纪了还能认识新朋友，没事的时候就看见他拿着手机和大家聊天，笑得别提多开心了。而且他们几个住得近的每天还约着早上一起去市场买菜，给我省了不少时间让我去跳广场舞呢！（展现了老王退休后社交生活的积极变化，以及这种变化给老王和他的妻子带来的积极影响。）

社工小孙：很高兴能听到大家有了这些改变，这与各位的积极配合是密不可分的，希望大家能够继续保持。（社工对参与者家庭发生积极的改变表示肯定和赞赏，肯定参与者的努力和付出，进一步激发了他们的积极性和自信心，鼓励他们继续保持这种积极的态度和行为。）

谈话片段5：

社工小孙：您选择什么词来形容您与您的家庭成员之间的关系呢？（社工在尝试了解并评估案主与家庭成员之间的关系状态。）

案主任某的女儿：我选择的是"冷淡"，原因是从小父亲就不在自己身边，

第七章 活动干预模式——对退休海员社会融合的辅导

一年也见不到他几次,每次只有父亲休假的时候才能感受到父亲的陪伴,但是没过多久他又出海去了。长此以往,自己有什么事情或者想法只能和母亲说,和父亲的关系也越来越一般。长大之后和父亲的交流就更少了,但是自己也是很爱他和关心他的,就是不知道怎么开口,不好意思表达。(揭示了案主的女儿与父亲之间冷淡的关系及其背后的原因,同时也表达了她对改善这种关系的渴望和期待。)

老李的妻子:我俩就是矛盾不断,以前大部分时间都是我自己生活,他偶尔回来也没感觉有什么,这退休之后天天待在家里,给家里弄得乱糟糟的,让他收拾他也不收拾,晚上睡得也晚,一直看手机,我睡着了也老被他吵醒,跟他说了他也不改,几乎天天都得吵上几句。(反映了老李退休后与妻子在共同生活中出现的矛盾和冲突,以及这些矛盾对两人关系的影响。提示了双方需要更加关注彼此的需求和感受,通过有效的沟通和理解来化解矛盾,共同营造和谐的家庭氛围。)

社工小孙:听完大家的发言我发现除了几组家庭成员的关系比较和谐、家庭氛围比较好之外,大部分家庭存在家庭成员之间互相缺乏沟通和理解的问题。那么针对这一问题,我们有请家庭氛围比较和谐的成员代表向我们分享一下自己家的相处模式以及遇到问题时的解决方法。(社工通过对参与者发言的总结和观察,发现了大部分家庭普遍存在的问题——家庭成员之间缺乏沟通和理解。针对这一问题,社工巧妙地引导家庭氛围比较和谐的成员代表分享他们的相处模式和问题解决方法,以便为其他家庭提供借鉴和参考。)

老张的儿子:谁家还没点矛盾了,出现问题不可怕,关键在于如何解决。虽然有时候父亲的行为让我不理解,但是老人嘛,开心就行了,只要他想干我们就支持他。的确因为父亲工作性质的原因,自己以前和父亲的交流比较少,但是他毕竟是自己的父亲,该表达的关心还是得及时表达,免得以后后悔。(展示了老张儿子对家庭矛盾所持的积极、理解和包容的态度,以及他对家庭关系维护和沟通的重视。他愿意为解决家庭矛盾付出努力,同时也强调了及时表达关心的重要性。这种态度对于维护家庭和谐、促进家庭成员之间的沟通和理解具有重要意义。)

社工小孙:我觉得他说得非常有道理,相信也引发了大家的思考。请大家结合一下自己的家庭情况,想想有时候是不是可以避免一些矛盾的发生呢?希望大家日后都能向老张家学习!(社工肯定并推广和谐家庭的相处模式,引导参与者反思自己的家庭情况,激发他们改善家庭关系的积极性,并鼓励他们向榜样学习,共同营造和谐幸福的家庭氛围。)

第三节 评析

老年群体首先要面对的问题之一就是退休生活的不适应,退休是人们从中年期迈向老年期的一个关键节点。在这一过程中,退休人员很容易出现因角色转变而导致的适应不良问题。海员作为特殊工种,其退休年龄要比正常退休年龄稍小,早早地退休再加上长期的海上生活,使得这类群体更容易出现退休后的社会适应问题。长时间的海上工作会使得他们在退休后重返陆地时产生不适感和疏离感,原有的社会支持网络变得不稳定,造成社会融入困难。目前,有越来越多的人选择海员这一职业,退休海员的数量也在逐年上升,作为我国海洋强国的建设者和参与者,退休海员的社会适应问题值得我们关注,也需我们及时去解决。

一、理论分析

1. 理论依据

活动干预作为社会工作干预的一种有效方式,其效果的发挥需要有一定的理论支撑,为干预活动奠定基础。

(1) 小组动力学理论

小组动力学理论由社会学家勒温提出,该理论旨在说明小组成员在小组内的一切互动过程与行为现象。勒温强调,小组是一个动力整体,每个部分的变化都会对整体产生影响,所以应该把小组的每个部分放在整体中进行研究。小组动力学理论强调了小组内部成员之间的相互关系和相互作用,当个人进入小组时,个人的行为就会受到小组所形成的"场域"的影响,这个小组内的"场域"由全体小组成员相互作用而产生。在活动开展的过程中,成员之间的关系以及相互的交流是十分重要的,这种互动和交流可以促进成员之间的理解与信任,增强活动小组的凝聚力和向心力。此外,小组动力学理论还强调了小组与外部环境的互动。因为共同需要而组成的活动小组不是封闭的、静止的,实际上他们与外部环境之间有着各种联系和互动,例如退休海员活动小组的成员可能有着不同的社会背景,他们的生活环境、生活方式、价值观也都会存在不同。如果社会工作者能够积极正确地引导、增进小组成员间的交流,形成良好的小组凝聚力,成员之间就会互相影响,强化改变,达成活动的目标。

（2）社会支持理论

社会支持理论起源于19世纪末法国社会学家迪尔凯姆在《自杀论》中的研究,他认为自杀率与自杀人员社会联系的紧密程度有关,后来该理论得到社会工作界的运用和发展。社会支持理论是指个人通过社会网络来获得情感支持、物质援助等资源,进而缓解自身压力、促进自身发展。在社会支持网络中,个体可以通过伙伴、社会网络、社区来获得资源和支持。这些支持既包括提供物质援助等实际性支持,也包括情感慰藉、信息交流等表达性支持。该理论强调,每个人都拥有社会支持网络,或强或弱,这种支持能够在个体面对问题时提供相应的资源,解决问题,并提高个人的能力。由于退休后海员群体的生理、心理、社会角色和社会交往发生了变化,他们通常不适应退休后的家庭和社会生活,产生社会适应问题。基于此,活动干预模式主要针对有社会融入困境的退休海员,帮助他们建立朋辈群体之间的支持,通过一次次活动来建立成员之间的合作互助关系,帮助成员们解决当前的问题并建立日后的支持网络。

（3）活动理论

活动理论属于功能派的观点,它最早是由苏联学者维果茨基提出来的。活动理论认为老年人的生活满足感与活动之间有着积极的联系。能够良好地适应老年生活的人是能够保持活力、仍然参与社会活动的人。该理论认为,活动水平高的老年人更容易感到生活满意并且更加能够适应社会。退休后的老年人可以找到其他兴趣爱好来代替工作,用新环境中的人来代替旧友。因此主张老年人应通过新的参与、新的角色来改善自己由于社会角色中断所引发的情绪低落,用新的角色来替代因退休而失去的角色,在社会参与中重新认识自我,从而把自身与社会的距离缩到最小。对于退休海员这一群体来说,社工组织的活动就是为他们搭建了一个新的社会参与的平台。在活动中,社会工作者鼓励这些退休海员们积极地参与社会生活,在与小组成员的交往中获取新的社会角色,进而完成角色转变和社会适应。

2. 活动干预的技巧

活动干预模式从优势视角出发,一般选取有共同问题或者需要的成员组成一个活动小组,在几次层层递进的活动参与中,在成员们的互动与社会工作者的引导下,小组成员们能够有效地解决个人问题、适应社会环境、激发个人潜能、实现自身的成长。要想有效地开展活动,实现活动干预,掌握一定的技巧对于取得成功至关重要。

(1)沟通与互动技巧

对于海员这一特殊群体,沟通与互动存在于活动开展的每一个阶段。首先,在活动开始前,社会工作者需要特别关注海员的工作性质和生活环境,招募适合参与活动的小组成员。海员长期在海上工作,与家人和朋友的交流受限,因此,与他们建立信任关系显得尤为关键。在与潜在成员交涉时,社会工作者需要充分考虑到他们的职业特点和心理需求,让他们感受到关爱和支持。社会工作者可以通过分享对海员工作的理解和尊重,以及提供相关的帮助和支持,来增进与他们的关系。在建立关系的过程中,社会工作者需要尊重每一位成员的独特性,了解他们的个性、兴趣和需求。通过与他们进行充分的交流,确认他们的问题与需要,为后续的活动开展打下坚实的基础。在活动进行中,成员之间、成员与社工之间的沟通与互动也十分重要。有效的互动交流能够打破隔阂,增进彼此的了解和信任,从而增强活动小组的凝聚力。因此社会工作者需要引导成员们养成良好的沟通习惯,学会倾听、表达、相互理解和相互回馈。社会工作者需要掌握的沟通技巧包括:积极倾听、适当保持沉默、自我披露、问询、鼓励发言、反映情感、及时总结和反馈等。

(2)支持技巧

在活动过程中,针对海员这一特殊群体,社会工作者需要为小组成员提供情感性支持让他们感受到被关爱、被尊重,并坚信自己有能力面对和改变生活中的挑战。海员长期在海上工作,可能面临孤独、工作压力以及与家人长期分离等问题,社会工作者需要通过温暖的互动和关切的询问,让海员们感受到他们并不孤单,他们的感受和需求都被重视。除了情感性支持,社会工作者还需要为海员提供实际性支持,如建议、资源、信息等,帮助他们解决问题。参加活动小组的成员都有着共同的问题和需要,他们期待能够从活动中获得社会工作者以及小组成员的支持。社会工作者因为专业优势,掌握各种支持的技巧,例如表达同理心、积极倾听、专注和鼓励等。同时,社会工作者也拥有丰富的资源,可以在成员有需要的时候为他们提供实际的帮助。在海员活动小组中,成员之间的支持也是活动能够取得成效的关键。他们的生活环境以及性格特点都有所不同,在活动中社会工作者会鼓励大家仔细发现每个人身上的长处并学习。在活动中成员们建立的关系也可以运用到活动之外,成为彼此的社会支持网络,在日后遇到问题时共同商讨解决并相互支持。

(3)评估与反思技巧

在每一次活动结束之后,社会工作者都需要及时地与成员们进行沟通,获得关于本次活动的反馈,评估本次活动的效果。评估结果可以反映本次活动的成效与不足,为后续的活动开展提供经验。对于海员这一特殊群体,评估的方法可以是灵活多样的。社会工作者可以发放问卷,让海员们在活动结束后填写,以收集他们对活动的意见和建议。同时,考虑到海员的工作特点,访谈也是一种非常有效的评估方式,与他们进行面对面的交流,可以深入了解他们对活动的看法和感受。在评估过程中,无论是正式的询问还是非正式的交流,社会工作者都要确保给予成员充分的表达空间,尊重他们的想法与感受。通过评估,社会工作者不仅能够判断活动的成效和目标的达成情况,还能获取宝贵的信息反馈,为后续的干预计划提供指导。

此外,评估还能够为小组成员提供一个表达自己对活动小组看法的机会,同时提高社会工作者的工作能力和水平,及时调整下次的活动,为日后这类干预活动提供参照和改进方向。

社会工作者在使用这些技巧时,也要遵守一些注意事项。首先,社会工作者要尊重每个组员的独特性和特殊性,把他们当成独立的个体。尽管活动小组的成立是为了共同的目标,但是每个人的具体情况不同,因此可能有的成员会有自己特殊的问题和需要,这就需要社会工作者及时地关注和应对。其次,在活动开展过程中,社会工作者需要保持高度的敏锐度和耐心。活动小组的成员可能由彼此熟知的群体组成,也可能由以前毫无交集的陌生人构成,因此在活动刚开始的阶段很容易产生矛盾和冲突,如果社会工作者不能妥善地处理,则会给后续的活动开展带来很大的困难,影响活动的成效。最后,社会工作者需要不断地学习,提升自己的专业能力。活动干预所选取的活动内容并不是随机和盲目的,而是社会工作者根据活动小组的目的和需要,结合成员的特点精心定制的。此外,每个活动也不是独立和割裂的,活动与活动之间是层层递进、紧密相关的。因此需要社会工作者不断增加知识技能储备,提高专业能力。

3. 活动设计的技巧

(1) 紧扣干预目标

在对海员群体的活动干预中,每次选择的活动都不是盲目的,而是要紧紧围绕本次干预的目标来设计,开展活动只是完成干预的手段和载体。因此社工在设计每一次的活动时都要充分考虑干预的目标,同时也要注意活动与活动之间的逻辑和内在联系。例如初次活动,针对海员的特点,社会工作者可能会选择一些轻松愉快的破冰活动,如自我介绍、分享航海经历等。这些活动的目的不仅是促进成员们之间的熟悉和了解,还有助于消除他们的紧张情绪,让他们更加放松地参与后续的活动。同时,通过这类活动,社会工作者也可以更好地向成员们介绍本次干预的目标,激发他们参与活动的意愿和信心。在整个活动干预过程中,社会工作者需始终紧扣干预目标,确保每一次活动都能够为实现目标服务。通过这样的设计和实施,社会工作者能够更好地帮助海员们解决问题、提升能力。

(2) 考虑成员的特点和能力

社会工作者在设计活动时,要全面充分地考虑海员独特的生理、心理特点,了解他们所处的生活环境以及社会关系情况,同时也要询问每个人关于活动干预的看法和对活动的期待。此外,社会工作者也要发现每个海员的长处和优势,并在活动设计中充分发挥他们的优点,提高活动的参与度和成效。综合考虑以上因素,设计出有针对性的、在成员的参与能力范围之内的活动,能够保证干预的成效。

(3) 注重互动与交流

每次针对海员的活动,都不仅仅是简单地完成一个任务,也不是社会工作者单向的信息传递。一次成功的活动开展需要每一位成员的积极参与和投入。社会工作者在活动中扮演着引导者和协调者的角色,鼓励成员们积极分享自己参加活动的感受、从中学到的启示以及自己以往的经验。同时,成员之间的互动与交流过程也是活动小组凝聚力增强的过程。

4. 活动干预的步骤

(1) 建立活动小组

社会工作者可以选择那些具有共同问题和需求的海员来组建一个活动小组。这些海员可能面临着相似的挑战,如与家人分离、工作压力大、缺乏社交等。社会工作者也可以选择现成的海员群体作为活动小组的成员,例如一个船上的海员、一个港口城市的海员社区等。这些现成的群体已经具有一定的凝聚力和共同目标,更容易形成一个有效的活动小组。在对有意向参加的海员进行深度访谈后,社会工作者需要进行专业评估,确保活动小组可以正常运行。

(2)确认活动干预的目标

完成对活动小组成员的招募后,就要明确活动干预的目标。目标的确立是一个十分重要和关键的步骤,直接关系到活动干预的效果。社会工作者在确立干预目标时要遵循包括明确性、可测量性、可实现性以及共享性的原则。让每次活动的目标都清晰明了并且被所有成员共同接受,使他们愿意为之付出努力并相信能够凭借自己的力量实现。

(3)设计并开展活动

根据设计好的干预目标,社会工作者就要开始设计有针对性的活动,同时考虑活动的方案、场地、设施、经费预算、活动的规模、时间分配、活动的预期效果以及活动中可能出现的意外事件的处理预案等内容。在活动开展中社会工作者需要和成员们做好沟通和协调,鼓励他们积极参与到活动中来,同时与各方进行交涉,做好资源的整合工作。

(4)后续的评估与跟进

在几次活动结束后,社会工作者需要及时进行评估来了解本次干预的成效,包括对活动方案的执行情况、目标的完成情况以及成员和家属的满意度几个方面进行评估,常用的方法包括访谈法和问卷调查法等。此外,活动的结束并不意味着本次干预的结束,社会工作者要及时地跟进,做好跟踪服务。社会工作者可以通过家访、电话、集体会面等形式,及时了解案主的情况,发现问题,确保本次干预能够真正地帮助到案主。

二、干预过程分析与效果评价

本案例讲述的是社会工作者运用活动干预模式对案主任某以及与他情况类似的退休海员进行干预的整个过程。下面对本次干预进行具体的分析。

1. 干预过程分析

(1)对第一阶段的分析。作为此次干预的第一次活动,除了案主任某与他之前的一位同事认识之外,其他成员彼此之间都是第一次见面,所以成员之间存在着一定的陌生感,这就需要社会工作者发挥积极的主导作用来完成小组成员之间的关系建立。例如在本案例中,活动的开始就是社工小孙的自我介绍环节。通过小孙的自我介绍,成员们之间的距离一下拉近了,他们了解到了此次干预的目的,从而达到建立信任与合作关系的目的。此外,活动设计要考虑到退休海员的生理和心理特点。社会工作者与小组成员在年龄、经历、学习能力、反应能力等方面都存在一定的差异,有些社会工作者觉得通俗易懂的规则可能在他们看来难以理解和接受,因此社会工作者在讲解规则时要放慢语速,避免使用专业化的词汇,尽量使语言通俗易懂。在本案例中,由于考虑到退休海员们的生理特点,社会工作者选择的都是较为平和的活动,例如传道具自我介绍、社工介绍沟通技巧等。这不仅可以避免有些体力游戏成员们因做不到而产生失落感的现象出现,同时也能保证活动的效果。

(2)对第二阶段的分析。有研究表示,自我效能感在社会适应和自我价值感中起到中介和调节作用。因此在活动的内容设计上,社会工作者通过让成员们回忆并分享自己在船上的经历,强化成员对自己能力的认知,使成员认识到自身价值并最终适应角色的转变。例如在"谈话片段2"中,成员们分享自己在以往工作中有价值的经历,使每一位退休海员在发言中都能够看到自己的能力,逐渐地提升自我效能感,最终提升自身的价值感。在这一过程中社会工作者的引导也十分重要。本案例中,每一位成员在发言结束后,社会工作者都会鼓励大家积极互动、自由讨论,找出现在生活和以前生活的不同之处,在他人的经历中了解到别人是怎样应对问题的,自己是不是也能用这种态度来应对问题,重塑信心。

(3)对第三阶段的分析。经过了前两次的活动,活动小组成员已经能够围绕活动目标形成较为理想和固定的沟通模式。在该阶段的活动设计上,社会工作者主要安排了心理调节方面的活动,希望成员们能够在与彼此的沟通交流中抒发情绪,获得对于退休的理性认识。在本案例中,社会工作者通过采用成员们集体讨论的方法,让他们各自的问题外化并尝试凭借自己的力量来共同解决。社会工作者在其中只是起到一个辅助和引导的作用,使用话题聚焦技巧,对组员的发言进行澄清和总结,使成员的表述更加准确并且在话题偏离时及时引导回归重点。此外,本次活动中还引入了专业人士的力量,专家的加入大大地提升了本次活动的专业性,能够更好地帮助成员们调节负面情绪,理性认识退休,巩固活动的成果,实现活动的目标。

(4)对第四阶段的分析。这是本次活动干预的最后一个阶段,由于本次活动的目的在于增进成员家庭内部的互动,所以社会工作者邀请了各位退休海员的家属共同参与。在开展正式活动之前,社会工作者先带领大家总结和回忆了前几次的活动内容,巩固活动的成效。例如在"谈话片段4"中,社工小孙询问了参加本次活动的海员家属在参加完几次活动后,各位成员有什么变化。在活动的选择上,社会工作者也选择了退休海员与家庭成员共同参与的游戏。在轻松的游戏中宣泄情绪、澄清感受,共同致力于为退休海员营造一个和谐的家庭氛围。活动的最后,社会工作者进行总结,帮助成员们妥善处理离别情绪,巩固已取得的改变效果,鼓励成员们在活动结束后仍能共同面对困境并做好后续的跟进工作。

2. 效果评价

本次案例是活动干预模式的一次成功运用,其成功之处在于:

(1)活动设计围绕优势视角展开,相信成员能凭借自身力量完成改变。在优势视角下,社会工作者关注各位退休海员们的内在力量和优势资源。本案例中开展的活动都是以小组中的退休海员为活动的主体。社会工作者从成员的优势出发设计活动,在活动中鼓励大家看到自己的能力,引导成员凭借自己的力量来解决问题,提升自我效能感,进而使成员相信自己有能力去应对退休带来的社会适应问题。

(2)合理运用社会工作专业技巧。社会工作者凭借助人自助的专业理念,充分挖掘退休海员的特点,建立各种活动小组,激发小组动力,让成员看到自身的优势和能力以及克服社会适应困境的内在动力,实现自我增能和改变。此外,社会工作者还遵守了尊重的原则,在双方平等的前提下针对退休海员社会适应问题进行干预,充分考虑每个成员的特点、生活环境以及对活动的想法等,并结合他们的工作性质开展活动。

(3)注重利用集体的力量解决问题。研究表明,通过推动整个团体的变化来促使个体发生转变,往往比直接针对个体进行改变要容易得多。在群体中,成员间的积极互动和团体所展现的凝聚力,对于问题的解决具有显著的促进作用。由于退休海员当前所面临的问题具有同质性,因此选择活动干预,建立活动小组能够使大家产生更多的共鸣,成为一个临时的共同体。这些具有相似情况的退休海员在活动小组中更容易信任彼此和认同彼此,进行积极正向的互动,建立相互支持的关系。在活动中海员们通过合作与交流,互相学习,改变认知,共同走出社会适应困境,尽快适应退休生活。

三、建议

在针对海员群体的社会工作中,活动干预是经常使用的一种干预方式。在

干预过程中,要注意以下几点:

1. 选择恰当的活动成员

在活动干预中,选择小组成员是一个至关重要的环节,这直接关系到活动的成效和目标的达成。在活动成员的选择上,首先要考虑成员的同质性和异质性,追求二者的平衡。我们要选择那些面临相似问题和需要的退休海员作为小组成员。这样,小组成员之间可以更容易地产生共鸣、分享经验和情感支持。同时要在成员的特征、经历、生活环境等方面追求异质性,从而带来不同的视角和经验,促进小组内的交流和互动。此外,关注成员的社会经济条件、文化背景和性别等因素也是必要的。这些因素会影响成员在小组内的表现和参与度,同时也要注意尽量避免这些因素可能带来的偏见和歧视,确保小组具有包容性和多样性。最后,对潜在成员进行初步筛选和评估也是必要的,可以通过访谈、问卷调查等方式了解他们的需求、期望和参与度,从而确保选择的成员与小组活动的目标和需求相匹配,提高小组活动的成效。

2. 活动内容与目标保持一致性

在活动干预中,保持活动内容与目标的一致性是实现活动效果最大化的关键所在。活动内容的设计应紧密围绕目标展开,要确保每一项活动都与实现目标直接相关。社会工作者要精心设计活动内容,引导成员专注于目标的实现,提高活动的针对性和有效性。此外,有效的执行和评估也是保持活动内容与目标一致性的重要环节。在活动实施过程中,社会工作者需要密切关注活动内容与目标的匹配情况,及时调整偏离目标的活动安排,还要及时地进行评估,让成员对活动效果进行客观评价,以便及时发现问题并采取相应措施加以改进。

3. 适当开展游戏

活动干预中开展游戏的重要性也是不容忽视的。适当的游戏有助于营造轻松愉快的氛围。在活动干预初期,成员可能因为各种原因感到紧张或拘束,而游戏有助于打破这种局面,使成员们放松下来,更加自如地参与到活动中来。这种氛围也有助于增进成员之间的信任感和亲切感,为后续的深入交流和合作奠定基础。例如,社会工作者可以设计一些与航海相关的团队游戏,如"航海寻宝"或"航海知识问答"等,这些游戏不仅能够让成员们快速进入状态,还能激发他们的兴趣和热情。此外,游戏还能够增强小组的凝聚力。通过参与游戏,成员们为了共同的目标和任务付出努力,彼此之间密切合作,互相交流,分享自己的经验和观点,成员之间能够进一步地互相了解,增进彼此之间的理解和信任,形成小组的凝聚力。这种凝聚力有助于提升小组的整体效能,保证活动的成效。最后,游戏还能够提升成员的个人能力。这些能力的提升不仅有助于成员在小组活动中更好地发挥作用,还能够对他们的日常生活产生积极的影响。因此,在活动策划时,充分考虑游戏环节的设置,有利于活动取得更好的效果。

4. 活动过程中以成员为主体

在针对退休海员的活动干预过程中,社会工作者要始终坚持以成员为主体,自己发挥引导和辅助作用。以成员为主体有助于提升活动的针对性和有效性。小组成员是活动的直接参与者,因此要以他们为主体,根据他们的特点和需要来设计和实施活动,从而使他们获得更好的活动体验以及顺利实现干预目标。例如,社会工作者可以设计一些与航海知识、航海技能相关的互动游戏,或者组织一些分享会,让海员们分享他们的航海故事和经验。这样的活动不仅能够让海员们感到亲切和熟悉,还能够让他们在参与过程中获得归属感和满足感。此外,以成员为主体有助于增强成员的参与感和归属感。当成员被视为活动的主体时,他们会感到被重视和被尊重,从而更加积极地参与活动。这种参与感和归属感不仅能够提高成员对活动的满意度,还能够促进他们之间的交流和合作。最后,以成员为主体还能够激发他们的主动性和创造性,提高他们自我管理和解决问题的能力。这种能力的培养对于成员的成长和未来发展有着积极的作用。

5. 活动过程中把握好专业界限

在针对退休海员的社会工作干预中,社会工作者必须保持高度的同理心,深入理解每个海员的独特处境和心情。海员们长期在海上工作,面临着孤独、压力等种种挑战,因此,社会工作者需要能够感同身受,为他们提供全面而深入的服务。但是社会工作者也要注意把握好专业界限。在与小组成员的互动过程中,社会工作者逐渐融入了个人情感,这种情感的渗透在一定程度上打破了个人与专业工作之间的界限,导致在某些时刻对特定小组成员表现出过度的关注。为确保干预过程的专业性和公正性,社会工作者在干预过程中应当更加谨慎地维护专业界限,妥善处理专业关系与个人情感,从而避免情感因素对社会工作干预产生不良影响。

本章小结

本章是一个采用活动干预模式对案主任某以及与他有类似问题的退休海员群体进行干预以促进他们社会融合的案例。活动干预法,作为一种互动性方法,旨在通过使案主参与各类活动,来实现其个性化的目标。活动干预法通过让案主主动参与到日常或计划的活动中,实现干预过程的主动参与。该方法不仅能够使案主更好地接受干预、提高积极性,还能够在干预过程中帮助案主发展出实用的技能、促进案主自我成长和发展,具有较高的应用价值。此外,活动干预法还具有灵活性和适应性的特点,可以根据干预的情况以及成员的需求及时调整,满足案主的个性化需求,提高干预的针对性和有效性。活动干预与海事社会工作的融合,为退休海员和其他面临困境的海员群体提供了一种独特且有效的服务模式。这种融合不仅结合了活动干预的主动性和互动性,还充分融入了海事社会工作的专业性和针对性,为海员提供了更加全面和深入的支持。

活动干预的过程包括建立活动小组、确认活动干预的目标、设计并开展活动以及后续的评估和跟进。在此过程中,社会工作者需要掌握一定的沟通与互动技巧、支持技巧、评估与反思技巧等,来保证活动干预取得预期的效果,同时需要尊重每一位成员的独特性,对成员保持耐心,敏锐地察觉问题和妥善地处理冲突,不断提升自己的专业能力,精心设计有针对性的活动。

在对退休海员进行活动干预时要注意以下几个方面:选择恰当的活动成员、活动的内容和目标保持一致、活动过程中要以成员为主体、适当地开展游戏和在活动中把握好专业界限。

第八章

个案工作方法——对新生代海员工作适应问题的干预

随着海洋强国战略的提出,国家和社会对于海洋及海上作业的重视程度日益加深。作为承担海上运输作业的支柱群体,海员身负保障国家海上经济可持续发展的重任。当下,许多青少年怀揣对海洋的向往,投身到海事学校中进行培训与学习,希望早日加入国家海洋事业建设的行列。但由于海员长期海上作业,可活动环境有限,再加上海上环境复杂多变,对海员的身心素质都有较高要求,所以,当习惯于在陆地和近海进行海员培训的新生代海员亲身接触海上工作后,他们可能会发现实际与预期的海上工作生活状况不太一样并产生落差感,随之而来的各种如晕船、失眠、工作压力大、焦虑烦躁等不适应问题更是干扰着海员们的日常工作生活,侵害着海员的身心健康。新生代海员的工作适应问题是海事社会工作近年来应关注的重要课题之一。个案社会工作是通过一对一的直接方式为案主提供需要的支持和帮助,能够有针对性地协助海员寻找有效的途径来解决不同类型的问题,因而对新生代海员工作适应问题较为适用。

海事社会工作：理论与实务

第一节 案例描述

一、基本情况

小李是一名海员，26岁，已婚且有一个孩子，有三年的工作经验，平时工作认真负责。每初到一艘船上，小李都会想办法与周围人打成一片，同时还会关注每个人的性格特点、喜好等。小李认为海员之间需要相互适应、互相信任才能顺利开展工作，船长也很欣赏小李为人率直、为他人考虑的良好品质。但他有一次碰到了一位严肃的部门长，尽管小李非常认真地工作，部门长也对其工作十分满意，可小李自始至终都感觉处在部门长不信任的眼光中，因为部门长老是用怀疑、不客气的口吻指派工作。有一次小李把整船的水舱测量完毕交给他后，部门长又用怀疑的语气质问测量的准确性和完整性，这使小李感觉无法界定自己该怎么做才能得到部门长的赞同。直到小李快要离船公休前夕，部门长才表达了对他工作的肯定和满意。可是小李在整个套派期都在提心吊胆地工作，害怕与部门长接触，情绪低落、无法集中精力，甚至完全对工作失去了信心，这让小李感觉"假如再持续工作的话，我该得恐惧症了"。同时船上的通信设备有时候信号还不太好，小李无法及时向好朋友或亲人进行情感倾诉，久而久之导致情绪低落、情感压抑。据小李所述，实际上他觉得每次上船工作开始阶段都很累，"不是工作上累，而是精神上累"。为了适应船舶环境以及所涉及工作的人员的脾气性格，小李一直在寻求如何工作才能使各方都满意的方法，但是有时候他的努力并不被每个人都认可，就比如上次碰到了那个严肃的部门长，"这让我对于上船最初的人际交往有了一些障碍，感觉都有些怕再和那样的上司打交道了，不知道怎么和他相处啊"。但同时，小李又不能放弃这份工作，"家里有孩子要养，老人身体也有些不太好了，去年刚动的手术，正是需要钱的时候"。据了解，小李的家中除了妻子和女儿，还有父母和年过八旬的奶奶，小李每个月除了餐费和一些生活费，其余工资都是打回家中补贴家用。所以他现在内心十分纠结与痛苦，身心也感到疲惫不堪。

二、问题分析与评估

1. 存在的问题

（1）船上人际交往环境适应不良

案主每当上船初期开展工作时都会出现"特别累"的情况，这种累不仅是身体上的累，还是因心态上一时无法调整适应而产生的累。海上工作的特殊环境和海员的不断流动性质使得案主经常面对新的人际关系。对于案主来说，和其他海员建立良好的合作信任关系是顺利开展工作的重要基础，但面对不断更迭的人员往来，案主每次都需要重新建立人际关系，观察每个人的喜好和脾气，而一趟工作旅程结束之后，可能关系很好的同事伙伴也会再次被替换，这给案主带来了一定的情绪耗竭和船上人际交往环境适应不良问题。案例中也能看出案主对于工作初期进行人际关系处理的疲倦与无奈。这样的情况不是一开始就产生的，而是在案主工作三年之后，在一次次重建人际关系之后逐渐积累。从案主的叙述中可以看出，这种不良情绪已经影响到了案主的情绪和工作效率，如果不及时疏导，对案主的职业发展和身心健康都会产生不良的影响。

（2）人际交往障碍

海员能接触到的人群有限，面对海上严峻复杂的环境，海员之间需要建立起良好的沟通信任关系才能共同抵御海上未知的各种风险，因此人际关系是海员们顺利开展海上作业的重要保障。案例中案主需要每次在初上船时进行新的人际交往和沟通适应，并且在上一次海上作业中遇到了严肃且不通人情的部门长，在部门长一句句的质疑和严厉的口吻中，案主不仅对自己的工作能力产生了怀疑，还产生了情绪低落、信心缺失等不良反应，甚至以后都不太敢和类似的上司相处，对于人际交往产生了一定的恐惧心理。但案主产生此种情况的时间不长、程度不深，应及时调节自身的情绪认知，避免类似情况再对自身产生不利影响。

（3）职业倦怠

综合案主对于在船上工作的自我评价以及对自身情况的看法与感受，案主对于多次在上船初期建立人际关系产生了情绪耗竭和适应不良的问题，对于在海上作业时处理与部门长的关系以及今后的类似问题产生了恐惧与障碍心理。加之大部分时间无法与支持网络建立良好的沟通互动，案主由此生发了对海上作业的倦怠和一定的抵触情绪。案主从事海上职业已三年，产生职业倦怠属于正常现象。案主应结合自身状况，进行职业生涯规划和积极的心理调适，必要时向专业心理治疗师进行咨询。

2. 干预目标

（1）总目标：帮助案主摆脱不良情绪，恢复各项功能的正常运行，使案主职业生涯可持续发展。

（2）调整案主对于人际交往的认知，使其适应船上复杂且流动频繁的人际交往环境。

（3）提升案主对于职业生涯的信心和能力，使其对自身职业发展和前景有更好的了解和规划。

3. 干预阶段

（1）第一阶段：接案与建立关系

与案主进行初步接触，了解案主的基本情况。因为案主是由其妻子介绍而来的，所以社工需要表明自己身份，与案主真诚交流，努力建立相互信任、沟通合作的良好专业关系。通过会谈的形式对案主问题进行初步了解和认识，确定案主的问题、需求以及双方的角色，与案主约定简单的口头或书面协议。在此过程中，社工对案主尊重、接纳和关心，让案主没有顾虑地倾诉心中的烦恼和压抑已久的不良情绪，与案主共同确定解决问题的方法和目标，使其积极参与到治疗与自助中。

（2）第二阶段：预估与计划制订

社工在此阶段应更全面地收集案主有关资料，对案主问题进行评估和分析，并与案主一起制订可行的调整计划。社工在与案主的进一步交流沟通中，可使用心理疏导和心理支持，让案主表露内心的真实想法和情绪，从而获得更多案主的直接资料。通过与案主曾经的同事、上司（如船长、部门长等）进行沟通，了解案主在工作中的状态、人际交往情况、日常活动等。同时，社工还可以与案主的家属（如案主妻子、父母）做好沟通，了解案主的家庭结构、成员关系、过往历史等间接资料，在已有资料的基础上评估案主问题的性质、产生原因、发展过程、轻重程度，制定相关的解决策略，鼓励案主积极实施。可行的策略有宣泄疗法、认知行为疗法和职业生涯规划。

（3）第三阶段：介入与效果评估

第一次介入：时间为 45 分钟，地点为社工活动室，目标为疏导案主负面情绪，引导案主正视问题，为下一步的介入治疗做铺垫，使用的介入策略为宣泄疗法。

第二次介入:时间为1小时,地点是社工会谈室,介入目标是了解并调整案主对于船上人际交往的认知与行为,提高案主对船上人际交往环境的适应能力,促进身心健康发展。

第三次介入:时间为45分钟,地点是社工活动室,介入目的是帮助案主回顾职业生涯并进行合理规划,邀请职业规划师或海上职业前辈针对案主目前的状况提出建议与指导。介入结束之后,通过观察和测量案主的情绪状况以及对自身问题与状况的看法,结合相关量表对结果成效进行评估。同时询问案主对于整个服务过程的看法及评价,与其共同评估目标的完成情况,测评案主对于社工服务的满意度。

(4)第四阶段:结案

提前告知案主结案的时间以及后续可能遇到的问题,妥善处理离别情绪。在结案之后的一段时间内通过电话等方式联系案主进行回访,询问其后续工作状况、是否遇到类似问题,并为其提供建议和鼓励等。

第二节 个案工作方法在新生代海员工作适应问题中的应用

第一阶段:接案并与案主建立良好的信任关系

谈话片段1:

社工小于:小李先生,很高兴见到您,我是社工小于。之前是您的妻子先联系到了我们机构,当时的情形是怎样的呢?(自我介绍,回顾情境。)

案主小李:大概两周前吧,我下船之后回到家,我的妻子感觉我的情绪有些不大对,总是闷闷不乐的,自己一个人在房间里,也不怎么社交。和我深入谈了谈,知道缘由后认为我是不是需要换个工作,所以才想找你们来谈谈。

社工小于:您的妻子当时也向我讲述了一些情况,由于工作性质特殊,您可能刚和同事打成一片就又得面对新同事了,同时还遇到了比较严厉的上司。(进一步引出问题。)

案主小李:是啊,所以我就感觉很心累,自己每次都想认真处好关系,但同事和上司不是下船了就是太不好相处,或者说我不知道怎样去和他们相处,现在我都怕了。

社工小于:通过您的叙述和您妻子的讲述,我觉得您是一个真诚、关怀他人且对自己的工作负责的人,造成现在这样的情况我认为并不完全是您的原因,还有来自外界的压力和环境适应方面的因素,您可以再和我讲讲您对于自己处于现在这样一种状态的看法吗?比如什么时候出现的、持续时间、您是什么样的感受?(引导案主说出自己对问题的主观感受。)

案主小李:我也不太清楚,但是从我这次跑船回来,我觉得我现在已经没办法再像当初刚成为海员那样兴致勃勃地去上船了。经过这几轮的跑船,我感觉身心都很累,先不说搞好和同事之间的关系,如果再让我遇到一个像上次一样的上司,我感觉我都要精神崩溃了。

社工小于:所以,你不是一开始就出现这种情况的,而是在反复经历船上复杂人际交往和人员更替的过程中慢慢产生的,并且此类适应不良的问题已经影响到了你的身心健康和对继续从事海员这个职业的信心了,是吗?(澄清、界定问题发生的时间、程度。)

案主小李:是的,我现在对于上船已经有些抵触了,如果在这几个月的休假中没能调整过来,我也许就真的要考虑换个职业了。

社工小于通过与案主小李进行初步接触,了解了基本情况。随后社工与案主小李真诚交流,努力建立相互信任、沟通合作的良好专业关系。社工通过会谈的形式对案主小李的问题进行进一步的了解和认识,结合提前拟定的会谈提纲,大致了解案主的问题情况、成因、严重程度以及持续时间。之后,社工与案主小李一起确定了其需求,明确了双方的角色并与案主小李约定简单的口头协议。在整个会谈过程中,社工小于对案主小李始终持尊重、接纳和关心的态度,让案主小李没有顾虑地倾诉心中的烦恼和释放压抑已久的不良情绪,提振信心,为接下来开展进一步的个案行动提供了良好的条件。

第二阶段:预估与计划制订

谈话片段2:

社工小于:海员确实是非常辛苦且具有很多不确定性的职业,您的家人对此是什么想法呢?

小李:他们都很支持我,虽然最近家里经济比较紧张,但是我妻子和父母还是理解我的,我很感谢他们。

社工小于:您能稍微详细地说说您现在的家庭状况吗?(了解案主的家庭背景。)

案主小李:我家里现在就我一个人出来挣钱,老婆刚生了孩子在家做全职主妇,我妈退休在家帮忙照顾孩子,我爸身体状况不太好,所以处于半退休的状态。我奶奶刚做完手术,现在后期护理什么的都需要钱。

社工小于:我很理解您,这也是您现在焦虑的原因之一吧,既有想换工作的想法,但又很需要它。(对案主表示理解与接纳,回应案主。)

案主小李:是的,我现在也很纠结,好在我的家里人大部分是支持我的。

社工小于:您能谈谈您小时候的事吗,比如和父母的关系怎样?(了解案主与家庭成员之间的关系。)

案主小李:我爸在家里是一个大家长的角色,小时候对我比较凶,我初中那时候逃课,被他拿着棍子打,一边打一边骂,之后就再也不敢逃了。当时有很多同学在旁边看着,所以我记忆很深,现在有时候还是会和他吵架,和我妈的关系比较好。

社工小于:家家有本难念的经,家人间偶尔吵架拌嘴很正常。您的同事们都觉得您是个热情的人,是吗?(了解案主与同事之间的关系。)

案主小李:大家都比较愿意和我往来,我那时候也有几个比较要好的朋友。只是后来不是因为休假就是因为调度错开了。哎,也不知道他们现在咋样了,船上信号也不太好,也没法和他们联络了。

社工小于:这确实是一件挺遗憾的事情。在船上的时候,您认为和同事处好关系,工作才能更好地开展,是吗?(了解案主人际交往的动机。)

案主小李:对的,知道了每个人的脾气性格,才能更好地和他们一起工作相处嘛。海员之间就更是如此了,能接触到的人有限,就船上那些人,抬头不见低头见的,如果有矛盾的话尴尬不说,工作配合不好还容易出现危险啊!

社工小于:那是不是可以这样理解,您在船上的人际交往更偏向工作职能,和大家处好关系更多的是工作上的需要?(澄清,使案主意识到自己人际交往的真实目的。)

案主小李:确实,大部分是这样,不过如果遇上聊得来的也能做好朋友。

社工小于:如果减少了不必要的社交,您觉得您的人际交往压力会不会轻一些呢?(尝试替代方法。)

案主小李:可能吧,但有些人际交往我感觉也没法避免。其实在和别人相处的过程中我并不觉得累,但是每当熟悉的同事走了,面对又要接触新人的这个事实的时候,我觉得特别无力,甚至很烦闷、沮丧。好不容易建立起来的关系说没就没了。

社工小于:我很理解您,船上的好友本就得来不易。也许我们可以换一个角度看,人员更替是无法避免的,我们可以更加理性、平和地去看待这件事,减少不必要的社交,这样我们既避免了情绪耗竭,又能接触到新的人,开阔眼界,您觉得呢?(社工尝试使用影响性技巧,给案主提出建议。)

案主小李:可能这确实是个办法,但我现在还是感觉心情比较低落。

社工小于在此阶段更全面地收集案主小李的有关资料,并与案主小李一起讨论、制订可行的改变计划。社工首先通过询问的方式了解了案主小李的家庭情况,在进一步了解案主情况的过程中,使用心理疏导和理解接纳,让案主表露内心的真实想法和情绪,从而获得更多案主的信息。从案主的自述中,社工分析,案主其实并不是天生就性格开朗、热情助人,而是在社会化过程中逐渐习得了与人交往的技巧和品质,这对于了解案主情绪耗竭、不适应船上人际交往环境的原因起着重要的作用,也为之后社工协助案主走出不良情绪状态,缓解案主焦虑提供了方向。案主小李出现不良情绪和不适应问题一方面是因为案主迫切需要海员这份工作的工资养家,另一方面是因为不同于陆上的人际交往环境,海上的人员更替较快,案主需要重复与船上各色人员建立人际关系。两方面综合起来,就造成了案主不可避免地觉得"精神上累"的状况出现,这是一种适应不良问题,并有逐渐加深的趋势。综合已有资料,社工对于案主问题的性质、产生原因、发展过程、轻重程度做了系统的预估,并有针对性地提出了相关的解决策略,与案主一起制订计划,鼓励案主积极实施。可行的介入策略有:宣泄疗法、理性情绪疗法、认知行为疗法和职业生涯规划。

第三阶段:介入与效果评估

第一次介入:场景重现

时间为45分钟,地点为社工活动室,介入目标是疏导案主负面情绪,引导案

第八章 个案工作方法——对新生代海员工作适应问题的干预

主正视问题,为下一步的介入治疗做铺垫,使用的介入策略为宣泄疗法。

服务过程:采用角色扮演的形式,由社工扮演"部门长"的角色,案主想出一件印象最深刻的与部门长的冲突,尝试回到当时,看看案主能否对"部门长"说出自己最真实的想法,倾诉自己的不满或委屈。

谈话片段3:

社工小于(部门长):马上就准备下船了,小李啊,我很认可你的工作态度和工作能力,下次你也要继续保持啊。

案主小李:但是部门长,我有一些话想跟您说。

社工小于(部门长):好,你说吧。

案主小李:不知道您还记不记得有一次,您要求我去测量整船的水舱,我把测量结果拿给您之后,您看都没看就问我关于测量的准确性和完整性之类的问题,我真的非常认真地去做您交给我的工作了,但是您无端的质疑让我觉得很难受。(宣泄疗法,让案主回忆出当时的情景。)

社工小于(部门长):是的,我记得那次,那次因为之前有海员接连犯了两次错误,所以我心情有些差,可能说话有些急了,你别往心里去。

案主小李:其实无论是我的本职工作还是本职工作之外的工作,您布置给我的工作我都从没轻慢过,我知道您是一位认真甚至有些严厉的上司,我其实特别想获得您的认可,但是您在验收或是检查的时候总会挑出我一些很小的毛病或者总是质疑我,从没肯定过我,我总是得不到您的赞许和鼓励,所以有时候就免不了产生一些自我怀疑或者负面情绪,我不知道到底要怎样您才能满意,这让我一直很在意,也很痛苦,您知道吗?(让案主宣泄出压抑已久的情绪。)

社工小于(部门长):很抱歉,我不知道我的严厉给你造成了那么大的痛苦,我先给你道个歉。你的努力其实船上的人都有目共睹,而且你是个很热心、很棒的小伙子,我心里一直都很肯定你,对你的期望很高,所以才可能会想让你事事做得完美一些,我希望我们都能相互理解,我很认可你。

社工小于:其实每个人之间都可能会产生误解或是不理解,最好的方法就是去好好交流沟通。可能部门长心里非常认可你,对于你有很高的期望,所以对你严厉,又或者是其他的原因。但无论如何,往后如果再遇到类似的情况,也许你可以尝试主动提出来,真诚地与他人沟通,说出你的想法和疑惑,说不定问题就会得到缓解或解决。(总结对话,提出对策。)

在这一介入过程中,社工逐渐引导案主小李代入角色,通过还原当时的场景和模拟双方角色,鼓励案主小李讲述出当时的真实想法和感受,以宣泄出在工作生活与人际交往中压抑积累的负面情绪,改善案主的心理情绪状况。

第二次介入:认知调整

时间为1小时,地点为社工会谈室,介入目标是了解并调整案主对于船上人际交往的认知与行为,提高案主对船上人际交往环境的适应能力,促进身心健康发展。此次使用的介入方法是理性情绪疗法。

服务过程:

首先社工向案主小李介绍了理性情绪ABC模式的大致内容:A表示诱发性事件;B表示个体针对此诱发性事件产生的一些信念,即对这件事的一些看法、解释;C表示自己产生的情绪和行为的结果。人的情绪和行为障碍不是由于某一激发事件(A)直接引起的,而是由于经受这一事件的个体对它不正确的认知和评价所引起的信念(B),最后导致在特定情景下的情绪和行为后果(C),这就是ABC理论。在案主小李的事件中,A代表的是"船上人员反复更替"这个客观事件,C是案主小李产生的不良情绪反应,而B是案主小李认为每次都需要与新的船上人员处好关系是一件很有压力的事情的非理性信念。

谈话片段4:

社工小于:您觉得导致您目前这种不良情绪的原因可能是什么呢?(协助案主找出非理性信念。)

案主小李:我感觉是因为不断地和船上的新同事交往的过程太累了。

社工小于:您是指,每次您刚上船或者有新的同事上船,您在和他们的相处过程中会觉得很累,是吗?(运用澄清技巧,引导案主重新表述较为模糊的地方。)

案主小李:嗯,可以这样说。

社工小于:船上的人员反复更替是客观事实,但我们也许可以改变一下我们的认知,更为理性平和地去看待这件事,不要将需要接触新的船员看成是一项任务或者是负担。

有选择性地与同事和上司进行适当的人际交往,等到慢慢度过这个不适应期后,也许您的想法和态度都会出现转变。(替代性选择,使案主思考别的解释方式。)

案主小李:其实上了好几次船之后,我对于船上的人际交往啥的也渐渐没有一开始那样热情了,我对你说的也表示赞同,也许适应了之后我会慢慢释怀。但是刚上船我总会不由自主地就想尽快与别人熟络起来,就像是一种寻求安全感的表现。(反映感受,认识到产生非理性信念的根源。)

社工小于:面对陌生的人和事物,我们总是想尽快熟悉以获得安全感,这是很正常的,这是一种我们不断适应周围环境,想尽快融入的表现。但是也许您不需要因为这个事情而焦虑,觉得如果不和周围人处好关系就无法开展工作。只要您真诚勤勉,认真工作,大家肯定都会不约而同地认可您,接纳您,您觉得呢?(引导案主抛弃非理性信念。)

案主小李:那就是说,我以后不需要和别人太过深入地交往了,是这样么?

社工小于:您可以向大家释放您的善意,但可以有选择性地和一两个人保持交往,在整个过程中,您可以更多按照您自己心中的真实意愿来做,而不是尽力让所有人都满意,让所有人都认为您是个很热情开朗的人,您理解我的意思吗?(引导案主放弃以外在标准评价自己,放弃自我评价。)

案主小李:嗯,大致理解了。

第三次介入:明晰未来

时间为45分钟,地点为社工活动室,介入目标是提振案主信心,为其提供建议,帮助案主小李明晰职业发展道路。

服务过程:社工邀请了王大副为案主小李目前的状况提出建议与指导。案主小李与王大副进行了交流,在简短地介绍了自己的情况过后,王大副给出了建议。

谈话片段5:

王大副:船上新来几年的小伙子总是会出现很多不适应的情况,这是正常的,重要的是要不断调整自己的心态。

案主小李:您当时也遇到过船上不适应情况么?

王大副:当然,很多,可能我的情况比你还要更严重呢。我当时不适应船

海事社会工作：理论与实务

上不规律的作息,再加上晕船,成宿成宿地睡不着觉,当时也很焦虑烦躁,幸好水手师傅挺照顾我的,给我很多建议和缓解的方法。你可以尝试多和老海员交流,同时把精力和注意力放在工作上,至于船上的人际关系,不要让它成为负担,这都是小事。

案主小李:哎,可能是我把它想得太严重了吧。之前我遇到了一位严厉的部门长,有时候我被他说得都没信心了,我很怕再遇到那样的上司。

王大副:摆平心态就行,谁没遇到过难搞的上司呢。你就干好你的工作就行,咱把任务都完成好,谁也不能说什么,对不?更何况你下次也许遇到的是好说话的上司也不一定,咱别给自己太大压力了。我听社工小于说你是个工作认真负责的小伙子,已经干了三年了,估计明年就能晋升了,好好干!

案主小李:好!

之后,案主小李又询问了大副有关海员晋升的事情,王大副给小李进行了讲解提出了职业规划建议,最后社工小于进行了总结。介入结束之后,社工通过观察案主小李的情绪状况以及其对自身问题与状况的看法,结合相关量表对结果成效进行评估。案主小李认为自己的认知有了较大转变,之后上船时会更好地处理和同事、上司的关系。社工同时询问案主对于服务过程的看法及评价,案主表示:"感觉你全程都很有耐心,设身处地地为我考虑,我们就像朋友一样交谈,我对这次的服务很满意。"之后社工与案主小李共同评估目标完成情况:案主的不良情绪有较大缓解,案主对于人际交往的认知有所改变,案主对于职业发展的信心有所提升。

第四阶段:结案

在个案介入准备结束之前,社工提前告知了案主小李结案的时间以及后续可能遇到的问题,比如可能还是会有对于人际交往的疲倦感,或者与复杂人群交往存在一些障碍,社工对于这些问题给案主小李提出了可行的建议。在最后一次介入即将结束之前,社工使用观察法,发现案主并没有表现出明显的离别情绪,于是对案主进行了信心提振和鼓励:"我相信您凭借自身的智慧,结合我们给您提出的一些建议,一定能够巧妙处理船上的人际关系,也希望您在之后的工作中得到晋升,事业有成!"在结案之后的一段时间内,社工通过电话联系案主进行回访,询问其后续工作状况、是否遇到类似问题。据案主小李说,在新的船上,大家都是挺好的人,暂时没出现像之前部门长一样的上司,但就算出现,他也有信心去面对。虽然又换了新的同事,但他也能较为平和轻松地去看待了。最近在新船上也交到了一两个很好的朋友,社工对此感到由衷的高兴。

第三节 评析

新生代海员在上船工作初期,会遇到各种各样的工作适应问题,这些问题可能是个人主观上的问题,抑或是环境客观导致的问题。有些问题状况可能因为海员较好的环境适应能力或通过船上他人的帮助能够逐渐缓解或解决,但如果一个问题超出了海员既有的认知范畴和行为准则,并且长期得不到纠正和指引,海员也许会出现更为严重的不适应症状,甚至危害身心健康,此时就需要社工使用个案工作方法进行介入。

一、理论分析

1. 个案工作方法

(1)个案工作的本质

①社会功能的恢复。社会功能的恢复包括:个人或者家庭处理困境的能力;个人或者家庭的社会环境适应性;个人或者家庭与社会环境相互促进。

②社会功能的增强。增强个人或者家庭的社会功能包括:对个人或者家庭自身能力的关注;个人或者家庭运用周围环境资源进行能力的提高;个人或者家庭解决问题和预防问题能力的提高。

(2)个案工作各阶段的工作要求

①接案与建立专业关系;

②问题预估;

③服务计划制订;

④开展介入服务;

⑤链接协调社会资源;

⑥评估与结案。

(3)个案工作的技巧——会谈

①个案会谈的类型。根据会谈的目的和功能,可以把个案会谈分为建立关系的会谈、收集资料的会谈、诊断性会谈、治疗性会谈及一般性咨询会谈等五种类型。

②个案会谈的安排。个案会谈的安排主要包括三方面的任务:个案会谈的准备、个案会谈的内容安排以及会谈内与会谈外的衔接。

③支持性技巧。支持性技巧是社会工作者借助口头和身体语言让案主感受到被理解、被接纳的一系列技术。a.专注。社会工作者借助友好的视线接触、开放的姿势以及专心的态度关注案主的陈述,如微笑、眼神注视、身体前倾等。b.同理心。社会工作者设身处地体会案主的内心感受,理解案主的想法和要求。c.鼓励。社会工作者运用口头语言和身体语言肯定案主的一些积极表现,如点头等。

④引导性技巧。引导性技巧是社会工作者主动引导案主探索自己过往经验的一系列技巧。a.澄清。社会工作者引导案主重新说明较为模糊的话语并进行确认。如:"您刚刚说的话可以这样理解,是吗?"b.对焦。当案主的话题有偏离的倾向时,社工对谈话进行收窄,将话题集中在问题焦点上。如:"我们回归原来的话题,您刚刚话题的中心是什么?"c.摘要。社会工作者将案主的陈述进行整理,概括归纳其中的要点。如:"您刚才说的是否可以归为这几个方面的内容?"

⑤影响性的技巧。影响性技巧是社会工作者为案主提供必要的信息或者建议,让案主采取不同的理解和解决方法的一系列技巧。a.提供信息。社会工作者根据自己的专业知识和过往经验向案主提供知识和技巧。b.自我披露。社会工作者有选择地袒露自己的经历或为案主提供处理问题的方法,以便拉近与案主的关系,建立信任真诚的专业关系。c.建议。社会工作者根据案主的具体情况提供有利于其改善生活状况的意见。d.对质。社会工作者直接提问案主,让其直面自己在行为、情感和认知等方面的不一致之处。

2.认知行为治疗模式

(1)认知行为治疗模式的基本理论假设。①两项基本原则:a.认知对人的情绪和行为有着重要的影响。b.人的行动能够影响人的思维方式和情绪。也就是说,人的问题是认知、行为和情绪三者之间的相互影响造成的。因此,针对案主的问题需要从认知、行为和情绪三个方面同时采取有效的干预措施。②三种意识层次:意识、自动念头和图式。意识处于意识状态的最上层,它是人们做出理性认识和判断的基础。自动念头是人们在实际处境中快速流动的意识状态，处于意识的下层，它具有难以言表、快速消失，并且伴有强烈情绪反应的特点。图式是意识状态的最深的层次，它由人们的一些核心信念组成，是对自己和周围环境的最基本认识，影响人们对周围环境信息的处理。

（2）助人的步骤及认知行为学派助人的过程。①确定案主不正确、不适当的思维方式或想法，分析它们导致案主负面情绪和不良行为的过程；②要求案主监控自己的错误思维方式或进行自我对话；③探索案主非理性信念与行为之间的关系；④引导案主运用不同的、具有正面功能的思维方式；⑤检验案主新建立的认知在调整行为和适应环境上的有效性。

（3）认知行为理论的实务原则。①界定案主问题的原则。a.案主的问题不是固有的；b.注意问题的主客观原因；c.个别化原则。②确定助人目标的原则。a.改变错误的认知或不切实际的期待以及其他偏颇和不理性的想法；b.修正不理性的自我对话；d.提高解决问题的能力；d.加强案主自我监督管理的能力。

3. 理性情绪疗法

艾利斯提出的理性情绪疗法也称为 ABC 理论。根据 ABC 理论，A 是真实发生的事件，B 是人们对真实发生事件的认知，C 是人们的情绪反应。ABC 理论认为，并不是真实发生的事件（A）导致人们的情绪反应，而是人们对事件的认知（B）导致了情绪反应（C）。根据 ABC 理论，在对人的行为进行干预时，首先要质疑案主错误的认知，并帮助其重新建立新的认知，进而产生新的情绪反应。

（1）理性情绪疗法治疗技巧

①检查技巧

理性情绪疗法的检查技巧是帮助案主认识和辨别情绪和行为困扰背后的非理性信念的具体方法。它包括许多具体的操作技术，主要有反映感受、角色扮演和识别等。

a.反映感受。反映感受是指社工让案主描述自己对于问题的主观感受以及困扰，帮助案主认识到产生非理性信念的根本原因。

b.角色扮演。角色扮演是指社工与案主扮演和还原问题场景中的角色，使案主重新体会特定情境中的各种情绪困扰、行为表现以及非理性信念，由此社工就可以指出案主的非理性信念及其与案主情绪和行为困扰之间的联系。在本案例中，社工小于就运用了角色扮演的检查技巧，通过还原造成案主困扰情绪的场景来协助案主找出造成这种不良情绪的根源及其与非理性信念之间的关系，从而发掘解决办法及培养正确的理性情绪。

c. 识别。识别是指社工根据非理性信念的特征帮助案主分析、认识和辨别其各种独特的非理性信念的表现形式。

②辩论技巧

辩论技巧是指社工通过与案主对于非理性信念及其与行为之间的关系进行探讨和辩论,帮助案主逐渐改变原有的非理性信念,塑造较为理性的行为和认知。这些个案技巧主要包括理性功课、放弃自我评价、替代性选择、去灾难化等。

a. 理性功课。社工给予案主各种学习理性信念的机会,尤其是通过帮助案主改变语言模式,调整案主的思维,使案主学会以合理的、现实的方式界定自己所处的场景,并掌握理性的思维方法。比如在遇到使自己陷入不良情绪的情境时,使用正面、肯定的语气与自己或他人进行理性对话,抛弃质疑、反问、迁怒等语言模式。

b. 放弃自我评价。在个案社会工作中,社工指导和鼓励案主放弃以物质成就或其他外在的标准评价自己,从而逐渐消除各种非理性信念,这种辅导技巧称为放弃自我评价。案例中社工小于通过案主的表述确定了自己的非理性信念之一:希望船上的同事对自己有好的评价,认为自己是个热情自信的人。

c. 替代性选择。通过让案主思考其他的解释方式或者行为方式,发现自己的非理性信念,从而克服不合理的生活方式。在本案例中,社工多次尝试对案主的不适应状态提出替代性的解决方案,从而逐渐克服船上人际交往障碍的不适应状况。

d. 去灾难化。当案主处于糟糕透顶的处境之中,社工可以让案主尽可能去设想最坏的结果,这样就可以使案主的非理性信念暴露出来,案主就会明白事实上自己或自己的处境并非像自己认为的那样糟糕。在本案例中,案主小李处于休假在家调整的状态,心理情绪状况也并未到"糟糕透顶"的程度,所以社工没有运用这种方法。

(2)理性情绪治疗模式的特点

①明确辅导要求;②检查非理性信念;③与非理性信念辩论;④学会理性生活方式;⑤巩固辅导效果。

二、干预过程分析与结果评估

1. 干预过程分析

过程评估是对整个介入过程的检测,包括社会工作介入进行中的评估。过程评估提供有关服务过程的各种信息,包括工作目标、介入过程、介入行动和介入影响。

(1)第一阶段:接案并与案主建立良好的信任关系

在这一阶段,社工与案主小李真诚交流,努力建立相互信任、沟通合作的良好专业关系。社工小于首先主动介绍了自己,并有意识地与案主进行事实性沟通和治疗性沟通,通过尊重、接纳和倾听,为案主提供支持,减轻案主因求助而引起的内心的焦虑。社工与案主小李一起确定了其需求,明确了双方的角色并与案主小李约定简单的口头协议。本次介入中,案主小李向社工没有顾虑地倾诉了自己的情况和压抑已久的情绪,为接下来开展进一步的介入行动打下了良好的基础。

(2)第二阶段:预估与制订计划

社工小于在此阶段更全面地收集了案主小李的有关资料,并与案主小李一起讨论、制订可行的改变计划。社工首先通过询问的方式了解了案主小李的家庭情况,识别了案主及环境的积极因素,在进一步了解案主情况的过程中,使用心理疏导和关心接纳,让案主表露内心的真实想法和情绪,从而识别案主问题的主观因素。在此过程中,社工运用观察法,获得更多案主的细微反应、表情变化等,并根据这些变化来调整措辞或提供反馈。综合已有资料,社工对于案主问题的性质、产生原因、发展过程、轻重程度做了系统的预估,并有针对性地提出了相关的解决策略,与案主一起制订计划,鼓励案主积极实施。

(3)第三阶段:介入与效果评估

在第三阶段实务介入中,社工采取了三次介入,分别是场景重现(角色扮演)、认知调整和职业规划,这些介入都是针对案主适应性问题的直接介入,主要的介入方法为宣泄疗法和认知行为疗法,目标在于改善案主的不良情绪,调整案主对于海上工作适应性问题的认知和行为。在采取介入时,社工在征得案主同意的情况下进行了相关记录,主要记录方式为录音和照片。第一次介入结束之后,社工通过询问法了解到案主此时的心理状态趋于稳定,烦躁压抑的情绪逐渐改善。第二次介入结束之后,社工使用观察和询问法,通过对案主进行面对面询问来了解此时案主对于船上人际交往的认知是否发生改变,以及之后如果遇到类似问题如何应对。根据案主的回答,可以看出案主对于处理船上人际交往适应问题有了一定的转变和改观,案主通过反思和听取社工建议,逐渐找到了解决此类问题的办法。在第三次介入结束后,社工重新给案主进行了社会适应性量表的测试,案主的社会适应性水平有所提高。

(4)第四阶段:结案

在第三次介入活动结束之后,社工告知了案主小李结案的时间以及后续可能遇到的问题,比如可能还是会有对于新的人际交往的疲倦感,或者与复杂人群的沟通存在一些障碍,社工针对这些问题给案主小李提出了可行的建议。在最后一次介入准备结束之后,社工使用观察法,发现案主并没有表现出明显的离别情绪,于是对案主进行了信心提振和鼓励。在结案之后一个月,社工通过电话联系案主进行回访,询问其后续工作是否遇到了类似问题。据案主小李说,在新的船上,大家都是挺好的人,暂时没出现像之前部门长一样的上司,但就算出现,他也有信心去面对。虽然又换了新的同事,但他也能较为平和轻松地去看待这件事并与他们相处。社工为案主的改变感到由衷的高兴。

2. 结果评估

结果评估是在工作过程的最终阶段做出的评估,包括目标结果和理想结果两部分。结果评估是检验计划介入的理想结果以及这些结果实现的程度及其影响。

(1)社工小于秉持社会工作人道主义和利他主义的价值观,对案主采取同理、尊重、接纳的态度,仔细耐心地倾听案主陈述,在必要时给予案主鼓励、回应和支持,增强案主改变的动力和信心。同时社工还注意保护案主的隐私,不在未征得案主同意的情况下透露案主的相关信息。社工遵循案主自决的原则,与案主一起制订介入计划,站在案主的角度为案主出谋划策,给予案主帮助,最终协同案主一起解决了人际关系适应问题。

(2)社工综合运用心理疏导、宣泄疗法和心理支持等干预方法,使案主小李向社工没有顾虑地诉说了自己的情况,倾诉出自己压抑已久的情绪和真实想法。之后社工运用认知行为疗法,确定并修正了案主的不适应认知,找出了替代性方案,并鼓励案主将其运用到下一次的行为中去。

(3)社工运用观察法、询问法、量表、满意度问卷等方法对介入效果进行评估,综合考量了案主的情绪改善状况、认知修正状况、社会适应状况和对社工介入的满意度状况等,并得到了正向的反馈,社工此次的个案介入是积极有效的。

(4)在结案后,社工尝试对案主进行回访,案主很愿意讲述自己到了新船之后的人际交往情况和适应程度,社工为此感到很欣慰,并鼓励案主在接下来的工作生活中保持这样的认知和状态,积极开朗地面对不论是人际交往还是工作中出现的其他问题。

综合以上,社工小于本次的个案实务达到了帮助案主摆脱不良情绪,恢复各项功能正常运行,使案主职业生涯可持续发展的理想目标。社工协助案主逐渐克服了海上人际交往不适应的心理,能够重新积极地去面对工作生活并增强了解决实际问题的能力,贯彻了社工工作"助人自助"的宗旨和原则。

三、建议

(1)在开展个案工作干预之前,社工可以先对案主的情绪状态以及问题的急迫情况进行评估,分析案主现在是否处于焦虑不安甚至抑郁的不良情绪中,案主面对的问题对案主造成的危害程度有多大,然后再决定介入的策略,考虑是否需要危机干预。社工在与案主进行初步交流沟通时,应仔细观察案主细微的表情动作和情绪变化,注意倾听案主陈述中带着的语气,在适当时候给予案主微笑、赞许等积极反馈,在实务初期争取与案主建立合作互信的专业关系,为后期的认知行为治疗打下良好的基础。

(2)社会工作者在进行个案工作实务时应秉持社会工作伦理,对于案主持同理接纳的态度。在干预过程中,社会工作者只有站在案主的角度,对于案主的经历感同身受才能尽自己最大的努力帮助案主解决问题、渡过难关。但需要注意的是,社工对于案主不要过分同情,甚至反移情,将自己过去对生活中某些重要人物的情感投射到案主身上。社工应遵守对案主的伦理责任,公正客观地看待案主及案主所处的问题,协助案主制订计划,解决问题,提升案主对于自己生活环境的把控力和适应能力。

(3)认知行为疗法的核心理念是,人的情感和行为都是由他们的认知决定的,人的认知改变会导致行为的改变,同时行为对于认知也有着反作用。认知行为治疗是一种证据支持的有效治疗方法,但它需要案主的积极配合和各种技能的训练,对于案主的逻辑思考、自我管理、学习能力等综合素质的要求较高,因此可能不适用于所有情形下的案主。社工在运用认知行为治疗模式之前应对于案主的相关素质进行初步的观察和测评,以保证个案干预的效果。

(4)运用认知行为治疗模式对案主进行个案介入时,面对认知确实存在一定的偏差的案主,社工应尽量避免对案主的偏差认知带有主观偏见,或者将案主的认知定义为错误的、有问题的想法,应考虑到环境等外在因素对于案主认知的作用,在深入了解案主周围环境和生态系统后找出导致案主产生这种认知的原因,综合案主的主客观因素来协助案主调整或克服固有的观念认知,从而提高案主对所处环境的适应能力和解决问题的能力。

(5)认知行为干预的方法包括理性情绪疗法、系统脱敏疗法、厌恶疗法、暴露冲击疗法和替代疗法等,社工需要综合考量案主的实际情况,根据案主问题的性质、程度以及案主对其主观评价和想法来决定使用何种认知行为干预方法来对案主进行治疗和帮助。但需要注意的是,并不是运用的方法越多,训练越频繁,治疗效果就越好,也有可能对于案主的问题产生负功能,从而不利于问题的真正解决和案主的治疗。

第八章 个案工作方法——对新生代海员工作适应问题的干预

本章小结

本章是一个采用个案工作方法对一名不适应船上工作的海员进行社会工作服务以促进其与环境相适应的案例。

个案工作方法是一种一对一直接为案主提供需要的支持和帮助的互动性干预方法,这种方法能够有效地协助案主确定问题的成因,并寻找有效的途径和策略协助案主解决所面临的问题,提高案主对所处环境的适应能力。个案社会工作包括接案、预估、计划、介入、评估和结案六个社会工作实务通用过程。在与案主进行初步交谈后,为了缓解案主的不良情绪,社工运用了宣泄疗法,通过角色扮演的方式,使案主没有顾虑地向社工倾诉了自己的真实想法,释放了压抑已久的情绪。在具体介入阶段,社工使用认知行为治疗的方法,在一系列深入对话中帮助案主找出并改变不适应环境的想法和认知,寻找替代性解决方案并尝试运用在之后的行为中。在评估阶段,社工通过观察、记录和测量,进行了过程评估和效果评估,本次社工的个案实务工作达到了帮助案主摆脱不良情绪状态、恢复各项功能正常运行的目标,帮助案主进行职业发展规划。

个案工作模式在新生代海员工作适应问题中的应用应考虑到海员职业环境的特殊性,海员的各种不适应问题还可能来源于船上活动空间的闭塞、工作方法和性质与陆上不同、船上人员更替较频繁等复杂原因。社工在进行个案工作时应提前了解相关信息,遵循个别化原则,保持同理、接纳、关怀的专业态度与案主进行交流,真诚地为案主服务。

第九章

小组工作方法——海员婚姻关系成长班

  随着社会的高速发展和人们物质生活水平的日益提升,当今社会更加注重内在精神需求的满足,因此婚姻关系越来越成为人们关注的热门话题。在此背景下,海员这个特殊群体也面临着独特的挑战,无论是特殊的工作环境方面,还是对妻子和子女的陪伴"缺位"等方面,都对他们婚姻的建立与维系产生了一定的影响。这些影响不仅关系到海员群体的幸福感与工作状态,甚至还会涉及整个行业的发展。在此基础上就需要社会工作者发挥自身专业优势,针对此现状选择适当的方法,促进海员婚姻关系健康稳定,解决他们的后顾之忧,帮助他们改善工作状态、提升幸福感,同时推动整个行业的发展与进步。小组工作方法是社会工作的三大方法之一,实践证明,利用小组工作方法对该群体开展服务将获得良好的成效。

第一节
案例描述

一、基本情况

刘先生是一名海员，38岁，在和妻子认识之前已经相了三次亲，但女方均比较介意刘先生的工作，最后都没能成功。作为一名海员虽然比较辛苦，但是工资待遇都不错，刘先生一直也没有换工作，想趁着年轻多努力努力。在一次聚会上刘先生偶然认识了现在的妻子，两个人很快便确定了恋爱关系，在交往半年后两个人就结婚了。结婚的时候刘先生贷款购买了一套两百多万的房子，每个月贷款就要还一万多，差不多占据了刘先生工资的一半。为了尽早还清贷款，刘先生只能拼命地工作，休息的时间也因此变少了。再加上刘先生一出海就是十天半个月，有时候甚至两三个月，因此经常把妻子留在家里一人"独守空房"，由于海上信号差，刘先生与妻子的联系也不频繁。刘先生妻子在一家公司做销售，偶尔也要去外地出差，这使得原本就两地分居的两个人，见面的次数更少了。刘先生为了弥补对妻子的亏欠，把自己的工资卡交给了妻子保管。

因为经常聚少离多，结婚两年妻子都没能怀上孩子，直到有一次妻子告诉刘先生她怀孕了，刘先生听完之后心里十分激动。由于不放心妻子一个人在家，刘先生就把母亲接过来专门照顾妻子，儿子出生后，刘先生专门调休了两个月，在家陪妻子和孩子。刘先生尽最大努力弥补对家庭的"缺位"，但没想到不好的事情还是发生了。

有一次孩子半夜发高烧，又恰逢刘先生的母亲回了老家，刘先生的妻子看着脸蛋烧得通红的孩子急急忙忙抱着他下楼去医院，但半夜又打不到车，妻子就急得哭了起来，最后无奈只好拨打了急救电话才顺利到达医院让孩子接受了治疗。刘先生是在第二天才得知孩子生病的消息，由于孩子高烧不退，妻子在电话里一直哭，刘先生在电话的另一头也只能一味地安慰妻子，向妻子道歉。过了几个月后，刘先生上岸回家休假，妻子提及此事，她对刘先生说："我一开始是非常支持你的工作的，我知道海嫂很辛苦，但是我不怕，可是自从有了孩子，我一个人总是手忙脚乱的,从上次发烧事件之后我每天晚上都会醒好几次看看孩子是不是又发烧了。我也知道你非常热爱你的工作,好不容易一步一步走到现在这个位置,你也不会轻易换工作,不然我们还是离婚吧。"刘先生虽然非常舍不得妻子和孩子,但是看到妻子坚定的眼神,明白自己现阶段的确在对妻子的陪伴和孩子的成长方面无能为力,无奈只好答应与妻子离婚。

离婚之后的刘先生对爱情心灰意冷,工作的状态也越来越差,他经常会想到之前的自己,虽然尽自己最大的努力去弥补家庭,但还是走到了今天这个地步。父母见他整天萎靡不振,长期下去也不是办法,想给他介绍一些相亲对象,但都被刘先生拒绝了,长时间下来刘先生和父母的关系也变得疏远起来。

二、问题分析与评估

在刘先生父母的带领下,社工小邓找到了刘先生的家,一进门就看到刘先生躺在床上,目光无神,表情呆滞,房间也乱糟糟的,满屋子都是烟味儿,刘先生父母一边帮他开窗通风一边和他说社工机构的人来帮助他了,但刘先生像是没有听到似的,并没有因为社工小邓的到来有一丝反应。但出于礼貌,刘先生还是坐了起来对社工小邓问的基本问题进行了回答。经询问,社工小邓了解到刘先生现在是休息期,一个月之后他又要回到船上进行工作。社工小邓发现当刘先生提及工作的时候兴致很高,情绪也很激动,因此社工小邓就基于工作话题与刘先生进行了交流,刘先生看到社工小邓很有耐心地听他分享,便打开了心扉,整个人都斗志昂扬了起来。但当提及婚姻话题的时候,刘先生竟然哭了起来,并且表示自己对爱情已经死心了,这辈子不打算再找女朋友了。社工小邓表示对刘先生现在的处境非常理解,在对其进行安慰之后便和刘先生的父母一起离开了。

从刘先生家出来之后,社工小邓向其父母询问了一些具体的情况,了解到刘先生之前非常热爱自己的工作,常常以自己是一名海员为傲,但自从和妻子离婚之后,他不仅对爱情彻底死心,甚至对工作也提不起劲来了。以前从船上下来之后就整天待在家中陪父母、妻子和孩子,尽量地弥补自己工作带来的缺失,现在上岸之后就躺在床上,整天不出门,也不去和父母介绍的任何女生见面交往。

由于刘先生工作的原因,他之前的朋友在平时很少与他联系,只有过年的时候才会偶尔聚会一两次,因此刘先生离婚的事情他的朋友要么不知道,要么还没有来得及向刘先生了解,有几个朋友也不知如何开口向他询问。

刘先生的同事也只是在上班的时间与刘先生进行沟通交流,等上了岸之后大家都忙着陪伴自己的家人,除了工作上的事情以外,休息期间也很少联系。刘先生的父母很是焦虑,怕刘先生长期下去出现精神问题,于是找到了社工小邓,希望小邓能为刘先生提供专业的帮助。

1. 存在的问题

(1)在情感上:案主还未走出离婚的阴影,整日萎靡不振,情绪低落,悲观消极。

(2)在观念上:案主认为爱情是不靠谱的,作为海员自己可能一辈子也找不到女朋友了,对婚姻持绝望态度。

(3)在家庭关系上:案主拒绝与父母沟通交流,并排斥父母安排的相亲,亲子关系恶化。

2. 干预目标

(1)帮助案主调整消极状态,缓解悲伤难过的情绪,提升对生活、工作及婚姻的兴趣。

(2)帮助案主与父母缓和家庭关系,改善目前的沟通方式,促进关系和睦。

(3)与案主的朋友进行联系,利用社会支持网络,获得帮助。

(4)为案主组织必要的社交活动,学习交友技巧,扩大社交范围。

3. 干预阶段

(1)第一阶段:介绍案主与经历相同、情况相似的其他案主认识,并组建"海员婚姻关系成长班",组员相互自我介绍。

(2)第二阶段:引导组员之间建立信任关系,鼓励组员分享自己的问题、困惑和需求,并获得其他组员的认同和支持。

(3)第三阶段:鼓励组员共同找到解决问题的方法,通过组织小组活动引导组员走出负面状态,重燃对生活的希望。

(4)第四阶段:分享经验心得,并通过共同学习增进组员之间的联系。

(5)第五阶段:引导组员回顾各自的成长经历,强化从小组活动中习得的技能。

第二节 小组工作方法在海员婚姻关系中的应用

根据小组工作方法及其特点,社工小邓针对刘先生的具体情况对其进行了干预过程,活动计划表如表9-1所示。

表9-1 活动计划表

主题	目标	内容
组建小组	(1)组建"海员婚姻关系成长班"。 (2)组员相互认识,建立初步信任关系。 (3)共同建立小组规范。	(1)邀请经历相似的海员组建"海员婚姻关系成长班",并使用专业技巧邀请案主刘先生加入。 (2)社工小邓通过首先自我介绍的方式引导组员分别进行自我介绍,活跃小组氛围。 (3)小组成员共同建立小组规范。 (4)社工小邓对此次活动进行总结
信任认同	(1)建立组员间基本的信任关系。 (2)提升组员对工作生活的兴趣。 (3)增进组员彼此之间的认同	(1)社工小邓带领组员做热身活动,营造良好的小组氛围。 (2)通过引导组员分享海员经历这一共同话题来激发他们对工作和生活的积极性。 (3)通过分享及倾听组员共同感兴趣的话题增进他们彼此之间的信任关系及认同感。 (4)社工小邓对此阶段进行总结
重燃希望	(1)建立组员之间进一步的信任关系。 (2)澄清认知,并改变组员悲观消极的态度。 (3)引导组员重燃对婚姻的希望	(1)社工小邓率先分享并引导大家积极发表对婚姻的理解。 (2)通过对话的方式帮助组员澄清片面认知,并以小组的影响力带动其他组员。 (3)通过观看视频帮助组员巩固正确认知,并重燃对爱情和婚姻的希望。 (4)社工小邓对此阶段进行总结并布置任务

(续表)

主题	目标	内容
习得技能	(1)强化组员对婚姻的积极正向认知。 (2)化解组员与家人之间的尴尬关系。 (3)帮助组员习得社交及沟通技能	(1)通过分享任务的方式增强组员对婚姻的积极正向认知。 (2)通过观看视频引导组员对自己之前的行为及思想有清晰认知,并理解父母的良苦用心。 (3)习得有效的社交技能及沟通方法,小组成员相互产生积极影响。 (4)社工小邓对此阶段进行总结
小组结案	(1)巩固强化组员所习得的技能。 (2)引导组员回顾整个成长历程。 (3)带领组员对未来生活进行憧憬和展望	(1)通过分组练习的方式帮助组员巩固强化习得技能。 (2)社工小邓带领组员回顾整个小组工作过程和组员的成长变化。 (3)邀请组员分享自己参加小组工作的收获。 (4)社工小邓对整个小组工作进行总结并进行小组结案工作

第一阶段:组建"海员婚姻关系成长班"

社工小邓在刘先生上岸期间又去了他的家里,这次虽然没有上次的情况那么糟糕,但刘先生依然无精打采,对什么都提不起劲的样子,房间里依旧有很浓的烟味儿以及好几个空酒瓶子。社工小邓询问了刘先生的近况,刘先生也只是机械地回答着。了解了基本情况之后,社工小邓开始分享自己接触过的类似案例,虽然在整个过程中刘先生一言不发,但能感觉到他对社工小邓的案例分享很感兴趣,甚至还问了一些问题。借此契机社工小邓提出把这些案例的案主聚集在一起组建一个"海员婚姻关系成长班",介绍大家相互认识,共同解决问题,一起成长。但刘先生的第一反应是拒绝参加,社工小邓通过同理心等技巧表示理解刘先生的行为,接着又开始分享这些海员们的案例,不久刘先生已经开始动摇了,在社工小邓对保密原则、案主自决等伦理问题做完解释之后,刘先生终于答应了。

到了约定的这天,刘先生惴惴不安地来到了社工机构,在社工小邓的带领下进入了一个房间,房间里温度适宜、阳光充足,几把椅子围成了一个圆圈。首先社工小邓向房间里的小组成员进行了自我介绍。

谈话片段1：

社工小邓:"大家好呀,我是社工小邓,本机构的一名成员,欢迎大家来到此次成长班,也很开心和大家交朋友,希望通过此次小组工作大家都能够有所收获。"(社工首先进行自我介绍,一方面使小组成员对自己的职责和角色有所了解,从而更易于接受和理解自己的工作;另一方面有助于降低小组成员之间的陌生感,使其感受到社工对他们的关怀。)

其次,社工小邓向大家说明了此次小组活动的名称、人数、组建小组的目的及规则,并引导小组成员也开始进行自我介绍:

小李:"大家好,我是一名海员,今年40岁了,来自辽宁大连,最近有一件事一直挺困扰我的,我和妻子在结婚前几年的时候还好好的,她对我的工作也很支持,但这两年有了孩子之后,她总是和我吵架,嫌我无法帮她分担家务活和照顾孩子,非要让我换一份能在家陪着她的工作,但我又舍不得我这份工作,我现在有时候休假了都不想回家,我知道我妻子还要和我提换工作的事情,我们俩现在关系挺僵的。"

小张:"大家好,我是小张,很高兴见到大家,来之前还一直在担心融入不了这个小组呢,看到大家都很热情我就放心了。很开心和大家交朋友,我最近也挺闹心的,和刚刚的大哥情况不一样,我还没有结婚,有一个谈了好几年的女朋友,各方面感觉都挺好的,这不是准备商量结婚了嘛,结果女朋友的父母听到我是海员,就不太同意这门婚事了,我现在也很苦恼,本来挺向往有个家庭的,现在我也对婚姻失去兴趣了。"

看到大家都大大方方地分享着自己的问题和困惑,在社工小邓眼神的鼓励下,刘先生终于站了起来。

案主刘先生:"大家好,我叫小刘,是一名有着十多年工作经验的海员,从小就喜欢大海并立志当一名海员,现在也算是圆梦了,所以我很珍惜这份来之不易的工作。但是前段时间出海时孩子生病了,妻子一个人在医院来回奔波,我也不在家帮不上忙,等我休假回家妻子和我说不想过这样的日子了,无奈只能离婚了。我父母后来又给我介绍了几个,我都没接触。哎,再结婚不还是一样的结果吗?"(案主的自我介绍反映出他内心原本对婚姻家庭是向往和信任的,并且珍惜自己来之不易的工作,希望与家人共同幸福美满地生活,然而妻子提出离婚使刘先生对爱情和婚姻产生怀疑,他不敢再去追求爱情,认为这样只会重蹈覆辙。)

组员在彼此的自我介绍及问题分享中渐渐打开了心扉,消除了加入成长班之前的担忧,也放下了不敢把内心深处的问题分享出来的戒备。

最后社工小邓对大家的自我介绍进行了总结,在此阶段组员们明确了小组目标及规则,认真倾听了他人的故事并分享了自己的故事,彼此之间降低了陌生感,建立了初步的信任关系。

第二阶段:建立信任关系,获得认同支持

等到下次社工小邓再见到刘先生的时候,他的状况已经有所好转了,主动分享了自己的情况,整个人的精神状态也有所改善,家里也不像之前那样凌乱了。但他依然对生活、工作失望沮丧,认为做什么都没有意思,对于自己最热爱的工作也不像之前那样兴致高昂。

进入成长班后,社工小邓首先带大家做了热身活动,在活动中大家都减少了一个月不见面的拘谨,小组中出现了轻松愉悦的氛围。社工小邓引导大家分享自己作为一名海员的自豪时刻,这次是刘先生首先发言。

谈话片段2:

案主刘先生:"在我十多年的工作经历中印象最深的是五年前那次远洋时,在海上遇到了恶劣天气,当时整艘船都摇晃得特别厉害,还有几个年轻一点儿的小伙子都晃吐了。我的搭档当时也有点慌了,我一直在安慰他,并且冷静地处理着船上的突发情况。最后终于风平浪静了,同事们都夸我沉着冷静,其实我当时也挺害怕的,但是我知道自己不能慌,现在想想还挺为自己感到骄傲的。"(案主的发言表现出他作为一名海员的骄傲和幸福,也进一步彰显出他对海员职业的热爱和对工作的重视,因此社工可以以此为契机与案主刘先生建立共同话题和信任关系,更好地促进下一步的沟通与合作。)

刘先生说完,大家都不约而同地为他鼓掌。

社工小邓："刘先生的发言非常精彩,海员的确是一份非常值得骄傲的工作!还有哪位海员愿意分享自己的精彩经历吗?"(社工对案主分享的工作经历表示肯定与理解,这样使得案主感受到自己是被尊重和被支持的,从而试图敞开心扉,更加愿意与社工合作,此外他的分享还能促进其他的小组成员更加积极地发言。)

小王:"我有时候会把自己出海的照片或者视频发在自己的社交软件上,每次好友们都在下边评论一些很暖心的话,有的人说我们海员很伟大,还有好友说通过我的分享见到了不一样的大海,并为这波澜壮阔的美景深深折服,每当这个时候我就很激动。特别是前段时间世界海员日,好几个朋友都给我发消息祝我节日快乐,我真为自己作为一名海员而感到自豪!"

小孙:"我的爸爸是一名海员,我从小就对他特别崇拜,所以我也立志做一名海员,在报考大学和选择专业时我也义无反顾地坚持着自己的梦想。我现在还清晰地记得自己第一次上船的场景,前天晚上激动得一夜没睡着,第二天在甲板上看着船在航行就好像做梦一样,回到家我就和我爸爸说,我终于圆梦了!"

其他组员也都面带笑容,脸上洋溢着对自己海员职业的喜爱与认同,另外通过分享,有两个组员发现竟然毕业于同一所大学,还有两个组员在同一家公司工作,大家都为此很兴奋,小组中凝聚着一股前所未有的力量,组员彼此之间都产生了一定的认同感。

最后社工小邓对大家的分享做了总结,此阶段组员在上一阶段互相认识的基础上建立了进一步的信任关系,并在社工的带领下通过对共同话题的分享增进了彼此之间以及小组成员对小组的认同,小组气氛轻松活跃,组员分享欲不断增强。

第三阶段:共同解决问题,重燃生活希望

包括刘先生在内的其他成长班小组成员均因为不同的婚姻或感情危机对婚姻持失望、沮丧等负面态度,从而影响到工作、生活等状态。在前两个阶段,一方面通过彼此的自我介绍及问题分享,他们了解到自己并不是孤独的,而且有一个与自己经历相似的群体存在;另一方面通过分享对工作的热爱及兴趣,他们增进了彼此之间的支持与认同,激起了小组成员们对工作和生活的兴致。因此通过

前两个阶段的介入,小组成员对待生活和工作的态度有所好转,但关于婚姻问题的态度仍较悲观。

在此阶段社工小邓首先分享了自己在街头看到两个老年人牵手散步、相敬如宾的画面,并引导大家积极分享自己最喜欢的爱情故事。

 谈话片段3:

小张:"我最喜欢在平台上看那些异地恋奔现见面的视频了,每次我都被感动得热泪盈眶。特别是有一次一个'军嫂'在车站门口等着当兵的男朋友下车,周围有好多群众,女生拿着一束花向男生求婚了,男生感动得稀里哗啦的,我隔着屏幕也跟着哭。羡慕归羡慕,就是觉得这根本不可能发生在自己身上,特别是作为一名海员,哎,谁会愿意和海员结婚呢?"

社工小邓:"张先生的心情我非常理解,不过为什么海员更不可能拥有这样的爱情呢?咱们上次活动不是大家还一起分享了作为一名海员自己感觉最骄傲的时刻吗?作为海员我们同样可以拥有让别人羡慕的爱情呀!"(社工首先表达了对小张心情的理解,这种共情使其感受到自己的情绪得到了关注与认同;其次社工以此为契机进行提问,引导小张重新思考他的发言,使他回想起自己对海员职业的自豪感和幸福感,帮助他澄清可能存在的错误观念;最后引导小张重新审视自己的内心世界,试图找到更加积极的态度。)

小张:"我们这样的工作性质,我觉得应该不会有人愿意嫁给海员吧。"

社工小邓:"您说的观点我能理解,但仔细想一想是不是有点以偏概全了呢?咱们身边的海员不是也有很多拥有着幸福的婚姻吗?我们是不是不应该因为一次的失败就不敢再去尝试了呢?"(社工首先表达对小张感受的理解,同时提出问题引导小张对自己的观点进行思考;其次社工通过案例给予小张正向鼓励,希望他不要因为一次的失败就丧失信心;最后社工通过积极的引导试图唤醒小张内心的勇气和信心,让他勇敢面对生活。)

小张:"你说的不是没有道理。"

社工小邓:"谈恋爱也有分手的时候嘛,在其他工作岗位上的人也会有很多离婚的案例,但是我们不能因为遇到一次挫折就不敢前进了。您说对吧?"(社工以日常生活中的案例分享强化小组成员的正确认知,鼓励小张勇敢面对生活中的挑战,不要因为一次失败就失去信心,并通过小组动力正向影响其他小组成员,营造积极向上的小组氛围,使每个小组成员都感受到支持与鼓励。)

其他的小组成员也在社工小邓的引导下陷入了深思,接着社工小邓为大家分享了两个短视频,分别是《女生眼中的海员》和《海员的幸福婚姻》,观看完视频之后,社工小邓鼓励大家分享自己的感受。

谈话片段4:

小王:"我还真没想到原来这么多人都觉得海员很厉害呢!我以为女生都不喜欢海员,所以我才觉得我肯定找不到女朋友了,没想到女生提起来海员的时候还挺崇拜的,我本来都害怕找女朋友时别人听到我的工作就会被吓跑呢,现在看来,海员找对象也没有那么可怕嘛!"

小李:"视频中的女生说想找一个海员当男朋友,我一开始觉得应该不是真的,有可能只是说说而已,但是当她描述海员辛苦、压力大,所以更需要关怀的时候,我才明白她没有骗人,说的都是真的,谁能娶到这样的女生真是幸福啊!"

社工小邓:"虽然海员与其他职业有一定的区别,但是这种区别并不一定就是缺陷所在嘛,别人不愿意做的事情总需要有人来做,相反做海员很值得我们骄傲啊!我相信大部分人是能够理解海员工作的特殊性质和压力的。"(社工使用同理心技巧,表达对小李观点的理解,并在此基础上指出,海员职业虽然与其他工作有一定的区别,但是相反海员面临的特殊环境和压力使得他们更加值得骄傲,并通过对海员工作的肯定拉近了与小组成员之间的距离,彼此之间建立了更加紧密的联系。)

案主刘先生:"第二个视频中最后那对夫妻真好呀!丈夫出海的时候妻子就去社区做志愿者,两个人都非常理解对方,真羡慕这样的婚姻。我一开始觉得海员就算不离婚应该也不会很幸福,只是为了孩子得过且过,没想到还有如此幸福美满的婚姻,真希望我也可以拥有啊!"(案主通过观看视频观察他人的幸福生活,意识到自己之前的观念可能存在偏差,从而开始重新审视自己的想法和态度,并表达了对幸福婚姻家庭的向往,这种转变表明案主在与社工和小组成员的交流中打开了心扉,逐渐摆脱了过往的消极情绪和心理障碍,重新建立了对幸福生活的向往和追求。)

社工小邓:"大家的发言都非常精彩,那么在本次小组活动结束之前给大家留一项任务,请您用几个词语描述一下您理想中幸福婚姻的模样,很期待下次大家带来的分享。"(布置任务,引发组员深度思考,并且观察分析小组成员现在的认知与之前发生了哪些变化。）

之后社工小邓对大家的感悟及分享进行了总结。在此阶段，通过社工引导及观看视频两种方式，小组成员们逐渐改变了对婚姻不正确的认识，虽说有个别组员一开始仍较为悲观，但在其他组员的影响下逐渐转变了认知，也开始对幸福美满的婚姻有所期待和憧憬。

第四阶段：分享经验心得，增进彼此之间的支持

通过前几个阶段的介入，小组成员不仅对生活、工作提起了兴趣，而且对关于婚恋问题的态度也有所转变。不过，成员们虽然对婚恋不再持悲观消极态度，但仍不知道如何去表达自己，于是在此阶段社工小邓决定带领大家在强化对婚姻正向态度的基础上学习并练习一些必要的社交技能，帮助大家在社交中学会表达自己。

首先，社工小邓带领大家回顾了上次小组活动的内容，并邀请几名成员分享了自己的课后任务，大家都争先恐后地举手发言。

 谈话片段5：

小李："我认为幸福的婚姻首先得以爱情为基础，其他词语的话就是包容、理解和责任吧，男女双方都要理解对方，女方理解男方工作的辛苦和压力，男方也要理解女方带孩子和做家务的不容易，就算有时候出现冲突矛盾，但只要能够包容对方，那就没有什么大问题。"

社工小邓："小李的发言非常棒，互相理解和包容的婚姻会很幸福，所以也非常希望大家都能遇到这样的爱情。"（社工对小李的发言表示肯定，增强了小李及其他小组成员的信心，并通过点评激发小组成员对幸福婚姻的向往与追求，引导他们在相互倾听和理解的基础上树立正确的婚恋观。）

小孙："我还没有结婚，没有什么婚姻经验，但我认为在婚姻中相互支持挺重要的，不管遇到什么问题，双方都可以一起面对、一起解决，这样的话就什么问题都不是问题了。"

社工小邓："说得非常好，其实从大家的发言中不难看出，大家都向往有一份美好的爱情、美好的婚姻，但是美好的事物本身就难得，所以在这个过程中希望大家不要畏惧失败，勇敢地去追逐幸福。"（社工在肯定和赞许的基础上

第九章 小组工作方法——海员婚姻关系成长班

再次强化小组成员的正确认知,使他们意识到幸福获得不易,只有勇敢追求才有可能实现,激发小组成员的积极性和信心,使他们更加坚定地朝着幸福目标前进。)

任务分享结束后社工小邓带领大家观看关于分享社交技巧的视频,视频从正反两个角度生动展现了正向沟通的积极影响和负向沟通给自己和他人带来的消极影响,视频最后还向大家传授了一些正向沟通的技巧,播放结束后,社工小邓邀请小组成员发言。

案主刘先生:"哎,看了视频才意识到我前段时间的消极负面情绪不仅压抑了自己,还给我的父母带来了伤害。现在想想,父母急着给我介绍对象也是害怕我一直沉浸在过去的悲伤中走不出来,都是为了我,还真挺后悔对他们恶语相向的。"(案主的发言表明他已经逐渐认识到自己过去悲观消极状态的负面影响以及由此给身边人带来的困扰。)

小张:"我也一样,前段时间婚姻不顺利时我的父母总是劝我,现在想想他们其实也不好受,但我还总向他们发脾气,怪他们不能理解我,像视频中说的那样,大家总是习惯对最亲近的人发脾气,而把好脾气都留给了陌生人,哎,我应该和他们好好沟通的,我这次回去就向他们道歉。"

社工小邓:"是呀,大家总是倾向于把坏脾气留给自己最亲近的人,我们的父母和朋友其实才是这个世界上最关心我们的人,他们做事情的出发点也都是为我们着想,如果真的发生分歧了,那就心平气和地与他们好好沟通,我相信他们一定都会理解的。"(社工进行归纳总结,鼓励小组成员在与他人产生分歧时要学会心平气和地沟通,并通过强化习得技能来提高他们在实际生活中的应用能力。)

之后,社工小邓对大家的发言进行了总结,并带领大家分组运用角色扮演的方法学习并练习正向沟通的技巧,大家都收获满满。在此阶段,小组成员们不仅通过他人的分享及反观自己内心刻画的幸福婚姻的模样,强化了对美好婚姻的期待,还习得并练习了一些社交沟通技能,彼此在积极向上及凝聚力极强的小组氛围中转变了对工作生活的负面情绪和对婚恋的消极态度。

第五阶段:回顾成长历程,强化所学技能

通过之前几个阶段的介入,小组成员们都发生了明显的变化,本阶段社工小

邓计划带领大家回顾之前的几次介入过程，邀请大家分享自己参加此次成长班的感悟，并引导大家对未来生活进行展望，之后结束此次小组工作。

首先社工小邓带领大家回顾了从初相识到逐渐熟悉起来再到亲密的整个过程，并引导大家思考第一次见面时自己的内心想法。小组成员们对每一次活动的印象都很深刻，刘先生首先分享。

谈话片段6：

案主刘先生："我刚开始加入这个小组只是为了应付我父母，本身也没抱能够交到朋友和学到东西的期望，结果参加过两次活动我发现大家既热情又真诚，整个小组就像一个大家庭一样，有啥说啥，我也干脆不抵触了，直接加入了大家，再接着参加几次活动发现还挺有效的，我现在对于婚姻和工作都挺乐观的，很感谢这个成长班！"（案主的发言表明自己在此次小组活动中收获颇丰，认识到了自己之前的问题，并且也进行了改正。）

大家也都纷纷表示第一次参加这样的小组活动，感觉既新奇又温暖，从中学到了很多东西。

社工小邓："大家都与初次见面时不一样啦，很开心看到大家的正向变化，有哪位小组成员愿意分享一下自己在此次成长班中都有哪些收获吗？"（社工指出了小组成员在此次成长班中的正向变化，鼓励他们分享自己的收获，调动小组成员的积极性，让他们更愿意分享自己的成长和改变，促进小组内部的交流和互动。）

小张激动地说："我自己感觉我的变化还挺大的，不仅认识了这么多的好朋友，学到了丰富的经验，最重要的是我面对我的女朋友和家人不再恐惧和逃避了，我要好好和他们沟通，表达我的真实感受，另外看到这么多海员前辈们都在兢兢业业地工作，我也更加热爱我这份职业了！"

最后社工小邓带领大家对未来的生活进行展望，小孙这时站了起来：

小孙："关于未来其实我想得蛮多的，一方面不管是婚姻中和妻子还是家庭关系中与父母，我们都要学会好好沟通，心平气和地表达自己，有事儿多商量;另一方面自己热爱的事业就要做好,未来我会改掉自己的坏脾气,并且对我的工作更加认真负责!"

大家都激动地鼓起掌来。

社工小邓对大家的发言进行了总结和补充。

社工小邓:"很开心看到大家现在的状态,尽管很舍不得,但是还是要和大家说再见啦!"此次小组工作在大家的支持中结束了。

第三节 评析

海员是一个特殊的群体,复杂的工作环境、特殊的工作性质都会给其身体和心理带来不同程度的影响。小组工作方法是社会工作中常用的三大方法之一,由海员独特的工作背景所衍生出的一系列表征不同但本质相同的问题,使得小组工作方法在海员群体中的应用成为可能。海员不仅能够在小组中得到认同与支持,而且小组工作中特有的小组动力会积极影响到小组中的其他成员,使得小组群体发生正向改变。

一、理论分析

1. 小组工作的定义

小组工作方法是社会工作常用的三大方法之一,与个案工作不同,小组工作的案主是小组中的成员和整个小组,在小组工作者的协助及群体动力的影响下,小组成员最终可以改变认知与行为、获得群体经验,并实现小组成员个人与整个小组的问题解决、成长改变和目标达成。

小组工作有着自身的特点:首先,小组工作并不简单地依赖资源供给来为案主提供服务和解决问题,而是更注重小组活动,因此不同类型的小组活动是小组工作者帮助小组及其成员实现目标的重要途径,这些小组活动促使小组功能有效发挥。其次,小组工作注重群体动力,即小组内部的氛围与小组成员之间的人际关系等,小组工作通过群体动力来实现小组成员行为的改变和目标的实现。最后,小组工作虽然关注小组中的每个成员,但其重心仍是整个小组,小组中的成员并不是割裂存在的,而是处于整个小组中并与其他组员存在这样或那样的关系,是整个小组枢纽中的一环。

小组工作的功能主要包括以下几点:①提供支持和情感交流。小组工作为小组成员提供了一个安全的环境,在这个环境中组员经历相似、问题相仿,因此会通过小组活动产生平等意识和群体归属感,从而获得支持认同,并与其他小组成员进行情感交流。②技能培训和问题解决。小组通过各种类型的小组活动对小组成员直接或间接地进行技能和知识的传授,使小组成员共同习得必需技能,且在小组工作者的带领下,通过小组成员的集思广益,更有利于促进问题的共同解决。③自我探索与自我发展。小组工作为组员提供了一个自我探索与自我发展的机会,小组工作通过特有的群体动力引导组员在反思和互动的过程中明确自己的问题与需求,从而促进小组成员的自我成长。

2. 小组工作的类型

(1)教育小组:教育小组的目的是帮助小组成员习得新知识、新技能和新方法,结合小组目标根据小组实际情况,一方面为小组成员传授社交、情绪管理、独立生活等技能,另一方面对小组成员进行心理健康教育,使其能更好地应对压力和面对焦虑,从而促进问题解决、个人成长和小组目标的实现。

(2)支持小组:支持小组是通过小组工作的过程为小组成员提供情感支持的小组,在支持小组中经历相似、问题相仿的小组成员可以在一个组员彼此认同的小组中分享困惑、交流心得,从而在增强自我意识中对面临的问题进行解决。

(3)成长小组:成长小组是指小组工作者为小组成员提供一种具有鼓励性、支持性和启发性的环境,帮助小组成员实现自我提升及潜能发掘,最终促进小组成员及整个小组的成长与发展。

(4)治疗小组:治疗小组是指小组工作者帮助具有心理健康问题或认知行为偏差问题的组员了解自己的问题和背后的社会原因,利用小组的经验交流和分享,辅以一定的社会支持网络,达到对小组组员心理和社会行为问题的治疗。

3. 小组工作的模式

(1)社会目标模式:社会目标模式是指小组成员最初在小组工作者的带领下共同找到一个确定的社会目标,并通过集体努力与行动来实现这个目标,在这个过程中可能会涉及小组成员的共同计划、集体决策与执行,因此社会目标模式注重团体合作和社会责任感,强调通过共同努力来促进问题的解决和社会的进步。

(2)治疗模式:治疗模式是指在小组工作者的引导及群体动力的影响下,小组成员通过小组过程纠正与社会不相适应的认知与态度,从而促进小组成员身心的健康发展和个人的成长与进步。在治疗模式中,小组成员可以通过其他成员的分享与反馈获得新的启发,进而对自身处境有更清晰的认知,最终促进问题的解决。

(3)互动模式:互动模式是指小组成员在小组工作者的带领下形成一种积极氛围,促进小组成员之间的互动与交流,并最终实现组员之间的情感支持与共同成长。在互动模式中,组员之间是相互理解和尊重的,组员被鼓励积极表达自己的感受和想法,组员之间认真倾听并积极回应。

(4)交互模式:交互模式是指小组成员在一个有机的小组中共同参与讨论、决策和行动的过程,通过小组成员之间的相互学习与影响、互动交流与合作,实现整个小组及组员的目标。在交互模式中,组员之间的互动是动态的和双向的,他们通常共同制订目标和计划,并分工合作加以实施。

(5)组织与环境模式:组织与环境模式是指小组被视为一个与外部环境及组织结构相互作用的系统,这种相互作用影响着小组动力及小组成员的成长与发展,因此在组织与环境模式中,需要在小组工作者的带领下找到促进个人和环境改变的机会,帮助小组成员在其所处的环境中调适自己,从而更好地适应社会。

(6)行为修正模式:行为修正模式是指在小组工作者的带领及群体动力的影响下,通过对组员积极行为的强化及消极行为的干预,最终帮助小组成员改变负面的行为习惯,培养积极的行为和态度。在行为修正模式中,积极行为将得到正面反馈和强化,以增加组员持续该行为的动力,而消极行为则会受到惩罚或负面强化,从而减少该行为的发生,促进行为的正向改变。

(7)发展模式:发展模式是指小组被视作一个整体发展和进步的群体,在小组过程中通过参加活动及与其他组员的互动,小组成员获得探索自我和发展潜能的机会,从而实现小组及个人的成长发展。在这个群体中,小组成员也被视为具有潜力和成长空间的个体,小组工作者应尽量为组员营造一种学习氛围,从而使其实现个人价值并更好地适应社会。

(8)预防与康复模式:预防与康复模式是一种小组工作者帮助组员恢复健

康、重建生活,旨在预防问题发生并为组员提供康复支持的小组模式。在预防与康复模式中,一方面小组工作者要协助组员避免其发生越轨行为,另一方面还需要对已经发生越轨行为的组员在小组中提供康复支持,使其重新适应社会。

4. 小组工作的一般过程

(1) 小组建立阶段:此阶段也叫小组初期,是指小组成员在小组工作者的带领下刚刚聚在一起,成立小组。在此阶段因为初次见面,所以小组成员通常表现出矜持、紧张、谨慎,甚至焦虑等特点,不少组员还会表现出沉默被动的特点,都在留意别人怎么说,从而自己被动跟进,此时小组成员对小组工作者有较强的依赖。此外小组成员还会通过自己以往的生活经历对其他组员做出第一印象的判断。

在此阶段小组工作者首先要帮助小组成员消除陌生感,在自我介绍的基础上可以根据小组的类型设计一些有趣的破冰活动,营造轻松、信任的氛围,帮助组员对彼此有初步认识并降低心理戒备;其次小组工作者要对本机构和自己的工作做简要介绍,使小组成员清晰了解参加此次小组工作的目的及澄清原本对小组工作存在的偏差期待;最后小组成员在小组工作者的带领下共同确定小组目标和建立小组规范,并集体讨论保密原则。

(2) 小组形成阶段:此阶段也是小组工作的第二阶段,通过初期对小组工作的初步了解,在此阶段组员愿意与他人接触,他们之间的沟通交流有所增加,慢慢放下对小组及其他组员的戒备和防御心理,对小组生出归属感和认同感,并开始尝试在小组中表达自己的想法和分享自己的故事。

在此阶段小组工作者的任务首先是带领组员对上一阶段的内容进行简单回顾,并通过特定的活动进一步熟悉小组工作和其他组员;其次小组工作者通过使用引导等技巧逐步带领组员打开心扉,分享自己的故事并认真倾听他人的故事;最后小组工作者要在积极分享与正向反馈中增强小组成员对小组的认同感和归属感,并营造信任、支持的良好氛围。

(3) 小组转折阶段:此阶段也叫小组中期,是小组工作的第三个阶段,也是组员关系走向亲密的关键阶段,在此阶段组员对小组有了一定的认识,开始关注自己在小组中的地位和权力关系,并关注自己的发言、反馈等被其他组员接纳的程度,也有部分组员在暴露本我后对其他组员出现不友好的行为,矛盾冲突也可能因此产生。

小组工作者首先要使用恰当的方法化解矛盾、解决冲突,特别要保持中立态度,不使小组成员受到伤害,并引导小组成员学会包容和接纳不同的意见与观点;其次通过处理冲突,小组工作者要带领小组成员认识冲突的本质,帮助他们增加对自己的了解;最后在冲突化解后,小组工作者要带领组员重新建构小组,使他们明确自己的目标与小组目标的一致性,从而利用契机促进目标的实现。

(4)小组整合阶段:此阶段也叫小组成熟期。是小组工作的第四个阶段,经过了初期、形成期的适应及中期矛盾的化解,小组就进入了成熟期。在此阶段小组成员对问题的解决和未来生活充满希望和信心,并开始运用小组动力集体寻找解决问题的方法,此时小组凝聚力到达巅峰,组员之间彼此信任又熟悉,亲密程度不断增加,小组结构趋于稳定,处于一种安全、信任的氛围之中。

在此阶段小组工作者首先要引导小组成员维持这种良好的氛围,鼓励小组成员对其他组员的自我披露进行积极反馈,保持小组积极互动的状态;其次要帮助小组成员聚焦问题及其解决方法,利用集体力量决策解决问题的最佳路径并促进问题的解决;最后小组工作者要帮助小组成员习得必要技能并通过练习加以巩固,使其被运用于以后的生活中,以避免此类问题的再次发生。

(5)小组结束阶段:此阶段是小组工作的最后一个阶段。此阶段小组及组员的问题基本被解决,目标已经达成,因此进入小组的完结期。此阶段小组成员处于积极昂扬的状态,期待将习得的技能和知识应用于今后的生活当中,同时小组内也充斥着浓厚的离别情绪,部分对小组及小组工作者依赖较强的小组成员还会表现出一些逃避、退化等行为以延迟小组结束期的到来。

在此阶段小组工作者首先需要处理小组成员的离别情绪,与他们一起讨论他们内心的真实想法并分析原因,使他们把对小组活动结束的离别伤感转换成对未来新生活的期待憧憬;其次要肯定小组成员在小组中习得的技能和知识,鼓励他们将其应用于未来生活中,增强他们改变的信心;最后要对小组成员进行后续跟进服务,以确保小组工作的顺利结束。

二、干预过程分析与效果评价

本章整体描述了对一组有婚姻家庭问题的海员进行干预的全过程,使用了社会工作中的小组工作方法。不同阶段面临的任务不同,小组工作者采取的方法也不一样,接下来就进行具体的分析。

1. 干预过程分析

(1)关于与案主建立关系的分析。社会工作者接触案主的方式有案主主动咨询、被动转介等不同的途径。接触途径不同,案主对待服务的态度不同,社会工作者所采取的方法也各有不同。对于主动前来社工机构咨询的案主,他们目标明确,对社会工作有一定的了解,也对整个改变过程持主动积极态度,此时社会工作者工作起来会相对轻松;而对于被动转介的案主,他们对接受服务持被动消极态度,一般会出现抵触抗拒情绪,也就需要社会工作者通过娴熟的工作技巧和恰当的工作方法加以应对。

本案例中虽然是案主方主动前来社工机构寻求帮助和服务的,但认为需要社工介入的是案主刘先生的父母,并非案主本人,因此与案主建立良好的专业关系有一定的难度。此阶段社会工作者采用了同理、寻找共同话题等技巧尝试与案主刘先生建立初步信任关系,在循序渐进的过程中刘先生的态度发生了从消极被动到主动咨询的转变,社会工作者也借此契机邀请刘先生参加小组工作,以更好地为其提供服务,达到解决问题、实现改变的目的。

(2)小组建立初期的分析。社会工作者通过邀请经历相似、背景相同、问题相仿的案主参与小组工作从而建立小组成长班,在此阶段小组刚刚成立,小组成员也刚认识不久,社会工作者所发挥的引导作用至关重要。社会工作者一方面要引导小组成员积极表达自己,形成相互信任、畅所欲言的小组氛围;另一方面也要带领小组成员认识小组规范及目标,明确整个小组工作的内容。

本案例中小组工作者首先进行自我介绍,帮助小组成员尽量消减彼此之间的陌生感,并使小组成员对自己的工作内容、专业性有所了解;其次又通过提问、鼓励等方式带领小组成员进行自我介绍,建立初步的信任关系;最后在营造的轻松气氛中带领大家对小组工作的相关内容进行了解。在此过程中案主刘先生在小组工作者的鼓励下逐渐打开心扉,顺利完成参与小组工作的第一步。

(3)小组中期阶段的分析。在初期阶段小组成员的相互认识及通过参加活动连接不断强化之后,在中期阶段小组工作者要引导小组成员通过小组动力解决问题,帮助存在观念偏差的组员澄清认知,对其他小组成员进行积极的影响,并通过不断强化的方式帮助小组成员形成正确认知。

本案例中包括案主刘先生在内的部分小组成员对婚恋持悲观消极态度,认为海员群体不会拥有幸福的家庭,小组工作者首先通过观看视频的方式引导大家对自己的非理性认知进行深刻思考,使其认识到自己理念的不当之处;其次通过与个别小组成员对话的方式对小组成员存在的普遍偏差理念进行澄清;最后在小组动力的积极影响下帮助小组成员形成积极的、正确的认知,使他们认识到海员婚恋的正常及其所特有的魅力,重燃对爱情、生活和工作的信心与希望。

(4)小组后期的分析。在后期,小组成员的问题基本得到解决,小组之间的氛围融洽,此时小组成员在小组内的状态达到最佳。本阶段小组工作者的任务包括两个方面:首先需要通过切题活动对小组成员问题的解决过程加以巩固,加强问题解决后的观念强化;其次要充分利用此阶段的小组动力帮助小组成员习得必要的技能,以运用到未来的生活当中并防止此类问题再次发生。

本案例中小组工作者的工作主要分为两个方面:首先通过检查作业的方式邀请小组成员分享对美好爱情的理解,唤起小组成员对美好婚姻的向往,强化他们的正向认知;其次通过正反两个方面呈现的视频形式向小组成员传授必要的社交技能,并通过分组练习加强巩固,帮助小组成员切实有所收获并学以致用。

(5)小组结束阶段的分析。在小组结束阶段小组成员的目标实现、任务达成,问题也得到了解决。此时案主的态度分为两种,而针对不同的态度,小组工作者采用的应对措施也不相同:在问题解决及技能习得之后案主对未来的生活充满希望,并期待尽快投入新生活中,这时小组工作者就需要对其进行鼓励,肯定其取得的积极转变;而部分转变较大、对小组工作者有较深依赖的案主可能会存在一些负面行为阻止小组结束期的到来,这时小组工作者就需要采取相应措施来处理与案主的关系。

本案例中小组工作者所做的工作主要包括两个方面:一方面邀请大家主动分享自己发生了哪些积极变化,参加小组工作的收获有哪些,通过小组动力积极影响其他小组成员;另一方面小组工作者带领大家回顾整个解决问题的过程,肯定每个小组成员发生的正向转变,使他们对未来的新生活充满信心。

2. 效果评价

本次干预是一次社会工作中小组工作方法的成功运用,干预的成功之处主要包括:

(1)合理运用了小组工作方法。海员是一个特殊的群体,小组工作方法中特有的小组动力为解决这一群体某个方面的问题提供了恰当、高效的解决思路。一方面小组工作方法帮助遇到相似困难的群体共同集中力量解决问题,通过小组动力充分影响参与小组活动的每个成员,并使其在平等、轻松和相互信任的氛围中得到认同和支持;另一方面相较于个案工作方法而言,小组工作方法效率更高,实现了同时为多个案主一起提供服务的高效运转。

(2)恰当使用了社会工作专业技巧。社会工作有许多特有的专业技巧,如果能够运用得当将会使干预产生事半功倍的效果。在本案例中社会工作者在不同阶段使用不同技巧为案主提供服务,实现了解决问题的高效性。例如在与案主初次见面时,社会工作者采用了同理心、引导的技巧,一步一步帮助案主打开心扉,后期又对案主加以鼓励和肯定,使案主充分感受到参加此次小组工作的成长与改变。

(3) 秉持社会工作助人自助的理念。社会工作者并非单纯地帮助案主解决问题,而是更期望案主通过参与解决问题的过程习得高效、独立解决问题的方法,从而可以凭借自身力量面对以后生活中的困难。本案例中社会工作者并不是单纯地帮助海员群体解决婚姻家庭方面的问题,而是通过解决问题的过程,培养他们积极正向的认知,并且习得有效的社交技能,使他们能更好地面对未来生活中的问题与困惑。

三、建议

不仅针对海员群体,对于其他遇到类似困难的群体也一样,小组工作方法是一种常见的、高效的解决问题的方法,使用此方法解决群体问题时,有以下几点内容需要注意:

1. 重视小组建立初期阶段

小组建立初期阶段非常关键,此阶段社会工作者的行为及与小组成员的关系都会影响到小组未来的走向、目标的实现和问题的解决,因此应给予高度的重视。首先,社会工作者应该做好充分的准备,邀请适用于小组工作方法的案主参加到小组中,成员的选择应确保小组目标可以最大程度地实现。其次,要建立与小组成员的信任关系,小组成员会根据第一次参加活动的情况来决定自己后期的参与态度。因此社会工作者要通过游戏等方法建立与小组之间及小组成员之间的信任关系。最后,社会工作者还要引导小组成员发言,在首次活动中就帮助他们端正态度,使他们明确自己应该积极参与到小组中来,而非被动接受。

2. 恰当地处理小组内的矛盾冲突

虽然参加小组活动的案主具有相似的问题或者相仿的背景,但是由于每个小组成员的年龄、职业、家庭、受教育程度等的不同,他们会形成对于问题的不同认知。因此等小组工作开展到中期时,可能就会有各种问题甚至是矛盾冲突冒出来,此时社会工作者的任务就是要使用恰当的方法对这些问题或者矛盾冲突进行处理。一方面社会工作者可以对遇到的具体冲突加以解决,先使小组工作按照正常的走向发展,注意此时社会工作者在解决冲突时不能偏袒任何一方;另一方面社会工作者可以以此次冲突为契机,使得小组成员学会包容和理解他人,认识到解决问题办法的多样性,对其起到一定的教育作用从而达到高效实现小组目标的目的。

3. 营造轻松愉快、信任的氛围

小组氛围在整个小组过程中都是非常重要的内容。如果小组成员之间彼此冷漠、不愿意打开心扉,那么在这样的氛围下小组成员必然会不配合社会工作者的工作,因此导致问题难以有效解决,目标也无法如期实现。相反如果小组内部形成了轻松愉快的氛围,大家都愿意分享自己的问题和困惑,并对他人的故事表示理解,那么小组成员会在小组工作过程中不断地配合社会工作者找到问题的根源及解决办法,从而快速、高效地解决问题。另外,小组氛围除了轻松、信任之外,还要注重平等和认同,在平等的氛围中每个小组成员都有机会说出自己的故事,而其他小组成员改变的认同与支持也将会使目标的实现达到事半功倍的效果。

4. 做好应对突发情况的准备

社会工作者一个非常必要的技能在于要做好应对突发情况的准备工作。在开展小组工作之前,社会工作者可以制订一份必要的紧急计划,包括一些与本次小组工作中小组成员问题相关的、可能会发生的突发情况及其应对措施,并做好相关准备工作,这样可以帮助社会工作者在遇到紧急情况时迅速做出行动,使危险降到最低。在遇到危急情况时,社会工作者也要保持冷静和专业,迅速地对情况做出判断并采取行动,以保护小组成员和相关利益者的安全,必要时可以打电话求助机构和社区人员,要遵循生命安全第一重要的原则来处理和解决危机。

5. 注重小组与小组之间的差异性

小组工作的类型有很多,例如教育小组、支持小组、成长小组等,除此以外每个小组的群体也各有差异,因此社会工作者不能采用同样的方法去处理不同小组面临的问题,要注重小组与小组之间的差异性及小组自身所具有的独特性。例如对于成长小组的类型而言,社会工作者应该把注意力放在促进小组成员观念的变化和认知的澄清上,而非只注重问题的解决;再例如对于老年人小组而言,社会工作者要采用更适合老年人的沟通方式与之进行交流,并且要根据老年人的身体状态等特点对小组的进度有耐心,重视点滴的进步。因此不同的小组应该有各自的应对方法,社会工作者要加以重视。

本章小结

本章是一个采用小组工作方法对存在婚姻家庭问题的海员群体进行社会工作介入以促进认知转变和问题解决的案例。

小组工作方法是一种通过小组动力和小组过程协助小组成员发生认知和行为的改变、获得小组经验，以实现小组成员个人与整个小组的成长改变、目标实现和问题解决的方法。案主主要是小组中的成员和整个小组，在海事社会工作中，小组工作的对象一般指具有相同或相似问题的某一海员群体。

小组工作方法的类型主要包括教育小组、支持小组、成长小组和治疗小组；小组工作的模式主要包括社会目标模式、治疗模式、互动模式、交互模式、组织与环境模式、行为修正模式、发展模式和预防与康复模式。小组工作的一般过程包括小组建立阶段、小组形成阶段、小组转折阶段、小组整合阶段和小组结束阶段。通过这五个阶段，介入社会工作者带领小组成员逐步解决所面临的问题，对既定的目标加以实现。

小组工作方法运用于海事社会工作时，应该对以下几个方面内容加以关注：重视小组建立初期阶段，建立好与小组成员之间的信任关系；恰当地处理小组内的矛盾冲突，利用矛盾冲突处理契机来促进小组成员的成长改变；营造轻松愉快、信任的氛围，最高限度地使所有小组成员参与到小组过程中；做好应对突发情况的准备，坚持生命安全至上的原则；注重小组与小组之间的差异性，采用个性化的方法处理小组所面临的问题。

第十章

社区工作方法——海员流动站

海洋是重要的资源宝库,党的十八大提出建设海洋强国,旨在推进海洋经济高质量发展。海员作为海洋强国建设中不可或缺的人才,保障海员身心健康及日常生活需要是我国海洋强国建设的重要一环。社区工作方法作为社会工作三大方法之一,通过建设海员流动站,为海员提供兜底保障、生活服务、心理疏导方面的服务,保障海员在船上的日用品及食品供给,减少日常用品短缺、购物不便、物资补充不及时等问题对海员生活和工作造成的困扰,降低船岸差异对海员个人及家庭生活的影响,提升海员职业的认同感及船上工作的幸福感。

第一节
案例描述

一、基本情况

小王身为一个"95后",是家里的独生子,其父母是农民,收入来源十分有限。小王大学所学专业是室内设计,毕业即失业的他迫于经济和就业的双重压力而选择在某航运公司做一名海员跟船出海。以下是他关于海上生活的陈述:

海上生活很单调,每天工作8个小时,敲锈刷漆、冲洗甲板、货舱,很累,尤其我是一个刚上船的实习生,当过海员的都知道,船上地位最低、干活最多的就是实习生。一天一天就在劳累和乏味中度过,但这其实都没什么,但在快入冬的时候我的想法改变了,因为季风来了。海上的天气变幻无常,面对季风也没什么遮挡物,寒风从四面八方往船上吹,船也跟着风浪摇摇晃晃,眩晕、恶心让我一下子吐了出来,当时我就一个念头:坏了,晕船了。

这还不算什么,适应了几天,风浪过去了就好了很多,最让我觉得接受不了的是在船上没有信号,不能跟父母和朋友联络,不能网购,也没有补给,非常不方便。上船之前我从家里拿了两大袋洗衣粉,原以为足够用到下船回家,谁知道才走了一个多月就用完了,每天在海上风吹日晒地干活,衣服一天不洗就臭了,所以用得特别费,停靠在某港口时我也没看到超市,后面只能用海水简单洗一下继续穿。洗发水和牙膏也没有带够,后面都是临时跟同事买的,这才勉强维持到下船。

像洗衣粉、洗发水这种日用品没了可以将就,但是没有药是真的不行,我们一起出海的同事突然患上肠胃炎,上吐下泻,高烧不断,他跟我一样也是新来的,身体一直很好,所以就没有拿药,还是我把自己的药拿给他吃了,他的病情才有所缓解,但药吃没了就一直没再买到。

更让人头疼的是,船上没有信号,别说网购了,打电话都困难,上次出海期间正巧赶上情人节,我提前就想好了给我女朋友准备的礼物,但是一直没有网络不能下单,想微信转账也没有信号,就这样,我俩错过了在一起的第二个情人节,不久我靠岸了,有信号之后我赶紧打开手机,没想到收到的是我女朋友给我发来的分手短信,她特别失望。我为了不耽误她,也没有选择继续纠缠,但是我真的很喜欢她。我还有一个同事也是因为类似的原因被分手了,为了工作和生活,只能放弃情感生活,真的很无奈。如果船上有信号就会减少很多这样的问题,至少能通过网络聊天维持感情。

如果能网购或者公司能及时给我们提供补给,我们的生活绝对要比现在好过很多,也不用一直吃冷冻的肉,也不会吃不上蔬菜和水果。当海员这两年我瘦了十几斤了,可真是减肥了。

二、问题分析与评估

1. 存在的问题

随着互联网和智能机的普及,传统的人际沟通及购物方式逐渐被语音、视频、网购所替代,但是海员由于其特殊的工作性质,没有稳定的网络(上网费用高昂)和固定的收件地址,即使临时停靠在港,也不一定能够买到所需商品。综上,海员在工作和生活中面临的问题如下:

(1)药物稀缺,供给困难。

(2)日用品短缺,港口/码头购物不便。

(3)网络环境、收件地址不稳定,难以网购。

(4)缺乏新鲜食材,工作餐缺少维生素等,影响身体健康。

2. 干预目标

本次服务的总目标是改善海员在海上工作的生活条件,保障其日用品、食品及药品的供给,提供稳定的上网条件,维护海员身心健康,提升海员船上工作的幸福感和满意度。具体目标如下:

(1)完善随船药品医疗箱和急救箱的配备。

(2)增设港口/码头便利店超市,方便临时停靠的海员购物。

(3)增强港口购物生活一体化建设,如逐渐加入理发店、餐馆、图书店等设施。

(4)整合公司资源,保证食材及急需用品的及时补给。

(5)改善网络条件,加强海员与家庭及外界的联系,维护其家庭关系和正常社交。

3. 干预阶段

(1)第一阶段

社会工作者了解自己所属机构能够为海员提供哪些服务和资源,明确在海员流动站建立中的结构分工和自己的工作内容,与共同参与该项目的同事建立良好的合作关系并明确职责范围。

(2)第二阶段

一方面,通过问卷法或访谈法更全面地了解和明确该航运公司海员的问题和需要。

另一方面,了解该航运公司航线所涉及的停靠点,实地考察或与该公司员工谈话了解每个停靠点的地理、人口和资源状况,每个停靠点做好一点一档,为后续介入奠定基础。

(3)第三阶段

依据海员需要和停靠点资源状况建立海员流动服务站,向当地政府或海事局递交项目计划书申请资金。在航运公司举行公开讨论会,保证所有海员畅所欲言,社会工作者与海员协商拟定具体的海员流动服务站选址、服务策略和方案。

(4)第四阶段

整合航运公司内外部资源,按计划实施社区服务方案,招募社会工作人员、志愿者等人,正式建立海员流动站。

(5)第五阶段

在服务站中培养站点管理者和领导者,制定组织规则,成立站点委员会商议决定站点重大事务。

(6)第六阶段

通过过程评估与结果评估两种方法相结合,评估海员流动站的建立能否真正解决该航运公司海员所面临的问题,服务是否有效。

第十章　社区工作方法——海员流动站

第二节
社区工作方法在海事社会工作中的应用

第一阶段:准备阶段

在进入该航运公司提供服务之前,社会工作机构应组织参与该项目的社会工作者开会讨论,说明本次服务应该提供的服务内容、种类以及服务过程中涉及机构内外部资源等事宜,同时明确项目的目的、各部分结构要素、各成员应当承担的责任以及协同工作单位,使社会工作者提前明确自身角色,避免出现权责混乱现象,保证机构内部团结统一,同时与外部协同单位做好沟通,避免人力物力资源的浪费,提升服务效率。

此外,社会工作者借此机会与共同参与该项目的同事建立良好合作关系,方便日后默契配合,开展工作。

第二阶段:调查与收集资料阶段

首先,对该航运公司进行背景调查和资料分析,在整体上把握航运公司的发展历史、企业文化、地理位置、员工结构、管理制度、公司内外部资源等,便于社会工作者后续设计问卷及进入公司进行访谈。

其次,社会工作者根据上述基本情况设计调查问卷及访谈提纲,并对问卷进行信度和效度的测试,为后续评估提供切实保障。社会工作者与公司管理人员商定,选择海员人数较多的时间进入公司发放问卷,在发放问卷前,由公司管理人员将海员聚集到会客厅,社会工作者介绍自身身份及所属机构,说明此次问卷的目的及用途,并承诺做好保密工作。

谈话片段1:

社工小刘:"大家好,我们是蓝天社会工作机构的社工,我叫刘一,应贵公司要求,为了更好地满足各位海员在海上航行过程中的日常需要及食品供给,接下来我们将以问卷的形式了解各位的需求及问题,问卷不需要填写姓名,请各位如实回答,我们一定会做好保密工作。"(社工小刘介绍了自己的姓名、职业、所属机构以及目的,通过一定程度的自我暴露快速与案主建立良好的专业关系,为后续的服务和介入奠定基础,能够让案主更配合问卷的填写。)

案主老张:"这份问卷是交给你们的还是交给公司的?"(这句话显示了案主对社工小刘有一定的戒心,他也担心如实在问卷上填写自己的实际问题和需求被公司看见影响自身的职业发展前景。)

社工小刘:"这是由我们回收整理的,而且大家都是匿名填答,后面会将问卷分析的结果给公司,但大家的问卷是保密的,所以请大家放心填答。"(社工小刘遵照"保密原则"对案主进行了保密承诺,这给了案主如实填写问卷的勇气,从而确保了问卷结果的真实性和可靠性。)

问卷回收后进行统计和总结,全面、深刻地了解和分析该公司海员的问题和需要。

再次,社会工作者找到公司负责航线运行管理的部门负责人进行面访,了解该航运公司航线所涉及的停靠点。

最后,通过实地考察或与海员会谈了解每个停靠点的地理位置、人口分布和资源状况,每个停靠点做好一点一档,并绘制停靠点资源地图,清晰直观地呈现各停靠点状况,便于后续海员流动站试点的选择和介入服务的开展。

谈话片段2:

社工小刘:"请问你们在港口停靠的时候,有什么想买但是买不到的用品吗?"(社工通过"购物"这一案主在工作和生活中的平常事,引导案主阐述自己遇到的类似或其他问题。)

案主老张:"哎,那可太多了,上次跑船我们在东边的港口停了半天,我想买点维生素和水果都没有。只有一些饼干、面包这样的零食。"(案主买不到维持身体机能的维生素和新鲜水果,又吃腻了船上的工作餐,只能买一些零食换换口味。)

案主小李:"对,我上个月想在南方那边趁着停靠的时间买点特产寄给家里,但是码头只有一些海鲜铺子,没有卖特产的地方。"(案主经常全国各地跑船,但是船舶停靠的时间很短暂,港口附近又没有超市或特产店,因此很难有机会给家人买到各地特产。)

案主小王:"我总是低血糖,去年冬天在船上糖吃没了,想在船靠岸的时候再买一些,但是连超市都没有。"(一些案主身体健康状况存在一些问题,船上缺少日常保健品,以致长期生活在船上难以维持自身健康。)

案主老刘:"有的时候船要走一两个月,船上没信号,电子小说加载不出来,想在码头买点书也是不可能的。"(出海远离海岸线和信号塔,海员在船上长期没有信号,既不能用手机休闲娱乐,也不能获取时事新闻;并且港口周围鲜少有书店,线下图书、报纸的供给也很缺乏。)

……

社工小刘:"好的各位,基本情况我们已经了解并进行了记录,各位的问题、需求以及建议我们会认真对待,帮助各位解决问题。"(社工小刘给了各位案主真诚的承诺,让其进一步相信社工是来帮助自己的,能够进一步拉近与案主的专业关系,有助于提升服务效果。)

依据马斯洛需求层次理论,海员们的需求不仅局限于生活用品等物质层面供给的基本需求,还有身体健康、精神娱乐等更高层次的需求。因此,在后续的海员流动站建立策划中,要以满足海员日用品需求和食品供给为基础,打造集基本生活保障、精神娱乐、健康维护等多方面功能于一体的综合性服务站点。

第三阶段:制订计划与链接资源阶段

首先,社会工作者依据上述收集的资料和信息,在充分考虑海员问题和需求的基础上,与航运公司共同商定项目计划书,并向公司所在地的海事局递交项目计划书申请资金。

其次,社会工作机构与航运公司分别联系社会基金会或公益组织,筹集社会资源的帮助与支持,希望能够以海员流动站的成立为契机与社会各界一起齐心协力,关心关爱广大海员,组建全方位服务队伍,保障海员的需求与权益,提升海员在社会上的职业认可度。

第四阶段:流动站组建阶段

在航运公司举行公开讨论会,将保证所有海员畅所欲言,广泛征集海员意见,依据海员需要和停靠点资源状况,整合航运公司及社会工作机构内外部资源,社会工作者与海员协商制定服务策略和方案。

选择所有船舶都会经过的港口设立试点海员流动站:

第一步：在港口选址，建立一个综合性的流动站空间。区域划分为超市购物区、休闲娱乐区、健康维护区、图书角区域、餐饮区、美容美发区、快递区、业务咨询区等。

第二步：购进各个区域所需的设施设备，如厨具、货物架、按摩椅、食品、药品、桌椅、图书等。各种设施的品牌功能及商品的种类可以设计投票小程序，在资金允许的范围内最高限度地遵循海员的意见。

第三步：在港口附近居民区招募流动站工作人员，包括医生、护士、厨师、售货员、搬运工、快递人员、保洁等。在员工的选择上，除了对港口附近居民的招募，还可以在公司内部发布公告，优先招聘有意向的海员家属为海员流动站工作人员，增加海员与家属见面的机会。

第四步：在海员流动站中培养站点管理者和领导者，订立组织规则，成立站点委员会商议决定站点重大事务。在海员流动站中投票选举出站长、副站长及各区域负责人，分别负责流动站事务，站长及副站长统筹负责站内一切事务。各区域负责人权责分明，只负责本区域内事务，不同区域之间需要互相帮助时，由站长和副站长进行协调，避免在工作中出现矛盾纠纷。成立流动站委员会及监察会，由委员会负责日常工作及重大事项的裁决，由监察会制定流动站工作规则纪律、奖惩制度及日常工作监督巡查。

第五步：试运营。以上一切事宜安排妥当后，先按照计划试运营半个月，由流动站员工与社会工作者共同总结发现计划中的不足，及时调整，查漏补缺，提升正式运营的服务职能。

 谈话片段3：

工作人员小邹："咱们流动站进货的货车有点少了，两辆货车又要进食材，又要进日用品和一些设施设备，我们这两个司机不休息也忙不过来，咱们可以再招两名司机或者再添两辆车，要不然太累了，容易出交通事故。"（小邹的话既有对工作强度的不满，也有对交通安全的顾虑，保障了交通安全，才能保证有效的服务。）

工作人员小钟："我觉得可以在休闲娱乐区单独辟出来一块空间作为家庭团聚室，给他们团聚的单独空间，这样的话比较方便海员与家人单独团聚和说话，增进家人之间的感情，不然只在休闲区，多少会有些不方便。"（小钟的话细心考虑到了海员家庭方面的需求和对隐私空间的需要，对于促进海员家庭关系和谐有重要作用。)

工作人员小刘:"咱们餐厅区的菜谱过于单调,可以简单划分一个地区性的菜谱,海员们来自全国各地,在船上的工作餐也比较有限,咱们要尽力给他们做出他们想念的家乡味道。"(小刘的建议充分体现了流动服务站餐饮区成员对于海员在饮食文化差异方面的尊重与理解,能够更好地促进站内人员与海员融洽关系的建立。)

……

社工小邓:"大家的提议都很中肯,也十分有帮助,我们一起努力,马上整改,我相信在海员流动站正式运营之后,一定会收到很不错的反响,大家的努力是不会白费的!"(社工的话让海员流动站的工作人员感受到了被尊重和被认可,使其更加有信心共同努力建设好流动站。)

社工根据自身经验及海员流动站工作人员的意见总结,改善了以上不足之处,为后续流动站正式运营打好基础。

第五阶段:正式运营阶段

整合航运公司内外部资源,按计划实施社区服务方案,将试点海员流动服务站正式投入使用。

1. 超市购物区

在超市购物区供给牙膏、牙刷、拖鞋、毛巾、针线、洗衣粉、洗衣液、卫生纸等海员所需要的日用品以及一些食品等,满足海员靠港后就近购物、补充物资的需要,保障其船上基本生活的质量。同时超市还建立了群聊,将超市商品的品类图及价格上传到群里,海员们可以通过手机提前预订自己要购买的物品,下船后直接凭借预留手机号取货,节约时间。

2. 休闲娱乐区

休闲娱乐区提供无线上网服务,配备饮水机、按摩椅、手机充电箱、高清电视、茶具、象棋等物品设备,供海员工作之余休闲娱乐、放松身心。同时,采纳工作人员意见,在休闲娱乐区东北角开辟出单独的专区供海员与家人团圆,并为海员及家人提供茶水饮料和零食等。

此外,与移动公司达成合作,在每艘船上配备无线网络设备,最大限度地使船上的海员能够使用网络与外界沟通。

3. 健康维护区

配备一名医生、两名护士和药品若干,在海员停靠或下船休息期间为其提供健康维护,保证其身体健康,尤其是患有风湿等职业病的海员,可以为其提供烤灯、电疗等多种职业病预防及康复服务,并与医院达成合作,由医院医生、护士来流动站定期对海员进行体检和注射疫苗。

此外,为每艘船配备药品种类齐全的医疗箱及急救设备,并定期对每艘船只的急救设备、药品种类进行检查和更新,发现缺失立刻补齐。

海员如果出现生病等紧急情况,可以在海员流动站先做一些简单的处理,防止情况恶化。2023年5月,海员小胡不慎扭伤了脚踝,脚踝当即又红又肿,由于在港口附近预约不上滴滴快车且距离医院过远,该船上的另一名海员向海员流动站的工作人员求助,值班人员在收到求助信息后,立刻驾车到船舶停靠泊位,接上小胡及其陪护人回到海员流动站做简单的冰敷和医护处理后,送小胡前往医院进行进一步的医疗处理。

4. 图书角区域

根据海员线上投票结果,购买了海员们感兴趣的图书,并将图书编码编号,放在图书角,海员们可凭借手机号和工号免费登记借阅,按时还回。这既能够提升海员的人文素养,又能够帮助海员群体发展出兴趣爱好。同时图书角可以与航运公司党支部进行合作,将党支部的宣传教育海报、手册等放在图书角门口,便于海员传阅、学习党的思想,弘扬红色精神。

5. 餐饮区

餐饮区配备厨具、餐具消毒仪器,食品安全质检柜等,同时保持食材新鲜,为海员提供最新鲜、最营养的食物。此外,根据员工建议,依据地理区域制定不同的菜单,细化菜品口味,便于海员选择。

2024年春节,海员小王由于工作轮值,没能回家与家人一起过年,和他情况一样的海员也有很多,经过公司与海员流动站社会工作者的协商,将值班海员家属都接到了海员流动站过年。来自南北方各地的海员和家属们在一起包饺子、煮汤圆,餐厅大厨还特意在给大家做了年夜饭后才赶回家过年。

6. 美容美发区

海员们在船上很难有理发的机会,男士的头发又要经常修剪,据海员们说,大部分时候是他们自己在船上用推子理发,因此在海员流动站开设美容美发区是非常必要的。

7. 快递区

海员流动站要实现快递寄存、代发等业务。海员在船舶航行的时候提前买好需要的东西,然后让快递员送到海员流动站,船舶停靠码头后,海员可以取到自己所需的东西。当海员需要给家人、朋友寄东西时,快递区也可以实现一键代发服务,为海员的生活提供便利。

8. 业务咨询办理区

业务咨询办理区摆放船舶、海员相关的专业书籍以及业务办理指南等参考资料,方便海员查阅相关信息;与当地海事局达成共识,定期安排海事局工作人员到驿站驻点,为海员朋友们提供业务咨询、政策法规和海员诉求等方面的专业服务。海员休假时间本就不多,往来海事部门办理业务、政策咨询费时费力,在海员流动站设立咨询办事区能够节约海员的时间和经济成本。

同时,为保障海员行业规范有序,推动海员队伍高质量发展,社会工作者与海事局工作人员以海员流动站为依托,开设远程培训考场,提供法律法规、职业技能等免费培训,精准提升海员职业水平和复工技能,以高效服务促进海员队伍综合素质的提升。

谈话片段4:

社工小刘:"各位海员你们好,我们又见面了,我想询问一下,海员流动站建立并投入使用以后,对你们有什么帮助或者解决你们之前在工作、生活中遇到的问题了吗?"(本段话是社工小刘的跟踪回访,目的是进一步了解海员流动站建立的服务效果。)

案主小王:"有很多帮助,最方便的就是有了海员流动站,终于不用在上船之前拿一大堆糖了,稍微拿一点,不够的到补给站再买就可以了,物价也不高,跟外面一样。"(小王的话反映了海员流动站建立之后,日用品的供给和购买更加方便快捷了,并且在价格上也合理公道。)

案主老张:"我感觉帮助非常大啊,之前我想买点维生素和水果根本买不到,现在一下船就有大超市和餐厅,想吃啥都有,太方便了,而且每个月公司都会配备物资船给我们,补给新鲜的肉、蔬菜和水果,也就不用总吃维生素了,生活质量直线上升。"(老张的话反映了海员流动站的建立使船上、船下的饮食等物资配备更齐全,对于身体健康也有了更及时的保障,提升了海员的工作生活质量。)

案主小李:"我也觉得很有用,我现在想给爸妈买东西,直接网上下单邮寄就可以了,不会再因为距离和信号这些原因耽误与家人的联络。"(小李的话反映了海员流动站建立后,船上信号状况有所改善,海员在网购与社交方面更方便,打破了海员与外界断联的状态,有助于海员人际支持网络的建立。)

案主老刘:"自从这个流动站建立,我的业余时间就非常快乐和充实了,想看电子书可以随时下载,还可以在网络信号好的时候听书,不想看电子书了,船靠岸的时候直接去图书角借阅,只要按时还回去就行,想看什么还可以跟图书角的员工提建议,这放在以前我们可是想都不敢想。"(老刘的话反映了海员流动站建立后,海员在船上、船下的业余生活都有所丰富,无论是电子书还是纸质书,都有了定期的供给。)

根据社会工作者的持续跟进访谈,可以知道海员流动站在很大程度上满足了海员们的日常需要和其他需要,提升了他们的生活质量。下一步将继续升级海员流动站的硬件设施并优化软件服务,继续积极探索海员服务领域改革创新,提升海员生活质量,为建设高质量海员队伍提供坚实保障。努力实现海员服务工作的标准化、规范化和人性化,构建具有鲜明特色的海员流动站。

第六阶段:总结评估阶段

社会工作者通过将过程评估与结果评估两种方法相结合,评估海员流动站服务是否有效。

(1)通过再次发放问卷,统计海员问题与需求,对比服务开始前的问卷结果,后期发放的问卷结果相较于之前的结果有了明显的改善,由此可以评估流动站服务有效。

(2)以案主的评价为依据来评估服务成效,社会工作者在航运公司、海员流动站及港口对海员进行面谈,海员们无不称赞海员流动站建立后他们的生活质量有了非常大的改善。

(3)对海员流动站项目的每个阶段进行总结,分析各阶段对最终服务成效的作用与影响。

第三节 评析

一、理论分析

1. 社区工作与海员流动站

社区是指社会上的人基于地缘、业缘、血缘等关系聚集在一起,他们在这个集体中遵守相同的准则,拥有共同的目标,通过彼此之间的社会化互动形成共同的生存环境,从而在生活、工作、风俗习惯等方面拥有一些共性特征的集体。社区的特征如下:第一,一定数量的人群;第二,一定范围的共同生活空间;第三,社区内的人群在某种角度上具有关联;第四,社区内的人群拥有共同的目标;第五,社区具有所有人必须遵守的规则。对于该航运公司的海员来说,他们因工作需要聚集在一起,长期生活在共同的工作环境中并共同遵守公司的规章制度,因此,航运公司在一定意义上即可称为社区。

社区工作是社会工作三大方法之一,社区工作方法主要通过社区工作者秉持专业助人理念,综合运用各种专业助人方法,通过沟通技巧与社区居民之间建立互相信任的专业关系,双方互动合作,共同制定社区工作的目标并解决社区问题,提升社区凝聚力和解决问题的能力,是旨在提升社区整体福祉、促进社区自助并提升社区居民社会意识、社区意识的专业服务活动。相较于社会组织运行和社会工作研究等间接工作方法,社区工作方法属于直接工作方法;同时,相较于个案工作、小组工作的作用和影响的范围,社区工作方法属于宏观实践范畴,社区工作方法是海员流动站成功建立的重要基础。

海员流动站是通过社区工作者的纽带作用,将社会工作机构、航运公司、政府和社会等多方联系起来,形成多主体共同参与的综合服务体系。以社区工程流程为框架,旨在为海员的工作和生活提供科学、全面的保障服务,切实解决海员长期以来面临的问题,满足海员的需要。建设海员流动站是将社区工作方法应用到航运公司的典型案例,对我国的社会工作特色领域——海事社会工作的发展起到了重要的推动作用。

2. 社区工作的技术

(1) 与居民建立专业关系的技术

第一,沟通。这里所指的沟通有两层含义:一方面是指社会工作者运用倾听、身体语言等沟通技巧拉近与案主之间的关系,通过与案主之间的沟通交流,促进良好专业关系的形成;另一方面是指社会工作者引导案主之间的沟通交流,通过建立社区内的沟通机制促进良好居民关系的形成,减少社区内的矛盾和误会。

第二,同感。同感即社会工作者要对案主的遭遇感同身受,面对案主的困境和痛苦能够与案主同频共振,设身处地地考虑案主的困难和需要,让案主感受到社会工作者能够理解他们。

第三,真诚。真诚是与案主沟通交流、建立专业关系的重要基础,社会工作者只有真诚地面对案主,取得案主的完全信任,才能进一步引导案主没有后顾之忧地说出自己的问题和需求,在施工组织面前完全地袒露自己。

第四,尊重。尊重是社会工作的专业价值理念,也是社会工作者的伦理守则,社会工作者要尊重人的尊严、价值和权利,以全人视角看待案主的问题和需要。

(2) 社区方案策划的技术

第一,目标制定。清晰可行的目标是方案策划和干预行动的方向。社区工作者在制定工作目标时,在运用自身所掌握的专业知识及理论对社区问题进行科学客观分析的基础上,还要通过问卷、会谈等方法广泛收集社区内居民对社区问题的意见和看法,从不同角度看待社区问题,包括社区内居民的特点、社区内外的资源状况、居民的兴趣需要、社会工作者自身的能力及社会工作机构的服务范围等。

第二,方案策划。社会工作者与案主围绕制定的目标,采取"头脑风暴"方法共同提出解决问题、达成目标的服务方案。依据社区的实际情况和社区居民需求评估所提出的策略,社会工作者筛选掉不具有可行性和不符合实际的策略,再进一步逐一分析剩下的各个策略实施的可行性,通过比较得出较好的策略,选出一个最贴合社区实际情况的策略进行实施,将其他几个可行性较高的策略作为备选策略。

(3) 进入社区开展工作的技术

第一,收集社区资料。了解社区除了通过观察法和访谈法与居民之间进行互动沟通、发放问卷外,还可以通过查阅文献、地方志、居民委员会资料、政府官方文件、新闻媒体报道及报纸等途径了解社区的名称、发展历史、人口结构、地理位置、风俗习惯、宗教信仰等信息。

第二,进行社区分析。将从各方收集到的社区资料进行分类整理,从社区人口构成、地理位置、自然环境、内外部资源等多方面对社区进行全面、客观的分析,明确社区的优势和劣势,并将社区禁忌的风俗习惯单独整理出来,告知社会工作者,为其与社区居民建立专业关系及介入服务打好基础。

第三,鼓励社区参与。社区工作者在开展社区工作时,社区居民的积极参与是社区工作目标顺利实现的重要因素,社区居民是最了解社区问题和自身需要的,因此鼓励案主积极参与社区服务过程,培养社区居民的社区意识与责任意识,对于日后社区居民参与社区事务、管理社区资源、实现社区自助具有重要作用。

第四,营造社区氛围。良好的社区氛围是顺利开展服务的基础,社区工作者通过设置社区聚餐、社区家庭日等温馨的活动来增强社区凝聚力,形成良好和谐的社区氛围,促进社区居民之间的团结互助。

第五,组建社区组织。为了在服务结束后社区居民还能够保持高质量的自助互助,社会工作者应在社区内选择热心主动并具有一定名望的社区成员作为社区骨干,组建社区自治组织,管理社区事务及内外资源,处理社区矛盾和问题。一方面,社区工作者应对社区组织建立的初衷和目标有清晰全面的了解;另一方面,社区工作者也应对作为招募对象的社区居民有所了解。在此过程中社会工作者要注意避免喧宾夺主,避免让社区居民感觉压力太大,要尽量为居民提供自决和发展的机会。社区组织建立后,社会工作者还要关注它以维持与发展,若目标或结构出现不符合社区需要的情况,要做出及时的调整;同时还要不断提升组织内成员和骨干应对危机的能力及制定对问题成员进行处理的规章制度。

第六,开展社区教育。社区教育主要是对社区居民传播知识和信息,打破社区居民固有的思维及知识体系,输入新的信息。社会工作者应对社区居民进行分析,设定教育目标,在明确教育目标后根据社区居民的特点来设计社区教育的方式和内容并对社区教育的结果进行评估。

(4) 与行动体系合作开展工作的技术

第一,组织协调。社会工作者在开展社区服务时,仅仅依靠个人的力量是无法顺利完成社区服务的,因此,社会工作者必不可免要和政府、社会组织、非营利组织等共同行动的伙伴打交道,为了避免各方面资源及人力的浪费,社会工作者需要发挥好组织与协调的作用,合理规划各个阶段的工作进程,协调好各方角色和责任。

第二,链接资源。社区在发展过程中缺少资源,就会出现这样或那样的问题,但是社会工作机构和社会工作者掌握的能够为社区提供服务的资源或多或少会有一些不足,因此需要社会工作者向政府、其他社会组织寻求相关资源。

第三,协助建立社区互助网络。社区工作最终的目的是增强社区凝聚力,提升社区面对困难、解决问题的能力。建立社区互助网络是达成此目标的重要方式。社区互助网络不仅可以是社区内部成员之间组成的互助小组,还可以是地理位置或功能一致的社区与社区之间建立的互助网络。

3. 社区工作的步骤

(1) 准备阶段。准备阶段是社会工作者进入社区的铺垫,社会工作者要率先明确本次项目服务的内容、自身角色及协同工作体系,与协同工作的伙伴建立良好的同事关系。

(2) 认识与分析社区阶段。认识社区一方面是指社会工作者通过参与社区活动与社区居民接触,另一方面是指社会工作者通过问卷、访谈、查阅资料等方式收集与社区相关的资料及信息,了解社区的发展历史、资源状况等。分析社区是指社会工作者将上述收集到的与社区相关的资料进行归纳和整理,从资源状况、地理位置、人口结构、社区内部权力关系、社区支持网络等多方面分析社区的优缺点,形成客观、全面的评价和认识。

(3) 制订计划阶段。依据上述对社区的客观、全面的了解,社会工作者与社区居民协商讨论,听取居民最真实的想法与建议,制订切实可行的服务计划。

(4) 链接资源阶段。在有了切实可行的服务计划后,社会工作者需要根据社区的资源缺口和社区居民的实际需求向政府及社会组织寻求服务所需资源,保证社区服务的效果。

(5) 介入实施阶段。社会工作者依据制订的服务计划,运用专业方法实施计划,并在实际实施过程中依据情况的变迁不断调整服务计划,使之更符合社区的实际情况。

（6）总结评估阶段。社会工作者综合运用过程评估、结果评估的方法评估服务的有效性，在此过程中社会工作者要充分考虑居民共同对整个服务过程及结果的评价及满意度。

4. 海员流动站和一般社区工作的关系

海员流动站是社区工作方法的一种特殊应用，它与一般社区工作在服务内容、社会工作者的专业角色、案主及问题上有很大区别。海员流动站的服务内容更多地倾向于为海员提供物质上的补给，而一般社区工作更倾向于提升社区内聚力，协助社区确立自己面对困难的优势。在海员流动站的建立和发展过程中，社会工作者的角色更多是宏观层面的行政管理者、组织者、引导者，一般社区工作中社会工作者的角色更倾向于微观方面的服务提供者、治疗者、调解者等。在案主及问题需要方面，相比一般社区工作，海员流动站的案主是海员，他们的工作性质及需求、流动站的地理位置和功能等具有很大的特殊性。

5. 海员流动站建立的风险评估

（1）隐私泄露风险。海员们在海员流动站接受服务或购买所需商品时，或多或少会涉及姓名、手机号、地址等个人敏感信息，如果海员流动站的信息安全保护措施不到位，海员的信息就可能被不法分子盗取，造成麻烦。

（2）资源供应风险。海员流动站建立在港口，如遇极端特殊天气，物资运送则会遇到阻碍。

（3）运营管理风险。海员流动站的运营管理由社会工作者牵头，培养内部管理组织，没有经过专业的管理培训，容易在后续运营中出现偏差。

（4）外部资源及合作伙伴不稳定风险。海员流动站的发展需要社会组织的支持，但是海员流动站短期内需要投入大量资金，一般的社会组织难以提供足够的支持。

（5）外部监管风险。海员流动站虽然设有内部组织管理站点事务，但自身监督能力有待评估，需要海事局与社会工作者加强监督，保障海员的合法权益。

二、干预过程分析与效果评价

1. 干预过程分析

干预过程分析是指社会工作者运用科学的评估标准及评估方法，与社区居民一起回顾整个服务过程，对社区工作各个阶段的服务活动及效果做出客观、科学评价的过程。过程评估的目的是紧紧围绕及时为海员补充物资、保障其基本生活需要的目标,全面、客观地评价"海员流动站"服务项目的执行情况,认真分析研究服务项目实施中遇到的困难和问题,掌握各个服务阶段的活动落实情况并评价实施效果,根据海员流动站成立和后续发展的变化,提出调整意见,确保海员流动站能够获得长期的发展和自助能力。在评估过程中社会工作者遵循全面性、客观性、科学性等评估原则,充分尊重海员与海员流动站内工作人员的评价与意见。

(1)第一阶段

本阶段是社区服务的起始阶段,本阶段中社会工作者通过沟通和讨论明确了各自的角色和责任,并做到了权责统一,每个社会工作者在自己职责范围内享有一定程度的自主决策权和资源调配权。这一方面有利于责任倒查,保证社区各个服务阶段及服务活动的有效落实;另一方面有利于调动社会工作者的工作积极性及自主性,使服务效果最大化。

此外,社会工作者与同事之间良好关系的建立有助于后续服务活动的展开及资源的合理协调,避免因沟通不及时造成人力、资源浪费,协调各个阶段工作进度。

(2)第二阶段

本阶段的主要工作内容是在上一阶段分工部署的基础上,社会工作者各自履行自己的职责,将问卷调查法与访谈法相结合,全面收集与航运公司、海员相关的资料和信息,深入了解到航运公司的资源状况及海员的实际需求,并且在访谈过程中获得了海员的认可,与其建立良好的专业关系,为后续服务奠定了专业关系基础。随后社会工作者根据资料和信息的分类进行整理分析,为后续海员流动站的选址和建立提供了明确的思路。

(3)第三阶段

本阶段依据社会工作者在第二阶段中收集汇总的资料信息,与航运公司高层及所有海员以线上线下相结合的方式共同商定海员流动站建立的计划和方案,充分体现了社区自决、民主参与的原则,进一步获取了航运公司及海员对社会工作者及社会工作机构的信任;同时也提高了"海员流动站"服务项目的现实性、科学性及可行性。

此外,社会工作者在项目计划书敲定后,以正式书面的形式将计划书递交到航运公司所在地的海事局,为其争取正式的资源支持,增加了"海员流动站"服务项目落地生根的现实保障。

(4)第四阶段

本阶段的主要工作是为航运公司链接除正式资源外的其他非正式资源的支持与合作,如社会组织、慈善组织、志愿者服务团队等,建立了一个多方协同的综合性服务团队,提升了行动团队整体的服务能力,扩大了"海员流动站"服务项目的影响范围,在一定程度上提升了社会公众对海员行业的关注与重视。

在此基础上,社会工作者将第三、四阶段所链接到的资源与航运公司原有的资源进行整合,并与航运公司确认,保证所有资源的真实性和有效性,依据项目计划书的顺序和内容,与行动团队共同建立海员流动站。

(5)第五阶段

本阶段重在海员流动站的内部管理和服务能力的提升,社会工作者协助海员流动站成立领导小组,有助于提升站内重大事务决策的科学性和民主性,促进海员流动站和谐稳定;社会工作者通过链接专业的管理学教授为站内领导小组做专业培训,在提升流动站领导者组织与领导能力的同时,进一步有助于实现海员流动站助人自助的目标。

此外,社会工作者与流动站成员共同商议组织规则,形成了全体成员共同认可的规章制度,便于后续海员流动站自身的内部管理。

(6)第六阶段

本阶段是"海员流动站"服务项目的最后一阶段,社会工作者在本阶段的主要工作是运用问卷法、访谈法收集海员流动站工作人员、海员及航运公司对于本次服务的意见与看法,充分尊重案主对本次服务的评价。同时,社会工作者整理各个阶段的工作内容与记录,评估各个阶段的工作成效,总结服务过程中的优势与不足,并根据不足提出了相应的改进方案,形成系统的评估报告,为后续海员流动站的建设与发展提供了实践参照标准和宝贵工作经验。

2. 效果评价

效果评估是指社会工作者依据服务开始前与社区居民制定的服务目标,对比服务结果及居民评价衡量服务目标是否达成的过程。

(1)合理使用沟通技巧,快速与海员建立良好互信的专业关系,与政府及其他共同行动的社会组织建立友好互助的合作关系,为后续服务奠定了良好的人际关系基础。

(2)充分考虑海员的亲情维系,将亲情作为纽带融入海员流动站的组建过程,这在一定程度上有助于海员流动站内工作人员与海员之间服务关系的形成,并以亲情为纽带,能够促进彼此间的相互理解与包容,减少因立场不同而产生的矛盾。

(3)海员流动站选址科学,地理位置优越。海员流动站建设港口是该航运公司所有船舶必经之处,在保障每位海员物资需求的同时,节约了大量人力、物力资源,避免了因选址而造成的资源浪费。

(4)灵活结合问卷法与访谈法,全面了解航运公司情况及海员的实际需求。问卷法对于"海员流动站"项目的资料收集更便捷、覆盖面更广,但是了解问题仅限于问卷,不够深入细致;访谈法虽然要花费一定的人力和时间,但是能够了解到真实深入的信息与资料。社会工作者将两种方式相结合,既保证了资料收集的全面性、便捷性,又保障了资料的深入性和真实性,成功避免了单一采用某一种方法的局限性。

(5)成功组建海员流动站,获得海员流动站内外一致的好评。海员流动站的建立切实解决了海员的现实需要,带动流动站所在港口周边的就业及经济发展,既有利于满足海员与航运公司的需求,又利于港口建设和周边地区的发展,还有利于海事社会工作的发展。

三、建议

1. 进入航运公司的方式

可以利用航运公司集体活动的机会先与部分海员进行接触,增加服务前与海员的接触机会,例如出席航运公司年会。让海员了解社会工作专业及社会工作者,为后续介入服务奠定基础,而不是以项目的形式直接进入,让海员没有任何心理预期。以集体活动的方式提前接触海员更有利于让海员放下防备,促进专业关系的快速建立。

2. 选择适合的访谈对象

问卷法是普遍用于航运公司所有海员的方法,但是由于社会工作者人数、时间等因素的限制,访谈法不适用于"海员流动站"项目中的所有海员,因此,访谈法要选择一些具有代表性的海员进行访谈,在选取访谈对象时要充分考虑到海员职业、性别、岗位、家庭及工作年限等方面的差异,以便于全面地掌握海员的信息和资源,使海员流动站的服务更加符合不同海员的需要。

3. 访谈技术因人而异

由于不同的案主在个人性格、寻求服务动机等方面存在差异,社会工作者在面对不同海员及站内工作人员时,要根据每个人不同的特点、关注的不同话题内容,采用不同的沟通技巧,如有效倾听、积极反馈等,选取不同的切入点展开访谈,同时社会工作者要注意将访谈内容聚焦在服务所需要的信息上。

4. 密切关注海员流动站内的工作人员情绪

海员流动站内工作人员的情绪及服务质量直接关系到海员对于服务的体验感及生活质量,若工作人员因生活或工作问题影响服务质量,与海员发生冲突,不仅会影响海员的满意度,也会影响工作人员的幸福感,不利于工作队伍的团结和站内外人际关系的建立,因此要保持对站内工作人员情绪问题的关注,及时疏解他们的消极情绪。

5. 随船航行,深刻体会海员的工作环境

海员的工作性质十分特殊,长期在陆地上生活的人无法完全理解海员面临的困难和问题,因此,为了提升社会工作者与海员流动站内工作人员对于海员的职业认可、同理心,更好地为海员提供保障和服务,可以轮流安排工作人员随船体验,设身处地地体验海员的工作环境。但是在随船航行前,要对上船工作人员进行系统的培训,明确上船规则及注意事项,避免在船上给海员制造麻烦,影响他们的正常工作。

6. 邀请专家定期回访指导

除了邀请管理学专家为站内领导小组进行培训,提升其服务能力与自治能力,还要邀请管理学专家、专业社会工作督导共同对站内领导小组的工作能力进行定期的监督与考核,及时指出站内领导小组的工作安排和决策的不足之处,对领导小组进行长期、定期的监督和督导,充分发挥海员流动站的作用,保证海员流动站能够为海员提供持久且高质量的服务。

本章小结

海事社会工作是我国社会工作专业发展的重要方向,社会工作者秉持专业助人理念,灵活运用社区工作专业技巧,将理论与实务经验相结合,变通一般社区工作模式,打造海员流动站,促进我国海事社会工作领域的发展。从微观层面看,海员流动站的建立是社区工作方法在实践领域的一次尝试与创新,丰富了社区工作的服务形式;从中观层面看,海员流动站的建立为广大海员提供了工作和生活上的保障与支持,解决了海员在购物、医疗、社交等多方面的困难和需求;从宏观层面看,海员流动站的建立符合国家海洋强国战略的要求,为我国海洋强国建设添砖加瓦。同时,海员流动站的建立亦是我国海事社会工作领域的一次创新尝试,为后续海员服务提供了新思路。

海事局、海事社会工作者及航运公司可以以海员流动站的建立为契机,联合多方持续完善海员流动站的综合服务功能,因地制宜打造具有地方特色的海员服务阵地,为广大海员提供更加稳定的物资保障、更加便利的生活条件、更加丰富的精神文化生活、更加稳定健康的就业环境,切实保障海员的合法权益。

第十一章

寻解干预——对海员社会交往技能的辅导

在航运业的发展中,海员无疑扮演着举足轻重的角色,他们不仅是行业兴衰的敏感指标,更是推动航运业持续向前发展的核心人力资源。他们承载着航运业的希望与未来,是确保行业稳健发展的关键因素。然而,随着我国社会经济的飞速发展,人民生活品质的不断提升,以及就业模式的多元化演变,海员的流失率呈现不容忽视的上升趋势,这已成为航运业发展中亟待解决的重要议题。深入探究海员流失的根源,我们发现社会交往因素在其中占据了举足轻重的地位。对于海员而言,社会交往的缺失不仅仅是生活方式的转变,更是对心理层面的一次严峻挑战。长期的海上工作使得他们与家人和朋友的联系相对有限,情感需求无法得到充分的满足。久而久之,这种孤独感和疏离感可能引发他们对航海工作的厌倦,进而促使其选择离开这个行业。此外,社会交往的缺失还可能对海员的心理健康产生深远的影响,极易导致海员产生诸如焦虑、抑郁等心理问题。这些问题不仅危害海员的身心健康,还可能影响他们的工作表现,甚至对航运安全构成威胁。因此,在船上这一独特的工作环境中,海员需要适应船上工作与生活的环境,同时还需建立良好的人际关系。这对于保障海员的心理健康,进而确保航运业的稳健发展具有至关重要的意义。

第一节
案例描述

一、基本情况

近年来,随着全球经济一体化的推进和国际贸易的持续增长,某知名航运公司面临着日益增长的国际航运需求。为了保持其市场领导地位,并应对不断增长的航运业务量,公司决定招聘一批新生代海员。这批新生代海员普遍年轻,充满活力,且大多数拥有高等学历。他们有的是航海专业的毕业生,有的是从其他相关专业转行而来的,但都怀揣着对海洋的向往和对航运事业的热情。公司希望他们的加入能为公司的未来发展注入新的活力,同时也希望通过他们的专业知识和技能,提升整个船队的运营效率和安全性。在刚入职时,这些新生代海员都表现出了很高的工作热情和积极性。他们积极参与各种培训和学习,努力提升自己的专业技能。然而,随着他们逐渐适应船上的工作和生活,一些问题也开始逐渐暴露出来。一是日常交流中的拘谨和紧张。在船上的日常交流中,这些新生代海员表现出一定的拘谨和紧张。他们难以主动与同事进行深入的交流,日常交往只是停留在表面的问候和寒暄上。这种交流方式导致他们与同事之间的沟通不够深入,难以建立深厚的友谊。二是与船长的沟通障碍。在与船长的沟通中,这些新生代海员更是显得不够自信。他们往往不能准确地表达自己的意见和想法,甚至有时会出现误解和沟通不畅的情况。这不仅影响了信息的有效传递,也影响了团队协作的顺畅进行。三是缺乏主动的社交行为。在船上的社交场合中,这些新生代海员显得较为被动。他们不太擅长主动寻找话题,也不太善于倾听他人的意见。这种缺乏主动性的表现使得他们在与同事的交流中难以产生共鸣,导致彼此之间的距离逐渐拉大。四是团队协作的困难。在团队协作中,这些新生代海员也表现出了一定的困难。他们往往过于关注自己的任务完成情况,而忽略了与团队成员之间的沟通和协作。这种"单打独斗"的工作方式不仅影响了整个团队的工作效率,还可能导致团队成员之间的信任危机和合作障碍。

二、问题分析与评估

1. 存在的问题

(1)缺乏社会交往技能

当海员从熟悉的陆地生活环境转入截然不同的海上生活环境时,他们所面临的挑战远不止生活环境的显著变动,还涉及船上独特文化习俗与规章制度的深刻转换。面对这种从陆地到海洋的客观性环境变迁以及随之而来的文化波动,海员们需要经历一个复杂的再适应过程,以适应新的生活工作环境和海事规则。然而,由于个人环境适应能力和文化认同程度等因素的差异,他们极有可能出现环境适应不良的情况。加之在此情境下的大部分新生代海员缺乏必要的社会交往技能,当他们在全新环境中遭遇冲突和矛盾时,往往感到迷茫和无助,难以找到解决之道,更不知如何寻求协助,从而容易陷入人际交往的困境。此外,在与同事的交往中,由于价值观念的差异以及对新环境的不适应,海员们还可能面临人际交往的障碍,这无疑会进一步增加他们所面临的挑战难度。

(2)回避社会交往

海员群体由陆地转向海上生活的心理变迁过程普遍存在一系列深刻的心理与情感冲击。这种转变带来的首要影响是显著的内心不适和情绪波动,这些心理状态显著影响了他们的社交行为。海员们在与他人交往时往往显得犹豫不决,甚至与曾经紧密的朋友圈渐行渐远,表现出明显的社交回避倾向。这种心理层面的隔阂导致他们在与同事及领导进行深入沟通时缺乏足够的勇气,进一步加剧了沟通障碍。同时,从团队内部视角来看,这种心理隔阂同样对海员的同事和领导构成了挑战。由于文化背景差异和语言交流的障碍,同事和领导可能误读海员的行为和态度,从而产生误解、抵触甚至歧视。这种情绪氛围无疑加剧了团队内部的紧张关系,降低了整体沟通效率,进一步加剧了海员们的社交孤立感,使海员之间的互动意愿降低。在难得的公休期间,海员们试图与同事和领导建立联系,但往往表现出明显的不自信。他们内心的焦虑和不安使他们对他人的评价过于敏感,容易陷入自我怀疑的境地。当遇到沟通障碍时,他们更倾向于采取自我保护措施,如避免交流或提前结束对话,从而进一步限制了有效的沟通机会。此外,海员相对有限的社交网络也限制了他们与外界的交流和互动,加剧了社交孤立感。对于年轻海员而言,他们在人际交往中面临的困难尤为突出。由于社交经验相对不足,信息获取渠道有限,以及信息处理能力的成熟度不足,他们在人际交往中更容易出现认知偏差和理解错误。这种不自信和羞怯的态度使他们在与同事的交往中常处于被动地位,进而引发一系列人际交往问题,如沟通不畅、信任危机等,对其工作和生活质量产生负面影响。以上这些方面都进一步加剧了新生代海员的社交回避问题。

(3)对自身的优势认识不足

新生代海员通常接受过高等航海教育,具备出色的专业技能。然而,随着他们步入实际工作环境,面临理论与实践的巨大差异时,部分新生代海员会出现对自身优势认识不足的问题。具体而言,新生代海员在适应新环境、新岗位的过程中,往往过分关注自己所谓的不足和缺陷。他们可能将工作中的一些挑战和困难过度归因于个人能力的不足,而忽视了自身所具备的专业技能和解决问题的能力。这种自我否定的心态不仅影响了他们的自信心和工作效率,更在无形中削弱了他们应对社交挑战的能力。在社交领域,新生代海员对自身优势认识的不足容易导致他们在与他人交往中显得拘谨、不自信。他们可能担心自己的表现不够出色,害怕被他人否定或嘲笑,从而难以在社交场合中自如地表达自己的想法和感受。这种消极的心态不仅影响了他们的社交体验,还可能阻碍他们与同事、上级建立良好的人际关系,进而影响到整个团队的协作和效率。

2. 干预目标

(1)通过小组活动,提供社会交往技能培训,促进服务对象进行有效沟通、冲突解决和团队合作技巧的运用,以应对在海上生活中可能遇到的各种社交问题。

(2)借助小组活动的互动属性,鼓励海员们积极参与社交互动,减少社交回避行为。

(3)通过交流培训,帮助服务对象理解并尊重不同的文化背景,并全面了解自己的社交优势,增强自信心。

5. 干预阶段

在探讨如何提升新生代海员的社会交往技能时,寻解干预模式为我们提供了一种积极、有效的方法。寻解视角强调通过发现和利用个体和群体自身的资源和能力,来解决问题和促进成长。以下是基于这一视角设计的干预阶段:

(1)第一阶段:描述新生代海员社会交往面临的问题

在此阶段,社会工作者将运用小组工作和观察技巧,深入了解新生代海员在社会交往中所面临的具体问题。这些问题可能包括缺乏有效沟通技巧、难以融入团队文化、对自我能力的负面认知等。通过收集和分析这些信息,社会工作者能够形成一个全面、准确的问题描述,为后续的干预工作提供基础。

(2)第二阶段:制定新生代海员小组的共同目标

在明确问题后,社会工作者将组织新生代海员成立一个小组,并引导他们共同制定小组的目标。这些目标应该具有明确性、可衡量性和可实现性,同时与提升社会交往技能紧密相关。例如,小组目标可以设定为"提高成员间的沟通技巧,减少误解和冲突""增进对团队文化的认同和归属感"等。通过共同制定目标,小组成员能够形成更强的凝聚力和动力,为后续的干预工作打下基础。

(3)第三阶段:探索新生代海员小组成员问题发生的例外情况

在这一阶段,社会工作者将引导小组成员回顾和反思过去在社会交往中的成功经验,即问题没有发生或得到妥善解决的例外情况。通过探讨这些例外情况,小组成员能够发现自身潜在的资源和能力,以及解决问题的有效方法。社会工作者将鼓励小组成员将这些成功经验运用到未来的社交实践中,从而逐步提升自己的社会交往技能。

(4)第四阶段:新生代海员小组成员的反馈与赞美

在干预过程中,社会工作者将定期收集小组成员的反馈,了解他们在社会交往中的变化和进步。同时,社会工作者也会对小组成员的积极变化给予及时的赞美和鼓励。这种反馈和赞美不仅能够增强小组成员的自信心和动力,还能够促进他们之间相互学习和借鉴。通过持续的反馈和赞美,小组成员能够逐渐形成积极、健康的社会交往习惯。

(5)第五阶段:评估进展并探索积极变化

在干预的最后阶段,社会工作者将对整个干预过程进行评估和总结。通过收集和分析数据、观察小组成员的变化和进步、听取他们的反馈和意见等方式,社会工作者能够全面评估干预的成效。同时,社会工作者也会与小组成员一起探讨未来的发展方向和计划,鼓励他们将所学的社会交往技能应用到更广泛的领域中。此外,社会工作者还将关注小组成员在干预过程中所形成的新的资源和能力,并探索如何利用这些资源和能力来促进他们自身的成长和发展。

第二节
寻解干预在海员社会交往中的应用

第一阶段：描述新生代海员社会交往面临的问题

在该企业的组织下，社会工作者为这批新生代海员开展了社会交往技能的辅导干预，第一阶段活动的主要目的是让小组成员互相熟悉和了解小组活动的目的。第一阶段活动计划如表 11-1 所示。

表 11-1　第一阶段活动计划

单元名称	活动环节	活动目标	主要活动内容
第一阶段	社工介绍	使组员认识社会工作者并理解小组活动的目标和意义，以及"寻解"是什么	社工自我介绍，介绍本次活动的目标、活动大致形式与内容以及活动时间等安排
	填写问卷	通过填写量表完成基线测量	社工向组员发放问卷并说明填写目的与注意事项
	经历分享	奠定首次小组活动轻松、愉快的感情基调	通过组员的自我介绍和吐露，促进组员间相互认识与了解
	分享期待	澄清小组目标，了解组员的需要，为下次活动做铺垫	社工先表达本次参与的感受，鼓励组员发表期待、感受，社工总结并说明下次活动的主题、时间和地点

 谈话片段 1：

社工小宋："我是社工小宋，受公司委托为大家开展几次小组活动，很高兴认识大家！我们的系列小组活动将围绕社会交往技能这个核心主题开展，一共五次。今天是第一次小组活动，目的主要是让大家互相熟悉，了解一下

第十一章 寻解干预——对海员社会交往技能的辅导

我们社工、我们的活动。希望大家积极参与讨论和分享。在之后的活动中我们会设置一些与社交技能相关的话题,比如如何与人建立联系、如何进行有效沟通等,让大家在讨论中互相学习和借鉴。我们的目标是让每个人都能在这个小组活动中获得成长和收获。"(社工小宋介绍了自己和小组活动的目的,为顺利开展活动做了铺垫。)

在第一个环节中,社工进行了自我介绍,并向小组成员介绍项目的总目标、每节活动的分目标、活动形式与内容以及活动时间安排,以便组员及时跟上项目进展和组员互动交流的整体节奏。在此期间,社工为成员通俗易懂地介绍了寻解的概念。介绍结束后,社工引导小组成员以自己的理解复述以上概念。

案主小峰:"寻解,寻解,就是寻找解决问题的办法。"

案主小巩:"每个人都会从问题出发寻找解决问题的办法,那寻解又和这些有什么区别?"

社工对小巩所提问题进行了解释,而后询问小组成员是否存在问题并一一解答,经此小组成员都已理解社会工作的寻解模式与日常中个体所用的本能化反应的区别。社工带头主动吐露了自己上学时是个"社恐",刚参加工作时有很大的不适应,在同机构前辈的鼓励下工作才步入正轨。

社工小宋:"其实,我们每个人都有过不适应的时候,但是重要的是我们如何面对这些困难,如何从中找到解决问题的方法。就像我,虽然一开始是个'社恐',但我选择了面对,选择了改变,最终我找到了适合自己的方式,也希望能通过我们的活动,帮助大家找到属于自己的解决之道。接下来,我们先填写一份量表,这些量表能够量化我们对于社交的看法,帮我更有针对性地组织活动。而后我们会进行一些有趣的破冰游戏,让大家在游戏中逐渐放松,增强彼此之间的信任感。"(社工小宋的话像一缕春风,吹散了小组成员心中的疑虑和不安,鼓励大家面对困难并寻找解决问题的方法,通过填写量表和进行破冰游戏等活动来帮助小组成员更好地解决问题并增强彼此之间的联系。)

社工小宋组织大家进行了一个名为"心有灵犀"的破冰游戏。游戏中,每个人都需要用肢体语言来传达一个词语,而其他人需要通过观察和猜测来理解和传递这个词语。这个游戏不仅考验了大家的观察力和理解力,更让大家在游戏中增进了对彼此的了解和信任。此外,在通过互动游戏拉近小组成员彼此距离的同时,也能够观察他们的社交表现,为后续的活动提供参考。游戏结束后,社工小宋邀请大家分享自己在社会交往中受挫的经历。

案主小林说:"大学四年,我的人际关系可以说非常差,仅有一个知心朋友平时可以聊聊天,分享一下喜怒哀乐。平时我也很少参与同学组织的活动,大部分时间是独处。我以为工作之后就能有所改善,但没想到上船了之后我更不知道如何和比我大的老船员们打交道。"(这表明案主需要进一步提高自己的社交技巧和人际交往能力,以适应新的工作环境和人际关系。)

案主小巩也分享了自己的感受:"上船以来,我好像很难交到朋友。由于跨洋作业,航行周期非常长,三四个月都正常。不忙的时候,老船员都有共同的休闲娱乐方式,但我比较慢热,总是要花很长时间才能融入集体。但我又很希望能够和周围的人交流,矛盾的现实和自我期待让我很有压力。我也常常因为缺少和人沟通的机会而心情低落。"(案主因为希望与他人交流但难以做到的现实矛盾,以及自我期待的压力而感到心情低落。)

社工小宋听了大家的分享后,描述和总结了小组成员在社会交往方面遇到的问题。她表示,接下来的活动将会更加有趣和有意义,希望大家能够继续保持这种良好的氛围和态度,一起努力提高自己的社会交往技能,她也会根据大家的反馈和需要,适时调整活动内容和形式。此外,她还鼓励大家将所学所得应用到日常生活中去,让自己的生活更加美好和充实。最后,社工小宋总结并说明下次活动的主题、时间和地点。

第二阶段:制定新生代海员小组的共同目标

在第一阶段完成了团队成员的初步了解与磨合,明确了新生代海员社会交往技能提升的重要性后,小组活动进入了第二阶段——制定新生代海员社会交往技能提升小组的共同目标。通过制定共同目标,小组活动的意义得到初步的具象化。第二阶段活动计划如表11-2所示。

第十一章 寻解干预——对海员社会交往技能的辅导

表 11-2 第二阶段活动计划

单元名称	活动环节	活动目标	主要活动内容
第二阶段	回顾活动	巩固第一次活动的成果,引出本次活动	在社工的带领下,简单回顾上次活动的内容,并介绍此次活动的主题
	重塑认知	了解寻解、社会交往的本质与实践方向	社工邀请小组成员说出寻解、社会交往的含义和特征,总结形成社会交往的本质,并通过角色扮演使小组成员体会自身尚需改进的实践方向
	接纳-反馈	启发成员接纳问题并分享解决思路	引导组员对角色扮演中出现的情况进行思考,并阐述自己的想法
	建立共同目标	基于对社会交往的探讨,建立小组的共同目标	通过小组分组讨论,找到小组成员在意的主要矛盾解决目标和需求方向,根据主要目标和需求,设定小组后续目标体系
	分享感受	思考活动收获;通过组员的分享观察其满意度与学习情况;布置实践任务帮助组员巩固在本次活动中的学习成果,为下一次开展活动打下基础	成员在社工鼓励下展开感受与收获的分享,并为组员布置一个寻解的实践任务,最后告知组员下次活动的主题、时间与地点。思考活动收获;通过组员的分享观察其满意度与学习情况

谈话片段2:

社工小宋在组织会议时提到:"上一次的小组活动中,我们彼此之间进行了深入的交流,共同探讨并分享了我们在社交过程中遇到的种种难题和挑战。我向大家详细阐述了寻解视角的内涵和价值。为了进一步深化我们的互动和合作,使我们的活动进行得更加顺利,本次活动的中心议题被设定为建立共同目标。"(简单回顾上次活动后,社工小宋引入此次活动的主题。)

在形成共同目标前,社工邀请小组成员对社会交往进行讨论。社工小宋微笑着环顾四周,她的眼神中充满了期待和鼓励。她轻轻敲了敲桌面,吸引大家的注意力,然后温和地说:"我们知道,社会交往是我们生活中不可或缺的一部分,它给我们带来欢乐,也带来困扰。今天,我希望我们能一起深入探讨这个问题,看看我们能否从中找到一些共同的体验和感受。"(社工小宋希望通过讨论,让小组成员能够更好地理解彼此在社会交往中的经历和感受,从而形成一些共同的认知或目标。)

小周说:"社交就是相互沟通呗,我有事儿和我大学室友吐槽后会开心点。"小林说:"社交可有可无吧,毕竟不社交也能活下去。没有价值的社交不仅让人尴尬,还浪费时间和精力,还不如不社交。"小巩说:"社交是双赢的买卖,但总有人只享受利益,我感觉吃亏的总是我。"(小组成员们纷纷开始低声讨论起来。有人开始回忆自己在社交中遇到的尴尬情况,有人则分享了自己如何克服社交恐惧,还有人提出了一些有趣的社交技巧和建议,希望能够帮助大家更好地应对社交中的挑战。)

社工小宋静静地听着大家的讨论,不时地点点头或微笑以示鼓励。她深知,这样的讨论不仅能够帮助大家更好地理解社会交往的复杂性,还能够促进彼此之间的了解和信任。当讨论结束后,根据小组成员的讨论,社工小宋对社会交往的含义和特征进行了总结,提出社会交往的本质就是价值交换,而实践方向就是通过价值交换使社交双方的生活变得更好。同样地,社工也带领小组成员对寻解进行了讨论。

社工小宋总结道:"虽然寻解的思路在日常生活中非常常见,甚至是人类成长过程中的本能反应。但很多人在遇到生活中层出不穷的问题时,第一反应并不是去解决,而是逃避,那就更别提通过发挥自身优势去解决矛盾了。寻解是一种视角,于个人而言更是一种内化的实践方法。重塑认知,再认识寻解,是一种有益的反刍过程。"(社工为小组成员再次澄清了社交、寻解的意义,加深了小组成员对这些日常概念的再理解。)

在第三节活动,社工引导小组成员根据自身对船上职位角色的理解,围绕船长、大副、轮机长、电机员、水手、机舱实习生等进行了主题为"船上社交"的角色扮演活动,以期通过此活动让小组成员反思自身尚需提升的地方。

小巩说:"其实,我应该摆正态度,不能因为我是科班出身,就对非科班出身的同事另眼看待。"小柏说:"我之前觉得我读了许多年的书,在船上的时候就对实践经验

第十一章 寻解干预——对海员社会交往技能的辅导

的积累不以为意。回想起当时师父的教导,我根本没当回事,也错失了最开始最容易建立人际关系的机会。"(经过一系列的情景模拟和角色扮演,小组成员们不仅逐渐深入理解了各自在船上的职责、角色和人际沟通的要点,还认识到了在团队合作中相互支持和协作的重要性。)

社工小宋说:"非常好,大家都表达出了自己在社会交往中的反思和认识。看来,我们都在这次的角色扮演中找到了自己的不足和需要改进的地方。在寻解视角下,接纳自身的问题,并积极反馈是非常重要的。认清不足是一方面,更重要的是发挥优势,积极主动地去改变。"(社工借由小组成员对自身不足的探讨,引出了优势。)

讨论后,社工小宋总结了小组成员对社交的定义,概括出了"尊重、倾听、合作、开放心态"四个特征。在社工小宋的进一步引导下,小组成员们共同制定了一个既实际又可行的社交目标:通过积极的交流和互动,增进彼此之间的了解和信任,建立更加和谐友好的社交关系。活动的最后,社工小宋为小组成员安排了活动之余的寻解实践任务。

第三阶段:探索新生代海员小组成员问题发生的例外情况

在第三阶段的活动中,社工小宋将带领小组成员深入探索他们在社会交往中成功应对问题的例外情况。第三阶段的活动计划如表11-3所示。

表11-3 第三阶段的活动计划

单元名称	活动环节	活动目标	主要活动内容
第三阶段	回顾活动	巩固第二次活动的成果	社工带领组员回顾上一次小组活动的内容、介绍此次活动的主题
	探索例外	发现维护人际关系的关键	社工引导组员对日常生活中偶尔出现的建立和维护人际关系的例外进行分享和思考
	奇迹场景	激发组员对未来积极的想象	播放冥想音频,帮助组员集中注意力,引导组员产生积极想象,让组员对人际关系改善带来的改变有所感悟
	分享感受	通过组员的分享观察其满意度与改变情况	社工、组员分享感受并归纳收获,社工讲述下次活动主题、时间以及地点

谈话片段3：

社工小宋说："在前面的活动中，我们共同探讨了社交的复杂性和挑战，也发现了自己需要改进的地方。但我想提醒大家，我们每个人都有过成功应对社交问题的经历。这些经历可能并不显眼，但它们是我们宝贵的财富。"（社工首先强调了回顾和反思这些成功经验的重要性，因为这不仅能帮助小组成员认识到自身潜在的资源和能力，还能为他们提供解决问题的新思路和新方法。）

社工小宋邀请小组成员分享自己过去在社会交往中的成功经验。

小周首先举了一个例子："有一次，我和一个陌生的同事在餐厅排队时聊了起来。我们发现彼此都喜欢看同一部电视剧，于是就聊得很投机。从那以后，我们的关系就变得亲近了很多。"（共同的爱好或兴趣可以创造更多的共同话题，从而拉近小周与陌生同事的距离。）

小巩也分享了自己的经历："我在船上工作的时候，遇到了一个很难相处的同事。一开始，我们总是因为一些小事儿争吵。但后来，我发现他其实是一个很有才华的人，只是性格比较孤僻。于是，我开始主动和他交流，分享一些工作中的经验和技巧。慢慢地，我们的关系就好了起来。"（小巩通过主动交流和分享工作中的经验和技巧，成功改善了与一个难以相处的同事的关系。这说明在面对人际关系挑战时，积极的沟通和理解可以促进关系的改善和团队的和谐。）

小峰则提到了自己如何克服社交恐惧的经历："我以前很怕和陌生人说话，但有一次我鼓起勇气参加了一个社交活动。虽然一开始很紧张，但当我看到其他人都在积极交流时，我也受到了鼓舞。然而，我还是有点社恐。"（这说明社交活动对于帮助人们克服社交障碍具有积极作用，而偶尔参加活动并不足以让社交恐惧的问题完全消失。）

社工小宋认真地倾听着每个小组成员的分享，时不时地点头表示赞同。她鼓励大家深入思考这些成功经验背后的原因和关键因素，并尝试将这些因素应用到未来的社交实践中。

在讨论过程中，社工小宋发现小组成员普遍提到了"尊重""倾听""合作"等关键因素。她进一步引导大家思考这些因素是如何在社交中发挥作用的，并鼓励大家将这些因素融入自己的社交行为中。社工小宋在寻解视角下为小组成员搭建"奇迹场景"，通过播放帮助冥想的音频，让成员想象当人际关系问题都像例外情况那样迎刃而解后生活会出现什么样的改变。

小林说:"我感受到了无比的轻松。"

小王说:"理解万岁,开心万岁。"

最后,社工小宋总结了小组成员的分享和讨论,强调了尊重、倾听和合作在社交中的重要性。她鼓励大家将这些成功经验运用到未来的社交实践中,并不断提升自己的社交技能。同时,她也提醒小组成员要保持开放的心态,勇于尝试新的社交方式和方法。

在第三阶段的活动结束后,社工小宋为小组成员布置了一项实践任务:在未来的一个周内,尝试运用在活动中学到的社交技巧和方法,与至少三位陌生人进行交流。她希望通过这项任务,帮助小组成员更好地掌握社交技能,并提升他们的自信心和社交能力。

第四阶段:新生代海员小组成员的反馈与赞美

经过前面三个阶段的深入交流和实践活动,新生代海员小组的成员们不仅对自己的社交能力有了更深刻的认识,也在实践中不断尝试和进步。在第四阶段,社工小宋特别组织了一个分享和反馈的会议,让每个小组成员都能表达自己在这一系列活动中的收获和感受。第四阶段的活动计划如表11-4所示。

表11-4 第四阶段的活动计划

单元名称	活动环节	活动目标	主要活动内容
第四阶段	回顾活动	巩固第四次活动的成果	社工带领组员回顾前一次小组活动;介绍此次活动主题
	实践任务反思	了解组员目前在现实的情绪寻解过程中遇到问题的原因	社工鼓励组员依次分享在实践上一次活动布置的任务中的感受,并总结组员在寻解过程中遇到问题的原因
	寻解思维	巩固组员寻解思维	引导每个组员根据作业情况,回顾和分享自己这一周的情绪状况及解决方法
	头脑风暴	激发组员寻解思维	引导组员展开头脑风暴,并适时澄清讨论结果
	分享感受	总结巩固以往的活动成效	社工总结此次活动的收获并分享感受;组员逐一分享;预告最后一次小组活动

谈话片段4：

会议开始,社工小宋首先感谢了大家的积极参与和投入。她表示:"看到大家在这一系列活动中的成长和变化,我深感欣慰。今天,我们主要来听听大家的反馈和赞美,看看我们有哪些值得继续发扬的地方,又有哪些地方可以进一步改进。"(社工小宋鼓励每个成员分享在完成上一阶段实践任务过程中的感受、遇到的困难以及取得的成果。)

小周首先站起来发言:"我觉得这次活动真的很有意义。通过分享自己的成功经验,我学到了很多实用的社交技巧。尤其是那次和陌生同事的交谈,让我意识到真诚和共同的兴趣是建立关系的关键。我也尝试了和陌生人交流,虽然一开始有些紧张,但真的很有收获。"(干预活动不仅让小组成员意识到了与陌生人交流的重要性,也使其愿意去尝试并从中有所收获。)

小巩接着说:"我在活动中深刻体会到了尊重和理解的重要性。以前我总是习惯性地从自己的角度去看问题,但现在我学会了倾听和换位思考。这让我在工作中和生活中都更加得心应手。"(通过小组活动,小巩学会了尊重和理解他人,并掌握了倾听和换位思考的能力,这极大地改善了他在工作和生活中的表现。)

小峰则分享了自己克服社交恐惧的心路历程:"我以前真的很害怕和陌生人说话,但现在我知道了,其实大多数人是友善的。只要我勇敢迈出那一步,就能发现新的世界。我真的很感谢这次活动,让我有了这样的改变。"(小组活动帮助小峰迈出了社交的第一步,实现了自我成长。)

其他小组成员也纷纷表达了自己的感受和收获,社工小宋认真倾听,并适时给予反馈和建议。在分享的过程中,大家不时地相互鼓励和赞美,气氛十分融洽。社工小宋总结成员们在实践过程中遇到的问题和困难,并引导大家共同探讨解决方案。

社工小宋引导成员们根据自己在实践任务中的表现,运用寻解思维来分析自己的情绪状态、解决问题的方法以及取得的成效。成员们分享自己的寻解过程,社工小宋通过"刻度问句"的方式引导大家对自己的情绪状态和解决方法进行评分,以便更好地了解自己的进步空间。而后她引导成员们展开头脑风暴,共同探讨在社交过程中可能遇到的挑战和应对策略。

社工小宋在听完大家的分享后,再次感谢了大家的参与和投入。她表示:"看到大家在彼此帮助和启迪下都有了这么大的变化和成长,我真的很为你们感到高兴。我也相信,在未来的日子里,大家一定能够运用所学到的社交技巧和方法,更好地与人交往。"(社工小宋通过寻解干预模式的核心方法共享荣誉,锚定小组成长的动因,从集体智慧出发,肯定每个成员的贡献。)

最后,社工小宋鼓励大家继续保持这种积极的心态和行动,不断挑战自己,追求更高的目标。通过本次分享和反馈的会议,新生代海员小组的成员们不仅表达了自己的收获和感受,还进行了反思和寻解思维的应用,以帮助他们更好地应对未来的社交挑战。同时,通过赞美和肯定的方式,成员们能更加自信地面对自己的成长和进步。

第五阶段:评估进展并探索积极变化

小组成员迎来了最后一个阶段——评估进展并探索积极变化。这一阶段旨在回顾成员们在过去几个阶段中的成长和变化,同时探索如何将这些积极的变化应用到日常生活中,以进一步提升个人的社交能力和生活质量。第五阶段的活动计划如表11-5所示。

表11-5 第五阶段的活动计划

单元名称	活动环节	目的	内容
第五阶段	前期准备	做好小组活动前期准备工作	社会工作者组织小组成员签到,安静下来尽快进入状态后完成后测
	巩固成果	巩固整体小组干预的成果	社会工作者带领小组成员回顾前几次的活动内容,复习人际关系维护和寻解思维的要点
	分享感受	通过集体的成长和认同,帮助小组成员增强自信心	社会工作者鼓励小组成员分享自己的感受,并共同展望美好的未来
	总结活动	对小组工作进行总结	社工总结整个活动后,告知小组成员小组活动圆满结束,组织组员填写满意度量表

谈话片段5：

社工小宋首先运用评估工具对成员们的进步进行量化评估。她通过问卷调查的方式收集数据,分析成员们在社交能力、自信心、人际关系等方面的变化。评估结果显示,大部分成员在这些方面取得了显著的进步。接着,引导成员们回顾自小组成立以来所经历的活动和取得的成果。她鼓励大家分享自己在这些活动中的感受、收获以及遇到的挑战。成员们纷纷表示,通过参与小组活动,他们不仅学到了许多实用的社交技巧,还学会了如何更好地理解和尊重他人,以及如何面对和克服社交中的困难。

小李说:"我觉得我们的角色扮演活动特别有用,它让我学会了如何在不同的社交场合中更好地表达自己。我记得有一次我扮演了一个需要向领导提出建议的角色,我刚开始很紧张,担心会被拒绝。但后来我想起了我们学习的沟通技巧,我深呼吸后,清晰地表达了自己的观点,并且提出了可行的解决方案。领导最终接受了我的建议,我觉得特别有成就感。"(这表明了角色扮演活动的实际意义和价值,即通过模拟真实社交场合的交流和互动,可以提高个人的社交能力和表达能力,使个体在真实环境中能更加自信和有效地与他人交流。)

小王:"我也来分享一下吧。通过参与小组活动,我发现了自己的社交盲点。我以前总是害怕和陌生人打交道,但现在我学会了如何主动和别人建立联系,还结交了一些新朋友。"(小王分享了他通过参与小组活动所获得的成长,这能鼓励其他人认识到参与小组活动或社交活动的价值,特别是在个人成长和社交技能提升方面。)

在回顾与评估的基础上,社工小宋引导成员们探索如何将这些积极的变化应用到日常生活中。她鼓励大家分享自己在日常生活中的实践经验和遇到的问题,并一起探讨解决方案。成员们纷纷表示,他们已经开始将所学到的社交技巧和方法应用到工作中、家庭生活中以及社交场合中,取得了不错的效果。同时,社工小宋还引导成员们思考如何将这些积极的变化持续下去,并鼓励大家制订个人发展计划。她建议成员们设定具体的目标,并制订可行的行动计划,以确保自己能够持续成长和进步。

小林:"我觉得主要是我们小组的氛围很好,大家都很友善,也很支持小组工作。在大家的鼓励下,我逐渐放开了自己,开始尝试和不同的人交流。

虽然本质上我还是有些社恐,但我已经不再害怕和陌生人打交道了,每当我需要面对社交问题时,我会想起寻解的办法,鼓足勇气与别人沟通。我会不断重复练习,给自己积极的暗示。"(在小组友善氛围的鼓励下,小林逐渐克服了社交恐惧,学会了面对社交问题时的积极应对方法。)

在第五阶段的最后阶段,她邀请成员们分享自己在小组活动中的成功经验、遇到的问题以及解决方法。这些经验和教训不仅为其他成员提供了有益的参考,还进一步增强了小组的凝聚力和向心力。同时,社工小宋还通过表彰和奖励的方式肯定了成员们的贡献和成就。她表示,每个成员都是小组中不可或缺的一部分,他们的努力和付出为小组的成长和进步做出了重要贡献。

在第五阶段的总结中,社工小宋鼓励成员们继续保持积极的心态和行动,不断挑战自己、追求更高的目标。她表示,虽然小组活动即将结束,但成员们的成长和进步将伴随他们一生。她希望成员们能够将在小组中学到的知识和技能应用到日常生活中,不断提升自己的社交能力和生活质量。她建议成员们建立长期的社交网络支持平台,相互分享和学习新的社交技巧和方法。她还表示将继续关注和支持成员们的成长和发展,并为他们提供必要的帮助和支持。

总之,第五阶段为新生代海员小组的成员们提供了一个展示自己、分享经验、探索积极变化的机会。通过这一阶段的活动,成员们不仅回顾了自己的成长和变化,还学会了如何将这些积极的变化应用到日常生活中,为未来的生活打下坚实的基础。

第三节 评析

一、理论分析

寻解干预理论涉及设定目标、探索例外、寻找有效行动以及分享经验等活动。寻解干预模式是一项基于建构主义、社会建构主义和后现代主义发展起来的干预模式。与传统疗法相比,寻解干预模式更关注问题的解决之道而非其缘由,强调服务对象的认知、对未来的希望、优势以及应对能力。寻解干预模式与其他治疗理论既相似又不同,其价值观包括尊重人的尊严、基于赋权进行实践、最大限度地自决、引导和扩大服务对象的变化,同时也更多地关注个体本身的潜能。经过多年发展,寻解干预模式的应用领域不断扩展,该模式被发现尤其适用于团体和家庭介入。寻解取向团体治疗是寻解治疗理论和技术在小组工作中的应用。寻解取向团体治疗的目标是在建立团队目标的基础上,利用团队的集体优势在短时间内实现这些目标,解决成员问题和降低行为的破坏性。寻解取向团体治疗赋予团队成员权力,让他们负责解决方案的构建,成员将从中受益所有团队成员的集体智慧,可以使服务对象的干预进展速度快于个体治疗。除此之外,寻解干预模式也适用于以家庭为对象的社会工作,因为它解决了变化过程中呈现的各种类型的人际关系。寻解干预认为,带孩子接受治疗的父母,作为服务对象,通常自身已具备一些解决问题的策略。这是因为困境会引出父母用来处理应对困难的资源。然而,资源固然是问题解决过程中的关键要素,但更为核心的是,父母应当审慎地思考并评估他们自身的行为如何对孩子的行为产生深远影响。因此,寻解干预强调父母要更多关注他们的孩子何时表现出合理的行为,以培养父母对孩子更积极的态度和行为。这种模式下的儿童也因拥有参与决策的权利而更容易被吸引至干预活动中。尽管案例并未针对家庭展开,但从寻解干预模式中提炼和阐释与家庭治疗的作用亦可以供后续相关研究参考。

二、干预过程与效果分析

在首个阶段,社会工作者以专业且亲切的态度进行了自我介绍,随后详尽阐述了项目的总体目标、各活动环节的具体目标、活动形式、内容安排以及精确的时间规划,旨在确保所有小组成员能够实时追踪项目进展,同时促进组员间有效沟通与互动,形成积极的合作氛围。在此过程中,社会工作者以浅显易懂的方式向成员们介绍了寻解的核心概念,旨在深化成员们对这一理念的理解与接纳程度。为了加深成员们对寻解概念的掌握,社工进一步引导小组成员基于个人理解对前述概念进行复述,这一做法显著提升了成员们对寻解理念的认知程度。

在构建共识性目标的重要阶段,社会工作者积极召集小组成员,就涉及人际互动和社交沟通的议题进行详尽且深入的探讨。这一过程不仅需要成员们主动分享个人的见解和经验,还需要他们倾听他人的观点,以便在相互理解的基础上达成共识。通过这种讨论,社会工作者希望能够帮助小组成员提升社交技能,增进他们之间的相互了解和信任,从而更好地实现小组的目标。

在干预流程的尾声,社会工作者将对整个干预过程进行严谨而全面的评估与总结。通过系统收集和分析相关数据、细致观察小组成员的变化与进步、倾听并采纳他们的反馈与意见,社会工作者能够客观评估干预的实际成效。同时,社会工作者还将与小组成员共同展望未来,探讨如何将所掌握的社会交往技能拓展至更广泛的领域,以推动个人与社会的持续发展。此外,社会工作者将密切关注小组成员在干预过程中形成的新资源与能力,并探索如何有效利用这些新资源与能力促进成员们的自我成长与发展。

总的来说,在整个介入过程中,社会工作者展现出了充分的专业素养和人文关怀。她巧妙地运用了寻解干预模式的核心主题,即接纳反馈、奇迹场景和共享荣誉,以此来锚定小组成长的动因,并从集体智慧的角度出发,对每个成员的贡献给予了充分的肯定。在这个过程中,社会工作者引导成员们根据在实践任务中的具体表现,运用寻解思维来深入分析自己的情绪状态、解决问题的方法以及所取得的成效。成员们积极分享自己的寻解过程,社工小宋通过使用"刻度问句"的方式,有效地引导大家对自己的情绪状态和解决方法进行评分,这样做有助于大家更好地了解自己的进步空间,以及需要改进的地方。随后社工小宋又引导成员们进行头脑风暴,共同探讨在社交过程中可能遇到的挑战和应对策略,这无疑增强了小组成员的应对能力。

三、建议

1. 立足干预提升实际效果

寻解干预专注于问题解决方法,而非问题本身。不同于社会工作传统的问题中心取向法,它能帮助案主发掘自身优势,并找到一条通向他们期望的未来道路。加入前测和后测的寻解干预模式更好地回答了社会工作专业的循证问题,而其实践价值具体体现在让案主关注自身优势,聚焦问题解决,根据既有流程实施干预的方式,实现从单一干预方法到干预机制的拓展与转变。但不可否认的是,寻解治疗在融入国内社会工作领域的过程中,还存在应用范围小、本土化缓慢、发展不充分等问题。后续研究需要通过整合思维探索寻解视角的本土化应用过程,基于多重循证支撑形成科学化的干预模式,以期能够从循证视角为传统社会工作研究困境提供解决方案。整合运动的目标是汇集领导心理治疗的最佳理念和方法。从聚焦问题到解决问题的过程,社会工作干预要更多地关注和考察服务对象的资源、优势和可能性,更多地为可重复干预提供了一个具备操作性的取向,使得多元视角更加聚焦于服务对象的问题解决本身。此外,流程化的干预有助于提高社会工作干预的科学性。未来研究可以严格按照循证社会工作的要求和具备流程化、本土化的干预模式,采用随机对照试验和科学化的样本抽选方式,建立更科学的干预模式。这既确保了干预活动之间的衔接,又能够保证干预目标的实现。

2. 通过多途径提高海员的承压能力

人格特征是表征压力和健康状况的重要因素,其中乐观主义和自我力量尤为重要。而在工作方面,干扰噪声、船上气候条件、职业群体以及工作中的评价则是关键的表征因素。值得注意的是,工作中的人际关系质量并不直接影响压力或健康状况。研究显示,人格因素和工作相关因素能够解释15%~33%的感知健康状况和压力的差异。对岸上亲人的牵挂是预测压力和抑郁的重要因素,这既反映了真实的家庭问题,也体现了海员对家庭相关问题的不可控感。显然,海员与其家庭和社会之间的纽带,往往是压力的主要来源。人格因素和工作相关因素都是影响人际关系的重要预测因素。在预测健康和压力方面,人格因素起到了显著作用,这既与良好的健康状况有关,也与人格的测量方式有关。其中,悲观-乐观主义是最重要的预测因素,它体现在对未来的预期上,并可能反映在对自我、生活和工作条件的评价上。关于工作相关的健康状况和压力问题,并非简单的单向因果关系。人们有能力并会积极应对压力,而人格特征在此过程中扮演着重要角色。尽管船上海员承受着巨大的压力,但长期在海上服役的海员主观上认为,与新手相比,他们的工作负担和压力较小。这是因为他们对自己的能力有信心,能够满足工作要求,并能够通过在海上工作的经验减少不确定性、解决问题,同时他们深刻理解并遵守保障自身安全的工作规范,以及通过学习和实践获得的知识和技能来应对困难情况。因此,社会工作者应努力帮助海员挖掘一些爱好,如运动、健身、看剧、打游戏等,以排解压力,这也是许多职场人常见的解压方式。同时社会工作者需要引导海员保持心情愉快,经常对自己进行积极的心理暗示,尤其在出现沮丧消极情绪时,积极的念头将起到巨大的作用,帮助海员一步步渡过难关。

3. 拓展海员自身交际圈,提升人际交往水平

社会工作者需要引导初登船舶的海员正视海洋与陆地生活差异所带来的心理落差。上船后,他们所面临的生活环境与原有的生活状态大相径庭。若个人难以接受这一转变,其交往能力将会受到严重影响。事实上,陆地与船上生活环境及状态的差异是不可避免的。因此,在船上与人交往时,海员需要迅速调整自己,以适应新的环境,并学习掌握与人交往的技巧和规则。在与他人相处时,海

员应该学会倾听他人、包容他人、赞美他人,并尽量站在对方的角度考虑问题,这不仅是尊重他人,也有助于扩大自己的社交圈子。此外,在接受了新环境并掌握了交往技巧之后,海员还应该对自己有清晰的认知。首先,他们需要认真对待他人对自己的评价,进而改正并完善自身。其次,要认识到自己擅长的领域和优点,并在新环境中积极帮助他人、展示自己,这有助于提升交往水平并扩大朋友圈。

4. 调和海员与企业的关系

迪德里希森(Diederichsen)认为,工作满意度与底线成本是紧密相连的。除了工作满意度的心理层面外,还有其他因素有助于提升海员的幸福感,如认可与欣赏、社会支持、学习和发展机会。通过肯定海员的贡献,让他们意识到自己的付出对公司成功的重要性,以及在工作负荷、工作复杂性与个人能力之间找到良好的平衡,都能为海员带来幸福感。因此,船舶管理公司,特别是海员的个人代理,应加强与海员的沟通。首先,社会工作者应促进公司与海员之间建立健康的关系,而非单纯的雇佣关系。其次,社会工作者应经常与企业代表交流,了解海员在船上的生活状况和问题,并根据每个海员的实际情况提供指导。最后,当海员遇到困境或在船上与他人交往不愉快时,社会工作者需要督促公司积极介入,了解问题的根源,并帮助海员解决交往中产生的误会,而不是任由事态发展。

5. 构建和谐的船上交往环境,包容文化差异

由于长期的海上航行,海员们很少有机会与家人联系,因此他们必须面对船上的巨大孤独感。然而,现在海员们往往不被允许使用船上的电子邮件设施,这在大型油船和由知名航运公司管理的船舶上尤为突出。因此,海员之间不仅要相互包容每个人的个性特征,还要包容不同的文化差异。当船上有实习生时,社会工作者应协助他们换位思考,尽量帮助他们建立自信,以适应新的环境,同时,还应对老海员进行及时干预,杜绝出现因海员级别不同而差别对待的现象。简言之,社会工作者应协助海员们构建健康的人际关系和和谐的氛围,正确认识自我并融入大家庭。在交流中,社会工作者可以组织各种活动,以促进海员彼此的了解,在展示自己的同时,也更加了解他人,从而拓宽海员的人脉圈子。海员来自世界各地,常常还有来自不同国家的伙伴,面对文化差异和冲突,社会工作者应该正视并积极处理,以包容的心态与他人交流和相处,学习他人带来的优秀文化。

6. 多方位增加海员社交活动

公司、社区以及海事社会工作组织应积极组织适合海员群体的文化活动,这不仅有助于推动航海文化的宣传,还是提高海员社会认知度的有效手段。同时,海员在参与这些活动时,可以结识新朋友,扩大社交圈子,增加社会互动,减少社会脱节,从而提升他们的人际交往能力。此外,针对不同类型的海员,还应制定相应的干预措施,并对这些措施的效果进行长远评估。未来的发展趋势可能包括建立一个通过网络进行的远程咨询和支持系统,使海员能在远离工作活动的环境中分享自己的感受和情绪,并在更安全的环境下得到帮助。此外,借助社会工作者的网络咨询,海员可以应对之前提到的各种因素,如饮食失调和孤独感,从而提高社交技能、生活质量、解决问题的能力以及适当的情绪表达方式。

本章小结

　　海员的人际交往能力不仅关乎个人的幸福感和职业满足感,更与整个航运行业的安全和效率息息相关。为了提升海员的人际交往能力,必须从多个方面入手,包括增强海员对新环境的适应能力、构建和谐的船上交往环境、发挥船员服务机构的作用以及多方位增加海员的社交活动等。首先,对于新上船的海员来说,他们面临着从陆地到海上生活环境的巨大转变。这一转变不仅仅是物理空间的变化,更涉及生活节奏、工作内容以及人际交往方式的转变。因此,海员需要迅速适应新环境,掌握在船上与人交往的技巧和规则,以建立良好的人际关系。其次,构建和谐的船上交往环境对于海员的人际交往能力至关重要。一个和谐、包容、尊重的文化氛围能够让海员们更愿意相互交流和合作。在船上,我们应该尊重彼此的文化差异,包容不同的性格特征,通过举办各种活动来增进交流和理解。同时,对于实习生等新上船的海员,我们应该给予他们更多的关心和帮助,让他们尽快适应新环境。此外,船员服务机构在海员人际交往能力的提升中发挥着重要作用。这些机构应该与海员保持密切的沟通,了解他们在船上的生活现状和问题,并提供必要的指导和支持。如果海员在与人交往中遇到困境或误会,船员服务机构应该积极介入,帮助解决问题,避免事态恶化。最后,我们应通过多种方式增加海员的社交活动。公司、社区及海事社会工作组织可以举办各种适宜海员群体的文化活动,让海员在参与活动的过程中结识新朋友、拓宽社会关系网、提升人际交往能力。

第十二章

认知行为疗法——对海员安全意识与行为的干预

海员作为海运的核心岗位,是推进"一带一路"中"一路"的重要力量,是保障海上货物运输安全有序开展的重要力量。2021年,中共中央政治局审议了《国家安全战略(2021—2025年)》,强调要坚持安全发展,防范遏制重特大安全生产事故。2024年国务院政府工作报告提出"加强重点领域安全能力建设"。随着国家"涉海"战略的不断提出,海员的安全意识与行为越来越得到社会的关注。国际海事组织在ISM规则中指出,海上事故的发生约有80%是人为因素引起的。因此,分析航运中海员操作行为的安全意识,并采取有效措施以增强安全行为至关重要。实践中,尽管海事系统、航运企业、航海院校在不断强调安全操作并完善制度规范,但《2019—2022年交通运输行业发展统计公报》显示,4年间共发生507起船舶水上交通事故,共造成592人死亡或失踪,平均每3天发生1起事故,伤亡1人以上。海员本就已经是一个具有挑战性的职业,他们远离了亲人和舒适、正常的生活环境,在有限的空间里工作和生活。而最重要的是,国际局势的动荡无疑更加挑战了海员的安全福祉。因此,一方面,保障海员的安全和健康对于航运企业乃至整个航运部门都至关重要;另一方面,加强对海员进行安全工作方面的教育,无疑将对他们的职业发展产生积极影响,同时也有助于促进他们家庭的幸福和谐。面对如此严峻的海上安全形势,有必要主动根据海员的群体特征,有针对性地开展干预,在海员安全意识与行为领域发挥海事社会工作的作用。

第一节 案例描述

一、基本情况

某航运公司作为业内知名的货物运输企业,近期陷入了安全管理的困境。由于部分海员安全意识薄弱、行为不规范,该公司接连发生了一系列安全事故,这些事故不仅给公司的经济效益带来了不小的损失,更对公司的品牌形象和社会声誉造成了严重的损害。在众多安全事故中,一起发生在"海悦"号货船上的集装箱掉落事故尤为引人注目。这艘货船在航行过程中,由于海员未能严格遵守安全操作规程,对货物的固定和检查存在疏忽,加之当时天气条件恶劣,风浪较大,导致了集装箱在船体剧烈摇晃时突然掉落。集装箱的掉落不仅造成了船体局部的损伤,更重要的是,它严重威胁了海员的人身安全,并给周围环境带来了潜在的威胁。这起事故引起了公司高层的高度重视和深刻反思。事故发生后,公司立即启动了应急机制,组织力量进行调查。经过调查,公司发现尽管公司定期安排了安全生产培训,但还是出现了这些安全问题。他们意识到,这不仅仅是一系列简单的安全事故,更是公司员工安全意识与行为存在严重问题的集中体现。海员们安全与法律意识薄弱、行为不规范、缺乏职业道德,未能充分认识到恶劣天气对航行安全的影响,也未能严格遵守安全操作规程,从而导致了事故的发生。为了彻底改变这一状况,公司开始采取更多元、更广泛、更有效的措施来加强安全管理,增强海员的安全意识和操作技能,确保类似事故不再发生。在这个过程中,社会工作者的介入和协助,为公司提供了重要的支持和帮助。

二、问题分析与评估

1. 存在的问题

在深入分析了某航运公司近期发生的安全事故后,我们可以明确地看到,该公司面临着几个核心问题。这些问题不仅导致了经济损失和声誉损害,更重要的是,它们威胁到了航运安全和公司的长期发展。

(1) 缺乏安全意识

在当前的企业文化氛围中,安全意识的缺失已经成了一个不容忽视的现象。这种现象表现为部分海员对于企业安全生产工作的重视程度不够,缺乏必要的警觉性和自我保护意识。他们可能认为安全事故是偶然事件,安全事故这种事情只会发生在别人身上,与自己毫不相干。又或者,他们凭借自己的一腔热血和所谓的丰富经验,盲目自信,认为自己不可能在工作中出现任何差错。正是这种侥幸心理和过于自信的态度,使得他们在工作中往往会对企业的安全规程视而不见,甚至故意违章操作,给企业带来极大的安全隐患。

(2) 缺乏职业道德感

职业道德感的缺失也是一部分海员存在的问题。职业道德,就是员工在自己的职业活动中应该具备的符合职业特点所要求的道德准则、道德情操与道德品质的总和。职业道德不仅是海员在职业活动中的行为标准和要求,还是对船舶企业及社会所承担的道德责任和义务,职业道德是社会道德在职业生活中的具体化。缺乏职业道德感的海员对职业行为准则的遵守程度不高,很难做到以诚信、敬业、尊重他人、负责任的态度去完成工作任务。这种缺失会导致海员工作态度不端正、工作质量下降,甚至可能给船舶企业和整个社会带来安全隐患。

(3) 法律意识淡薄

法律意识淡薄的现象在部分海员中尤为突出,这种现象主要体现在他们对我国相关法律法规的忽视以及对基本内容缺乏了解。对于他们来说,相关法律法规的考试和测验往往只是临时抱佛脚式的学习,而不是真正内化为自己的行为准则、深入理解并牢记于心的学习。这些海员可能存在一种误解,认为只要完成了工作任务,法律的规定就与自己无关。然而,这种对法律忽视的态度无疑隐藏着巨大的风险。首先,这可能导致他们在工作中出现违法行为,比如工作过程中的安全违规操作,不仅会危害到自己和他人的生命安全,还可能触犯法律。其次,这种态度也给企业带来了潜在的法律风险,一旦发生法律纠纷,不仅会影响企业的正常运营,还可能造成重大的经济损失。

2. 干预目标

(1)总目标:通过认知行为小组活动改善海员安全意识与行为。

(2)协助企业加强职业道德建设。

(3)引导海员重视操作规范,重视法律法规。

3. 干预流程

(1)第一阶段:安全心理测量与安全认知重构

在干预流程的开始阶段,社会工作者将首先进行心理测量。心理测量将帮助我们全面了解海员们的安全意识、职业道德感和法律意识水平。通过专业的心理评估工具,我们能够收集到海员们在面对安全问题时的心理反应、态度以及行为习惯等数据。在心理测量的基础上,社会工作者将进入认知重构部分。这一部分的目标是通过一系列小组活动,帮助海员们重新审视和评估自己的安全意识与行为。

(2)第二阶段:拓展、强化和巩固安全知识技能

在完成安全认知重构之后,将进入技能提升、强化和巩固阶段。在这一阶段,社会工作者会针对影响海员们安全意识与行为的多种因素开展一系列有针对性的培训活动。这些培训活动围绕海员安全意识、安全领导力、海员职业道德以及法律法规方面展开,旨在提高海员们的安全内驱力。

(3)第三阶段:后测和跟踪随访

这一阶段的主要目的是评估干预措施的效果,并持续跟进海员们的安全行为表现。社会工作者将再次进行心理测量,对比干预前后的数据变化,了解海员们的安全意识、行为倾向以及心理反应等方面的改善情况。同时,社会工作者还将通过问卷调查、访谈等方式收集海员们对干预措施的评价和建议,以便不断完善和优化干预方案。

为了确保干预效果的持久性,我们还将进行中短期的跟踪随访。我们将与海员们保持定期联系,了解他们在日常工作中的安全行为表现,及时发现并解决存在的问题。同时,我们还将关注海员们的心理状态变化,提供必要的心理支持和帮助。通过这种长期的跟踪随访,我们可以确保海员们始终保持高度的安全意识,将所学的安全知识和技能应用到实际工作中,形成持久的安全行为习惯。

第二节 认知行为疗法在海员安全意识与行为中的应用

在上一节中,我们详细阐述了干预流程的三个主要阶段,并特别强调了安全心理测量与安全认知重构的重要性。在这一节中,我们将深入探讨认知行为疗法如何具体应用于海员安全意识与行为的提升中。

第一阶段:安全心理测量与安全认知重构

在船舶企业的牵头下,旗下海员接受了社会工作机构的安全认知行为干预。社会工作者根据企业安全事故的评估报告,开展了一系列有针对性的安全认知行为纠偏活动。第一阶段包括两个方面,即心理测量和认知重构。第一阶段活动计划如表12-1所示。

表12-1 第一阶段的活动计划

单元名称	活动目标	主要活动内容
第一阶段	建立专业关系	社工自我介绍;介绍小组活动开展的目的、意义;介绍本节活动的主要内容
	进行分组	对组员进行随机分组,以便组员接收干预信息
	通过填写量表完成基线测量	社工向组员发放问卷,并说明填写目的与注意事项
	明确组员问题和小组目标	社工帮助小组组员澄清问题与改善方向
	帮助组员理解什么是安全,进一步识别自身在工作过程中的错误认知	社工带领组员学习安全意识与行为的相关理论;邀请组员分享对企业当下遭遇的安全困境的看法;邀请组员分享刚从事工作的时候与现在的区别
	引导组员学习与航行安全相关的知识,进一步识别在工作中的非理性行为	社工与组员一起分析安全意识与职业道德、法律法规的关系;从多元视角分析非理性情况下做出的不安全行为对海员的影响
	回顾本节内容	由社工进行总结,并布置课后活动;说明下次活动安排

谈话片段1：

社工小洛："大家好，我是社工小洛。受公司邀请，我们开展了这个安全意识与行为的干预活动，主要目的也就是希望提升大家的安全意识，以期避免再次出现海上事故。本活动紧紧围绕组员认知，主要包括三个阶段：一是心理测量和认知重构；二是拓展、强化和巩固习得的知识；三是跟踪随访。值得一提的是，我们的项目组成员构成多元，不仅包括普通船员，也包括管理层船员。在接下来的时间里，我们将一起努力，提升我们的安全意识，改善我们的工作行为。"（社工小洛介绍了安全意识与行为干预活动的目的、阶段和成员构成，强调了改善安全意识和工作行为的重要性。）

由于小组成员人数较多，社会工作者将整体随机划分为若干组，并各配置一名助理社会工作者辅助完成各项小组活动。

社工小洛："首先，我们要完成一项重要的任务——填写安全测量问卷。这份问卷会帮助我们了解大家当前的安全认知和行为模式，为我们后续的工作提供数据支持。请大家放心，问卷的填写完全匿名，所有的数据都只用于我们的小组分析和工作提升。"（社工小洛向小组成员强调了填写问卷的重要性，以及问卷的用途和保密原则。）

海员们纷纷接过问卷，开始认真地填写。社工们则在旁边耐心地解答着他们的问题，确保每个人都能够准确理解问卷的内容和要求。填写完问卷后，社工与小组成员明确了彼此的角色关系，为后续活动开展建立了契约关系。

社工小洛："由于远离大陆，海上工作的风险一直都是非常高的。本该人人都非常注意的安全问题，却因为侥幸心理、工作时间长、职业倦怠等原因不被重视。究其原因，本质上还是我们对于安全的认知出现了问题，需要针对认知进行对症下药。"（社工小洛澄清了出现海上安全问题的原因，并指明了改善的方向。）

澄清之后，社工介绍了与认知相关的知识。

社工小洛："我国的海员培训制度已经很完善了，在座的各位其实也都已经参加过很多有关安全作业的培训了，但为什么还会出现这样或那样的问题呢？有些人可能会把责任归咎于企业和管理层不作为。是有这方面的原因，但家人们可别忘了，你们可都在一艘船上啊！"（社工小洛通过灵活使用沟通技巧，活跃气氛，引导小组成员思考。）

社工的幽默使气氛活跃了起来。

社工小洛:"这可以从认知的角度解释。沉锚效应,作为一种心理现象,指的是在人们对某人或某事进行评判时,倾向于受到首次接触的信息或初步印象的显著影响,这种影响如同沉入海底的锚一般,将人们的思维稳固地锚定在某个特定位置。这种心理现象在日常生活中屡见不鲜,其表现形式主要包括第一印象的深刻影响以及先入为主的认知倾向。假如一个海员在刚从事工作的一段时间里没有遇到过事故,甚至老海员一些不当操作也没有引起事故,这时候这个海员就存在'安全可以轻易取得'这个锚点。之后再有点晕轮效应,也就是以偏概全的想法,可以想象他在对待安全时会是什么状态。"(社工小洛通过沉锚效应解释了安全意识不足的心理原因,并进一步解释了其在实际生活中的表现形式以及与晕轮效应的关系。)

海员小冯:"照这样说,'一朝被蛇咬,十年怕井绳'在安全方面其实是挺好的意识呗?"

社工小洛:"从增强安全意识方面来看,被蛇咬的'疤痕'确实能时刻提醒个体不要越轨,不要非理性地开展工作。"(社工小洛将理论与实践相结合,引导小组成员认识到安全事故的教训对提升安全意识的重要性。)

随后社工将疤痕效应和安全问题结合到一起,向小组成员解释了一番。随后,社工邀请组员一起回顾在海上工作的经历,分享曾经遇到的安全问题和挑战,以及对目前情况的看法。

海员小易:"我记得我刚上船的时候,对很多操作都不熟悉,有时候会因为害怕犯错而不敢尝试。但是后来我发现,如果不主动学习和实践,我就永远无法真正掌握这些技能。而掌握了这些之后,狠抓安全的心也确实跟着放松了下来。这几次事故可能真的与认知有关。"(通过对比工作前后的差别,小易认识到主动学习和实践对于掌握技能和提升安全意识的重要性,并逐渐将事故与认知联系起来。)

船长老邢:"我在海上工作了几十年,见过太多的安全事故。我觉得很多时候,事故的发生都是因为我们的安全意识不够强,或者是我们在关键时刻做出了错误的判断。"(老邢根据多年的工作经验指出,安全意识不足和错误判断是导致安全事故发生的主要原因。)

社工小洛:"海员的船上安全意识不仅仅是安全的展开,还涉及职业道德和法律法规。职业道德要求海员高度负责,将安全放在首位,为其树立正确的价值观和行为准则。海员的安全意识则通过遵守规程、报告隐患等行为体现其职业道德。海事法规像陆地的交通法一样，也是围绕安全展开的，使海员自觉遵守安全生产的规定。海员的安全意识也体现在对法律法规的遵守上，能够通过法律意识教育加深理解。"（社工小洛以安全意识为中心，引申出安全之外的辅助因素。）

在进行了一番深入的探讨之后，海员们逐渐认识到安全意识不仅仅是一种简单的职业习惯，而是一种涵盖工作、生活全方位的思想态度，其对个人和集体的重要性被更多人所理解。整个活动室的气氛因此变得活跃和充满期待。在接下来的活动中，负责此次项目的社工表示，将会和大家一起深入探讨如何更有效地增强安全意识，如何通过改变我们的工作行为来加强安全措施。对此，海员们表现出了很高的热情和积极性，纷纷表示他们将积极参与到接下来的每一项活动中去，和所有同事们一起，为改进整个团队的安全意识与安全行为做出自己的努力和贡献。

第二阶段：拓展、强化和巩固安全知识技能

在第一阶段完成了前测和团队成员的磨合，以及明确了海员安全意识提升的重要性后，小组活动进入了第二阶段——拓展、强化和巩固安全知识技能。该阶段分为三个子阶段，对应拓展、强化和巩固，以期通过不断增强认知印象使小组成员能够有意识地从安全角度出发开展工作。第二阶段的活动计划如表12-2所示。

谈话片段2：

社工小洛："首先，让我们一起回顾一下上一阶段我们所学习的内容。我们讨论了认知行为理论、海员安全意识与行为、海员职业道德以及海事法律法规等方面的知识。这些都是我们提升安全意识、避免海上事故的重要基础。但仅了解这些理论和知识是不够的，还需要经过多次练习和加强，才能达到预期效果。"（简单回顾上次活动后，社工引入此次活动的主题。）

第十二章 认知行为疗法——对海员安全意识与行为的干预

表 12-2 第二阶段的活动计划

单元名称	活动目标	主要活动内容
第二阶段	回顾上一阶段内容	在社工的引导下,回顾上阶段活动的认知行为理论、海员安全意识与行为、海员职业道德以及海事法律法规等内容
	进行分组	根据海员职级和职责,将海员分为基层和管理层两大组,而后再分别将基层和管理层各分为若干组,以便展开有针对性的干预活动
	拓展安全知识技能	针对基层海员,引导设置安全锚点,提升职业道德感,增强安全生产心理与法律边界;针对管理层海员,引导提升安全领导力水平;学习心理资本的相关知识,提升职业道德感,并强化安全生产心理与法律边界意识
	强化安全知识技能	针对基层海员,引导强化安全锚点、职业道德感、安全生产心理与法律边界;针对管理层海员,引导强化安全领导力、心理资本、职业道德感、安全生产心理与法律边界
	巩固安全知识技能	针对基层海员,引导巩固安全锚点、职业道德感、安全生产心理与法律边界;针对管理层海员,引导巩固安全领导力、心理资本、职业道德感、安全生产心理与法律边界
	总结活动	由社工进行总结,并布置课后活动;说明下次活动安排

社工小洛:"接下来,我们会根据大家的职级和职责,将大家分为基层和管理层两大组。基层海员和管理层海员将分别参与不同的讨论和学习。然后,在这两大组内部,我们会再进一步细分成若干小组,以便我们可以根据每个小组的特点和需求,开展更加有针对性的活动。"(社工小洛根据组员职级和

职责进行分组,以便开展更有针对性的小组活动。)

在分组后,社工对基层海员进行干预。首先引导组员在冥想过程中进行思考和设定安全意识的锚点,以确保之后的每一次生产操作都有主动安全意识的支持。而后,通过对案例的分析,提升组员职业道德感和法律意识。

海员小易:"你们还会催眠啊?"

社工小洛:"哈哈,我们可不会催眠。按我的理解,冥想就是通过专注力,将意识进驻心灵,与自己对话,与自然对话。我们每个人都有固定的行为模式,日常的繁杂让我们忘却了最开始的目的和心灵悸动,这就导致我们对安全问题知而不顾,所以希望通过对话找寻自我,以安全意识锚点在今后时刻提醒我们的行为。"(社工小洛介绍冥想,引导组员关注内心,建立安全意识之锚。)

在播放辅助冥想的音乐后,社工小洛:"现在,请大家闭上眼睛,深呼吸,放松你们的身心,让我们一同进入这个宁静的冥想空间。想象一下,你们正在驾驶着船舶,航行在广阔无垠的大海上。在这片大海上,每一个动作都关乎着船舶的安全,关乎着你们和他人的生命安全。现在,请大家跟随我的引导,回忆一些你们在工作中遇到过的安全事故案例。那些事故是如何发生的?有哪些可以避免的因素?"(社工小洛引导小组成员通过回忆激发潜在的安全意识。)

社工小洛:"请你们在内心深处找到一个锚点,那是你们的安全意识之锚。每当你们进行操作时,无论工作内容多么微小,都请让这个锚点发挥作用,提醒你们安全始终是第一位的。记住,每一次的安全操作都是对生命的尊重,都是对自己和他人负责任的表现。"(社工小洛引导小组成员进行深层次的冥想,寻找安全意识之锚。)

在冥想过后,社工给组员播放了一些海上事故案例。

社工小洛:"在座的各位,基本都已经成家了。按理来说,有家就会有顾虑,有顾虑就会不敢肆意妄为。但海员的职业属性、超长期的海上工作周期使得家庭羁绊随着离岸时间的变长而不明显,也就无法约束个体行为。因此,在干预过程中,我们会加入家庭元素,强化效果。"(社工小洛提到家庭因素对海员行为的影响,希望通过家庭羁绊强化小组成员的安全意识。)

海员小崔:"家庭关系不好怎么办?"有一部分人附和小崔。

社工小洛:"我理解你们的担忧,家庭关系的好坏确实会影响到我们的

第十二章 认知行为疗法——对海员安全意识与行为的干预

工作心态和行为。但请记住,家庭是我们最坚实的后盾,也是我们最温暖的港湾。即使现在家庭关系有些紧张,我们也可以通过积极的沟通和努力来改善它。后续我们会加入一些改善家庭关系的内容,让大家在参与的过程中感受到家庭的重要性,并思考如何在工作中更好地保持与家人的联系,以及如何在家庭的支持下增强自身安全。"(社工小洛澄清家庭的意义,并根据小组成员的具体情况调整后续干预方案。)

社工小洛:"小崔,您可以分享一些您家庭的小故事,或者您对家庭关系的看法。我们一起来探讨,看看能否找到一些方法来改善您目前的家庭状况。"(社工小洛通过鼓励小崔分享家庭小故事和对家庭关系的看法,进一步引导其描述问题。)

小崔有些犹豫,但在大家的鼓励下,他还是决定分享一些自己的家庭故事。在倾听的过程中,社工小洛和其他组员都表现出了极大的同理心和理解,纷纷给予小崔建议和鼓励。随着讨论的深入,整个活动室的气氛变得更加融洽和温馨。社工小洛趁热打铁,开始引导大家讨论如何在工作中保持安全意识,并将家庭、法律元素融入安全意识与行为规范的讲解中。

社工小洛在对管理层海员进行干预时,采取了更为深入和专业的策略,旨在提升他们的安全领导力、心理资本、职业道德感,并强化安全生产心理与法律边界。在对话和干预过程中,社工小洛安排了一些小组活动和案例分析,让管理层海员们能够深入交流和探讨安全话题。

谈话片段3:

社工小洛:"各位伙伴,作为海上的管理者,你们的安全意识和领导力直接关系到整个船队的安全和效率。我们要明确的是,作为管理层,你们不仅是执行者,更是引领者和榜样。然而,我们在工作过程中,一般会遇见不听指挥、有逆反心理的下属,也会面临难以服众、没有权威的境况。接下来,我们将通过一些实际案例和模拟场景,让大家深入了解什么是安全领导力,并学习如何在工作中实践它。比如,如何在紧急情况下迅速做出决策,如何有效传达安全信息,如何激励团队成员共同维护安全等。"(社工小洛强调了管理层的安全意识和领导力对船队安全和效率的重要性,并通过实际案例和模拟场景培训管理层如何实践安全领导力。)

社工围绕是什么、为什么、怎么做三个方面讲解了管理层的安全领导力,其间引申出安全心理资本和安全文化的重要性。

社工小洛:"由于海员都在观察,看管理者是否遵守相关的安全规定,管理人员必须根据安全规定的要求做出安全的榜样,如果不阻止不安全的行为,就意味着工作不安全也是可以接受的,而这势必会形成不良风气。从限制个体危险行为的因素来看,法制让人不敢干坏事,机制让人不能干坏事,而文化让人不想干坏事。对比限制行为的资源消耗程度,良好文化下的个体主观规避意愿大大降低了安全成本。因此,安全文化的塑造对于基层海员的安全意识与行为非常重要。"(社工小洛强调了管理层的安全意识和领导力对船队安全和效率的重要,以及文化在降低安全成本中的关键作用。)

社工小洛:"能当上领导,自然有两把刷子。《道德经》有云:'天之道,损有余而补不足。人之道则不然,损不足以奉有余。'这句话强调了要发挥个人优势。我们将通过一些活动,帮助大家探索和激发优势,以期更好地服务于提升我们自己以及下属同事的安全意识与行为。"(社工小洛围绕中国传统文化,引用了《道德经》中的智慧,希望引起管理层小组成员的共鸣,以更好地服务于其自身及同事的安全意识与行为。)

在完成了对基层和管理层海员拓展安全知识技能部分的干预后,社工在拓展的基础上,根据组员反馈,又开展了强化和巩固环节。社工引导海员们进一步加深对安全知识的理解和应用。社工通过案例分析、角色扮演等方式,让海员们从不同角度体验到安全意识与行为在不同危险等级情况中的应用,从而强化和巩固他们的安全意识。在总结阶段,社工为基层和管理层海员分别布置了课后活动,前者是每个组员采访一位家人对其海上安全的态度,后者是基于自身优势设计一个安全文化形成机制。随着社工小洛的话音落下,本次活动也接近了尾声。海员们纷纷表示受益匪浅,会将今天所学的内容牢记在心,并付诸实践。在期待下次活动的同时,大家也相信自己在安全生产的道路上将越走越稳。

第三阶段:后测和跟踪随访

小组成员迎来了最后的后测和跟踪随访阶段。这一阶段旨在回顾成员们在过去几个阶段中的成长和变化,同时根据组员的情况和意愿,提供随访服务,以进一步辅助增强海员的安全意识与改善安全行为。第二阶段的活动计划如表12-3所示。

表 12-3 第二阶段的活动计划

单元名称	活动目标	主要活动内容
第三阶段	巩固成果	在社工的引导下,回顾上一阶段活动的内容
	评析组员课后活动的成果	社工鼓励小组成员分享自己的成果,并展开小组讨论
	通过填写量表完成后测	社工向组员发放问卷并说明填写目的与注意事项
	总结干预活动	社工总结整个干预活动的过程,并介绍社会工作随访机制,获取小组成员对后续工作的支持

谈话片段4：

小崔在课后分享中谈到了他与家人的交流。

小崔："我采访了母亲,她对我海上工作的安全非常担心。她告诉我,每次我出海,她都会默默祈祷我平安归来。这次的活动让我意识到,我不仅要对自己负责,还要对家人负责。我会更加注意自己的安全行为,让他们放心。"

其他海员也纷纷表示,通过这次活动,他们更加明白了家庭对于自己工作的重要性,也更加珍惜与家人的联系。他们承诺会在工作中保持安全意识,为自己和家人创造一个安全的未来。

管理层海员老杨分享了他基于自身优势设计的安全文化形成机制。

他提到："我认为安全文化的形成需要每个成员的参与和贡献。作为管理者,我应该以身作则,为团队树立一个安全的榜样。我家人说我的优势是'轴',但不平易近人。经过分析,我们觉得太严肃的领导会容易让下属当面一套,背后一套。所以,我设计的机制就是围绕我的原则性,我以身作则为其他同事树立榜样,同时提高我的沟通技能,将我获取充足心理资本的经验传授给我的同事,让我们一起更加积极地参与到安全文化的建设中来。"(小组成员老杨通过家人明确了自身的优势,强调以身作则和提升沟通技能的重要性,以促进团队成员积极参与安全文化建设。)

其他管理层海员也对老杨的分享表示赞同和支持。他们认为,一个健康的安全文化需要每个人的共同努力和贡献。他们会将这次活动的所学应用到实际工作中,为团队的安全和稳定性贡献自己的力量。

社工小洛:"看到大家能够将所学应用到实际生活中,我感到非常高兴。家庭是我们最坚实的后盾,也是我们最温暖的港湾。只有当我们真正理解了家庭的重要性,并在工作中保持安全意识时,我们才能为自己和家人创造一个更加美好的未来。"(社工小洛肯定了大家将所学应用到实际生活中的行为,再次强调了家庭的重要性和安全意识。)

同时,社工也提醒海员们,安全是一个永恒的话题,它需要我们时刻保持警惕和关注。社工鼓励大家将这次活动的所学应用到实际工作中,并积极参与后续的安全培训和活动。而后社工向海员们发放了问卷进行后测。问卷内容与前测相同,主要围绕海员们对安全知识和技能的理解、应用以及态度等进行调查。通过填写问卷,社工可以更加准确地了解海员们的安全意识和行为水平的变化情况。

社工小洛:"安全意识与行为的提高是一个循序渐进的过程,心理资本、安全领导力、安全文化的形成与提高都不是一蹴而就的。除了个人认知介入,我们还可以根据每个人的具体情况,开展家庭干预,让家庭也赋能我们的安全意识与行为。如果有需要,可以及时联系我们。"(社工小洛总结了小组活动,并表示可以为小组成员提供家庭干预作为进一步支持的手段。)

在活动的最后阶段,社工也介绍了社会工作随访机制的相关内容。社工在干预活动结束后的一段时间内,将对海员们进行定期的随访和跟踪调查,以了解他们在工作和生活中是否真正将所学应用到实践中去,以及是否还需要进一步的帮助和支持。最后,社工通过问卷调查和访谈内容,对干预活动进行优化调整,以期能够更好地为海员群体服务。

第十二章 认知行为疗法——对海员安全意识与行为的干预

第三节
评析

一、理论分析

1. 认知行为理论

建于理论之上的认知行为疗法（例如，辩证行为疗法和接受与承诺疗法）是一种流行的多元心理治疗方法，以情绪为基础，以问题为重点，其基本前提是认知因素的维持。认知行为治疗的关键是通过一种有效的方法来改变不适应的认知和行为，帮助服务对象识别不愉快或非期望的想法和行为（例如，抑郁症、双相情感障碍、焦虑症）。改变不良认知和行为的过程通常包括六个步骤：心理测量；认知重构；学习技能；强化技巧和技能训练；一般化和维持；后测和跟踪随访。先前的研究表明，认知行为干预已广泛应用于心理问题的治疗，以及帮助案主解决适应不良等问题。由于认知行为疗法在控制情绪障碍、提高技能使用、减少焦虑和解决疾病方面的有效性，该治疗方法已成为临床实践中常用的干预工具。尽管认知行为疗法具有高效益的优势，但在许多发展中国家，它尚未被用作精神障碍的一线干预措施。此外，相对而言，个案条件下的认知行为治疗对治疗师水平的要求很高，需要大量的社会资源的支持，这对低收入地区并不友好。

相比之下，认知行为小组干预展现了有价值的应用前景。小组式的干预可以在资源有限的社区中发挥重要作用，并通过将个人意义嵌入团体以探索个人内部意义来实现治疗价值。然而，尽管有关认知行为疗法实践应用的文献基础非常丰富，尤其是在治疗焦虑相关问题方面，但仍明显需要将认知行为疗法与其他干预观点或方法相结合，以满足特殊群体心理问题的需要。因此，后续研究仍有必要对认知行为构建策略进行进一步研究，以激发动机并培养有效的应对机制。

认知行为理论作为一种有效的心理治疗基础理论，并不完美，在社会工作实务中运用时既要考虑到它的存在优点，也要考虑到它的不足之处。

（1）主要优势

认知行为理论由多种认知理论和行为理论整合而成，以认知疗法为主，同时也兼顾行为的矫正,属于一种具有一定整合程度的心理治疗理论。在治疗中,该理论着眼于服务对象现实存在的问题,不会去纠结服务对象的童年往事和潜意识,而是以服务对象的问题为介入中心,去改变服务对象不合理的认知方式,从而修正其不合理的情绪和行为。所以,认知行为理论运用于社会工作实务中具有实践性强、灵活性高、治疗用时较短的特点,适用于多个领域。

(2)主要局限

认知行为理论治疗的方法偏向于注重对服务对象认知的干预,在问题归因方面太过绝对化地把不合理的情绪和行为反应都认为是直接由认知方式的不合理引起的,而在治疗中也不会去考虑服务对象的过往经历和潜意识。所以,在社会工作实务中其容易对某些心理问题产生的归因偏向不恰当,治疗表面化,同时由于该理论在治疗中偏重服务对象的认知,所以对于智力水平相对低的人群可能会难以取得理想的效果。这就需要注意在社会工作实务中运用该理论时需要选好服务的对象。另外,在社会工作实务的介入过程中能否得到比较满意的效果,也与社会工作者本身有关。因为社会工作者也会存在不合理的认知,而这些不合理的认知在介入的过程中有可能影响服务对象,进而影响治疗的效果,因此在介入的过程中社会工作者要不断地对自己进行反省,避免此类情况的发生。

2. 海员安全理论

航运业正面临着多重安全挑战,包括极端天气、危险货物、海盗与恐怖主义威胁、航行困难、设备故障,以及人为因素如疲劳、精神疲惫和不良决策等。这些挑战共同构成了航运业固有的风险和潜在的危害。一般情况下,人为错误是公认导致海上事故频发的主要原因。因此,众多研究聚焦于如何通过改善人为因素来提升海员的安全行为。举例来说,赫瑟林顿(Hetherington)等人归纳了航运事故中涉及人为因素的三个层次。在行业层面,随着自动化程度的提高和技术的广泛应用,人与技术的交互问题逐渐凸显,这在一定程度上导致了事故的发生。在组织层面,与安全文化、工作氛围和培训相关的管理问题被认为是事故发生的根本原因。而在个人层面,压力、轮班工作、缺乏态势感知和沟通不畅等人事问题,则直接导致了部分事故的发生。在最近的一项研究中,周清基等人确定了导致不安全行为或事故的八种原因,具体包括:培训和经验、物理环境、组织管理、工作特点、可用时间、合同期限、船舶设施以及船员协作。综合以往研究要点,我们认为海员的安全意识与行为受到诸多因素的交织影响,其中影响较大的是心理资本、安全领导力与安全文化,如图 12-1 所示。接下来我们将围绕这三点展开讨论。

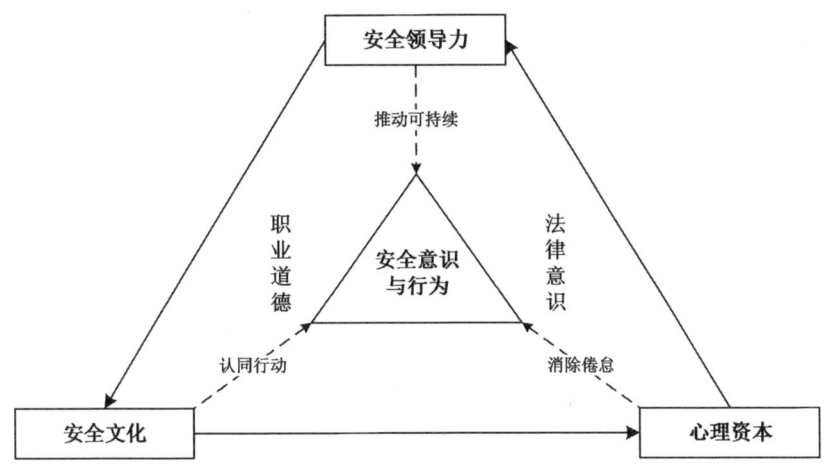

图 12-1　海员的安全意识与行为的三大影响因素

(1) 心理资本、安全领导力与安全文化

其一，心理资本是海员在面对海上复杂环境和任务挑战时展现出的积极心理状态的总和。心理资本涵盖了个人所拥有的四种积极的心理资源，即希望、自我效能、抗逆力和乐观。希望反映了个人坚持不懈地朝着目标前进并努力实现目标的倾向；自我效能反映了对个人实现目标的信念；而抗逆力定义了个人应对压力、冲突、失败或变化等逆境的能力；最后，乐观是指个人倾向于对结果做出积极的归因，并对未来事件抱有积极的期望。简言之，海员的心理资本是一种积极的激励状态。海员们的工作充满挑战，他们面临着严格的工作要求和压力环境，因而这种积极的激励状态，在航海环境中尤为重要。当海员的心理资本水平较高时，他们通常更加自信、乐观和坚韧，这些积极的心理品质能够使他们对安全有更高的兴趣和参与度，帮助他们在面对困难时保持冷静，从而在执行任务时表现出更高的谨慎性和安全性，做出更为明智和安全的决策。同时，心理资本丰富的海员更可能主动遵守安全规章制度，因为他们理解到这些规定是保障他们自身和他人安全的必要措施。然而，当海员的心理资本水平较低时，他们可能会感到焦虑、沮丧或无助，这些负面情绪可能会影响他们的判断力和决策力，导致他们忽视安全规定或采取冒险行为。因此，提高海员的心理资本水平，是提升他们安全意识与行为的有效途径之一。

心理资本对安全意识与行为的影响具有直接性和间接性，其能够通过降低海员的职业倦怠程度对安全行为产生间接影响。这种间接影响主要体现在通过提升海员的心理韧性和抗压能力,从而有效缓解职业倦怠,提升他们的安全行为表现。对于海员来说,职业倦怠是一种普遍现象,它通常是长时间处于压力环境下导致的情绪、身体和精神上的极度疲劳状态。航海是一项极具挑战性和危险性的职业,海员们需要在各种不舒适的环境中工作,如时区交叉、噪声、极端温度以及不断的运动等。此外,他们往往长时间与家人和社会隔离,工作制度也常常是轮班制,等级分明,工作与休息的界限模糊。职业倦怠主要体现在三个方面:情绪疲惫、人格解体和个人成就感降低。情绪疲惫通常与长期的身心紧张有关;人格解体则表现为海员与自身的感觉、情感和行为出现疏离状态,工作时感到不真实或缺乏活力;而个人成就感降低意味着他们感到自己无法实现既定目标,产生无能感。我们认为,心理资本是减轻海员职业倦怠的重要积极资源。根据资源守恒理论,当海员面临倦怠时,他们可能会通过调动自己的积极资源来作为应对机制,以抵消倦怠带来的负面影响。例如,具有高自我效能感和抗逆力的海员会将挑战视为低于自身能力范围的要求,因此他们消耗的身体和心理资源会相对较少,以应对情绪疲惫。同时,有希望的海员更倾向于坚持目标并努力实现它们,因此他们较少感受到个人成就感降低的情况。此外,与悲观的海员相比,乐观的海员更能感知到资源的可用性,因此他们具有更强的应对倦怠的能力。这种积极的心态不仅显著提升了海员的工作效率与职业满足感,还极大地增强了他们的安全意识,促使他们更加细致地关注安全细节,从而有效降低了安全事故的发生率。此外,心理资本还能够促进海员之间的团队协作和沟通。

其二,对于航运企业安全生产来讲,安全领导和安全管理是一体两面、互为补充、不可缺少的。安全管理由制度而生,决定了企业安全管理系统的实施和运行;而安全领导因个体特质而不同,船长等管理层决定了其所在船只安全文化的形成和发展。在社会工作领域,显然后者与潜在的干预活动更为适配。在此我们着重讨论安全领导力。安全领导者是指那些致力于影响他人、推动安全领导过程实现的人员。他们在组织中拥有一定的影响力,可能是在合法职位上拥有安全管理决策权的主管人员,也可能是在没有固定职位的情况下,凭借权威或非正式群体中的领导地位来发挥影响力的"头领"。相应地,安全领导力,狭义上是指船长和高级船员在船舶安全管理中展现出的领导力和影响力;广义上则涵盖了多个方面,比如坚持安全工作实践、开展安全教育以及培养安全文化等。因此,船舶领导层必须具备识别这些特征、适应它们并适当实施它们的能力。一个优秀的安全领导者能够以身作则,严格遵守安全规定,并通过自己的言行影响其

第十二章 认知行为疗法——对海员安全意识与行为的干预

他船员。他们还会积极关注船员的安全需求,提供必要的支持和帮助,使船员感受到安全管理的重要性和必要性。建立积极的人际关系和培养船员满意度,是优秀安全领导力的关键组成部分。它们被视为实现最佳团队合作的先决条件。在安全领导力的影响下,海员们会更加关注自身的安全行为,积极遵守安全规定,形成一种良好的安全氛围。这种氛围会进一步激发海员们的安全意识,使他们在面对风险时能够主动采取防范措施,减少事故的发生。领导力的不足则可能直接导致海上事故,进而产生伤害、死亡、财产损失和环境污染等一系列负面结果。

"安全"这个词在船舶运输领域中占据着核心地位,与之相辅相成的是"可持续性"这一概念。一方面,可持续性的概念与安全目标是一致的,都旨在保护船上个人、货物和公司的经济利益。另一方面,可持续性并不是孤立存在的,它贯穿于整个船舶运输的全过程,这就需要领导力的充分介入和统筹全局,确保可持续性的各项要求得到贯彻执行。因此,可持续性在某种程度上,可以被视为连接安全领导力和安全意识的一座桥梁,它既体现了领导层对安全的高度重视,也反映了基层员工对安全的深入认识。可持续性为领导者提供了一个更易理解的中介点,使他们能够熟练地提升基层海员的安全意识与行为,而不是对安全、健康和环境造成威胁。目前,安全领导力至少可以通过三种方式经由可持续性对安全航行做出贡献。一是"无伤害性",要求优先任用与船舶企业安全利益最接近的个人。要使组织的安全具备可持续性,必须尽力确保不出现可能会造成危及生命的伤害、死亡或环境事件的个体。二是"感召性",它确保安全领导者的要求和命令能够真正得到贯彻执行,而不仅仅是"阳奉阴违",表面上听从,实际上却置之不理。三是"做好事",安全领导者以身作则的示范能够促进基层海员主动开展保障安全生产的行动。以上三点构成了领导力下沉至每一个船员的基础,使安全命令能够得到贯彻执行。

其三,安全文化是船舶安全管理中不可或缺的一部分。一个组织内的安全文化的概念涉及为其员工创造一个安全的工作环境,以及识别和减轻潜在的危险。在航海这一特殊的工作环境中,团队文化的重要性不言而喻。长期以来,融入安全文化一直是海事部门的基本要求。虽然有人可能认为海洋安全的条例是负担,但它们已被证明有助于保护许多海上和陆地上的生命。由于海员在船上工作时与家人、朋友以及岸上管理人员处于相对隔离的状态,他们与外界的社交联系大多局限于队友之间。因此,一个积极健康的团队文化氛围对于海员来说至关重要,来自队友的支持可以成为他们提升自我效能感、增加希望、提高抗逆力和保持乐观情绪的关键因素。具体来说,这种支持可以表现为多种形式,如在实际工作中提供物质帮助(即工具支持)和给予合理的建议(即信息支持),这些都能有效帮助海员解决与工作相关的个人问题,进而增强他们在工作中的自信心,提升他们的自我效能感。此外,社会支持还能有效调节海员在面对压力事件时产生的负面情绪,对于提升他们的抗逆力和保持乐观心态有着积极的推动作用。基于此,一个健康的安全文化能够培养海员们的安全意识和行为习惯,使他们从内心深处认识到安全的重要性。在安全文化的熏陶下,海员们会自觉遵守安全规定,积极参与安全管理活动,形成一种人人关心安全、人人参与安全的良好局面。

社会认同理论认为,个人获得并展示其群体的身份以保持成员身份。这一过程是通过三个按时间顺序展开的心理阶段来实现的。首先是社会分类阶段,个人会对与自己所属群体相关的适当行为和规范进行分类或定义。接着进入社会认同阶段,个人开始采取行为并遵守所识别的规范。最后是社会比较阶段,个人将自己作为群体的一部分与其他群体进行比较,进而产生对群体内成员的偏袒。在组织文化背景下,个体会对团队的文化产生归属感,并对团队中个体的工作动机产生积极影响,从而产生积极的情绪、自豪感、自信和自尊。这种认同感能够极大地激励海员积极行动起来,以安全为核心的文化自然而然地能够促使那些已经对安全产生认同感的海员严格遵循组织共同制定的安全规则。因为在这种文化氛围中,海员深刻理解到安全的重要性,他们愿意主动参与到安全管理中来,将安全规则内化为自己的行为准则,从而在实际工作中自觉地遵守安全规定,确保自己和他人的生命安全。同时,这种认同感还能够增强海员之间的团队协作,让他们在遇到紧急情况时迅速响应、共同应对,从而提高整体的应急能力。总之,以安全为中心的文化对于推动海员遵守安全规则、增强安全意识具有重要作用。

心理资本、安全领导力和安全文化不仅能够直接或间接地影响安全意识与行为,这三者之间还存在着递进影响关系。首先,心理资本是推动个体行为的核心力量,它为人们提供了行动的基础和动力。在船舶管理中,船长等管理层人员正是因为具备了充足的心理健康资本,才能够以身作则地遵守和执行安全规定。这种行为不仅能够有效地提升安全管理水平,还在无形之中塑造和强化了安全领导力。其次,安全领导力在实践过程中所表现出的各种优势,如决策果断、风险防范得力等,都为构建安全文化奠定了坚实的基础。安全领导力的存在使得组织内部的管理更加有序,员工在工作中能够感受到安全的重要性,从而更加自觉地遵循安全规定。此外,由于安全领导力的推动,组织内部形成了一种积极向上的氛围,员工之间相互关心、相互帮助,这种团结互助的精神也为安全文化的形成起到了积极的推动作用。最后,安全文化作为一种良好的组织氛围,对提高员工的心理资本也具有重要作用。在安全文化的熏陶下,员工对组织的认同感进一步增强,从而在工作中更加积极、主动地投入安全活动中去。同时,由于群体内的保护与偏袒,认同组织文化的员工能够从团队中其他人那里获得更多的支持,这有助于他们积累更多的心理资本。因此,安全文化所营造出的良好局面又会为管理层注入更多的心理资本,形成一个良性循环。综上,心理资本、安全领导力和安全文化三者之间存在着紧密的递进影响关系,它们共同构成了一个有机的整体,相互促进、相互支持,共同推动组织的安全管理工作不断向前发展。

(2)职业道德和法律意识

职业道德和法律意识是保障海事安全生产的基础。职业道德和法律意识为心理资本、安全领导力和安全文化的流转提供了场域,将这些要素围绕安全意识与行为聚合了起来。一方面,职业道德是海员在职业生涯中的实践底色。从业人员在一定的职业生活中所遵照的,具有鲜明职业特征的道德准则和规范就是职业道德。职业道德限定了海员在从业过程中所遵循的要求,体现航运业向社会所承担的道德责任与应尽义务。它要求海员以诚信、公正、专业、负责的态度面对工作中的每一个问题,确保自己的行为符合社会、行业和组织的期望。在船舶安全管理中,职业道德的体现尤为关键。职业道德是在长期的职业实践中逐步形成的,有其产生和发展的规律,它一经形成又反过来影响甚至指导具体的职业工作和职业行为。海员的职业道德与职业理想、职业活动、职业心理紧密联系在一起,共同构成了海员自身进一步发展的基础。海员的职业道德要求他们具备高度的责任感和敬业精神,将船舶安全置于首位。这种职业道德为海员树立了正确的价值观和行为准则,促使他们在工作中时刻保持警觉,关注安全。另一方面,法律意识是一个社会、团体或个人相对独立的意识领域。在这个领域中,它以法律知识和对现行法律的客观评价的形式呈现,同时也通过体现社会法律观点和目标的方式,扮演了法律行为内在调节器的角色,反映了法律现实。对于海员而言,法律意识是海员在职业生涯中的强制规训。在复杂的国际海洋环境中,海员需要了解和遵守各种国际海事法规、国际公约和国家法律,确保自己的行为合法合规。法律意识的强弱直接影响到海员在工作中的行为决策和判断。海事法规为船舶安全提供了法律保障,海员必须遵守相关法律法规,以确保船舶和人员的安全。法律观念使海员认识到违反法规的严重后果,从而自觉遵守安全规定。

二、干预过程与效果分析

1. 第一阶段:安全心理测量与安全认知重构

在干预流程的开端,社会工作者首先进行了详尽的心理测量。这些测量旨在全面了解海员们的安全意识、职业道德感以及法律意识水平。通过应用专业的心理评估工具,社会工作者成功捕捉了海员们在面对安全挑战时的心理反应、态度及行为习惯等关键数据。这些数据不仅为后续的干预措施提供了坚实的依据,还确保了干预策略能够精准地满足海员们的实际需求。而后,在心理测量的基础上,社会工作者启动了认知重构环节。此阶段的核心目标是通过一系列精心策划的小组活动,引导海员们重新审视和评估个人的安全意识与行为模式。社会工作者着重强调,安全并非仅仅是公司或领导层的责任,而是每位海员都应肩负的神圣使命。通过案例分析、角色扮演及小组讨论等多种形式,海员们能够更深入地理解安全事故的严重性和潜在后果,从而激发出他们主动改善安全行为的强烈意愿。在认知重构的过程中,社会工作者还特别注重培养海员们的批判性思维能力、职业道德和法律意识。他们鼓励海员们从多个角度审视问题,识别并防范潜在的安全隐患,同时提出切实可行的解决方案。这种能力的培养对于海员们在复杂多变的安全环境中迅速做出正确判断与决策至关重要。

2. 第二阶段:拓展、强化和巩固安全知识技能

在完成了对安全认知的全面重构之后,干预工作便进入了技能提升、强化和巩固的新阶段。在这个阶段,社会工作者开始针对那些影响海员们安全意识与安全行为方式的众多因素,设计和实施一系列具有针对性的培训活动。这些培训活动将会全方位地围绕海员的安全意识、安全领导力、职业道德以及相关的法律法规等方面进行,其核心目标就是提升海员们对安全的内在驱动力。在实际的工作环境中,处理安全问题往往需要不同部门之间的协同合作,因此,社会工作者在干预过程中应特别注重对海员们的团队协作能力和沟通能力的培养。社会工作者通过组织团队游戏、角色扮演等多种形式的互动活动,加强海员之间的沟通与协作,从而有效提升他们在团队中的协作能力。这种提升团队协作能力

第十二章 认知行为疗法——对海员安全意识与行为的干预

的干预方式,不仅有助于增强海员们在面对复杂安全问题时的工作效能,更能确保船舶的安全运行,为海上作业的顺利进行提供坚实的安全保障。通过这样的培训和干预,海员们将能够更加深入地理解安全的重要性,从而在实际工作中更加自觉地遵守安全规程,更加主动地参与到安全管理中来,这对于提升整艘船舶的安全水平和效率具有重要的意义。

3. 第三阶段:后测和跟踪随访

在完成了以上所有阶段之后,干预进入后测和跟踪随访阶段。这一阶段的主要目的是评估干预措施的效果,并持续跟进海员们的安全行为表现。社会工作者再次进行了心理测量,对比干预前后的数据变化,了解海员们的安全意识、行为倾向以及心理反应等方面的改善情况。同时,社会工作者通过问卷调查、访谈等方式收集海员们对干预措施的评价和建议,以便不断完善和优化我们的干预方案。为了确保干预效果的持久性,社会工作者定期与海员们保持联系,了解他们在日常工作中的安全行为表现,及时发现并解决存在的问题。同时,社会工作者还将围绕海员的家庭因素进行中短期的跟踪随访,关注海员们的心理状态变化,提供必要的心理支持和帮助。通过这种长期的跟踪随访,社会工作者可以确保海员们的安全意识水平不会大幅度波动,且这种跟踪随访有助于海员将所学的安全知识和技能应用到实际工作中,形成持久的安全行为习惯。

三、建议

1. 干预应与职业道德实践结合

每一个行业在其员工的职前培训过程中,都会对职业道德和职业规范进行相应的教育和引导,以使员工对即将从事的行业有基本的认识和了解。入职后,员工还会有一定时间段的职业规范实践和学习,以便更好地适应工作环境。然而,我们需要认识到,海员职业道德的养成并非仅仅依靠说教,而是更多地依赖于实践。无论是职前培养还是职后培训,职业道德的养成都必须依赖于实践。以职场中的团结合作和互帮互助为例,我们可以看到,在一个船舶团队中,如果某个海员缺乏为团队其他成员奉献的精神,那么他就无法体验到工作的乐趣。这是因为团结合作和互帮互助是职业道德的重要组成部分,它们能够使工作环境更加和谐,提高工作效率,同时也能让员工在工作中获得成就感和满足感。因此,无论是在职前培养还是在职后培训,社会工作者在进行干预时都应该注重职业道德的实践,让员工在实际工作中体验和理解职业道德的重要性。这样,他们才能更好地适应工作环境,提高工作效率,同时也能使自己的职业生涯得到更好的发展。

2. 多角度分析问题

海事社会工作面临的大多数情况与海员工作特征有关。因此,对于海员群体,海事社会工作者需要优先从海员工作特征出发考虑对策,并辅以更加多元化的视角开展干预活动。这种方式类似于生态系统理论的方法论,但也有所不同。多元化的视角不仅要求考虑与海员群体相关的社会联系,还需要从海员本身入手,考虑分工、角色、职级、入职时间等因素。例如,本案例中,仅从海员安全意识与行为的视角出发进行干预可能无法取得最佳的效果,而围绕安全意识、职业道德和法律法规,并加入职级和家庭因素后,就能够更全面地探究为什么海员会出现安全意识薄弱的问题,以及如何才能进行有效干预。这区别于上一章中提到的整合式干预。整合式干预的关键在于通过巧妙且合理地结合多种干预模式对服务对象的某一问题进行干预。而多元视角侧重于探究影响某一问题出现的根源性因素,并通过多阶段递进式的方法针对多个因素进行干预。这样做的好处是,能够通过多点干预实现效果共振,帮助服务对象解决多个方面的问题,进而解决最初的干预核心问题,以维持更长时间的干预效果。然而,多次干预也意味着成本的增加,且对于海员而言,能否有足够的时间接受长期的多次干预也因人而异。

3. 深化个性化服务

一方面,在海事社会工作中,每一位海员都是独一无二的个体,他们的经历、背景和个性都会对他们的工作表现和心理健康产生影响。因此,我们需要深化个性化服务,根据每位海员的具体情况和需求,量身定制干预方案。这包括但不限于心理健康评估、职业规划、家庭关系协调等方面。通过深入了解海员的内心世界,我们可以为他们提供更精准、更有效的支持和帮助。以安全意识为例,每位海员的安全意识都会受到自身能力、价值偏好、家庭责任等多方面的影响。海事社会工作者应该与海员进行深入的沟通,了解他们的安全期望和困惑,帮助他们制订符合自身实际情况的干预计划。

另一方面,海事小组工作也应因地制宜。以此干预为例,认知行为治疗框架为六个步骤,但由于时间受限,并不允许按照正常流程干预。因此,通过按步骤类型将其划分为三个阶段,压缩和集中开展干预。此外,除了客观因素的限制,干预时长也需要根据服务对象群体的特征进行调整。例如对成人进行干预时,单次活动的时长可根据内容安排适当延长;而面对儿童时,因其思维活跃、注意力集中时间短,应将活动时间与义务教育单次课堂时间保持一致,以达到最佳的信息接收效果。

本章小结

本章主要围绕海事社会工作中干预措施的后测与跟踪随访阶段进行了详细的讨论,并提出了干预与职业道德实践结合、多角度分析问题以及深化个性化服务等建议。通过评估干预措施的效果,社会工作者能够确保海员们的安全意识和行为得到持续改善,并形成持久的安全行为习惯。同时,建议的提出旨在帮助海事社会工作者更加全面地考虑影响海员安全的各种因素,从而制定更加有效、贴合实际的干预方案。在职业道德实践方面,我们强调了实践对于职业道德养成的重要性。通过在职前培养和职后培训中注重实践,海员们能够更好地理解职业道德的内涵,并将其应用到实际工作中。此外,多角度分析问题的方法论也为海事社会工作者提供了更广阔的视野,使他们能够从多个角度出发,全面探究海员安全意识薄弱的原因,并制定相应的干预措施。在深化个性化服务方面,社会工作者根据每位海员的具体情况和需求,量身定制干预方案。这种个性化的服务能够更好地满足海员们的需求,帮助他们解决在工作和生活中遇到的问题。同时,海事小组工作的因地制宜也为社会工作者提供了更加灵活的工作方式,使他们能够根据不同服务对象群体的特征,调整干预方案的内容和形式。

第十三章

性格优势干预——对海员社会化失调的干预

　　人类社会中所有个体的成长都在受社会影响。在幼年到成年的过程中,个体不断接受着社会的教化,学习着社会的规则。这一过程被称为社会化进程,但其并不是一帆风顺的,正常的社会化进程很容易受到其他因素的干扰而被影响到,进而出现个体状态的失调。社会化失调,又称社会化结构性失衡,作为一种在个体社会化进程中显现的深层次失衡现象,其核心特征体现在社会角色的冲突与失范上。这一现象严重影响了社会化预期目标的实现,使得个体在融入社会的过程中感受到显著的不和谐。个体在社会化过程中需要扮演多种社会角色,这些角色的塑造在受到环境、他人、媒介、认同等多重因素的共同影响后,容易导致个体存在缺乏可有效引导、可供效仿的榜样,以及主动融入社会的意愿不足等问题,多因素交织很可能会阻塞、中断个体的社会化过程。从广义和狭义的视角来看,这些导致失调的诱因不仅因个体性格、朋辈、家庭和社会环境等多因素而随机出现于某个个体之上,也因职业、疾病、犯罪等因素多发于某一群体之上。由职业观之,这一点在海员群体之中尤为明显。再社会化通常发生在个体所处的社会环境或社会角色发生显著变化之时。鉴于海员群体在差距极大的离岸环境和上岸生活之间不断循环,海员在职

> 业生涯中经常需要经历再社会化的过程。然而，海员工作中产生的心理压力，如孤独感、工作压力等，往往对其再社会化过程造成不可忽视的阻碍，进而极有可能出现间歇性的社会化失调。社会化失调的出现，往往会导致海员在生活中出现各种问题。他们可能会对自己的社会角色产生困惑，不知道应该如何扮演好自己的角色。这不仅会对他们的个人成长产生深远影响，同时也会波及他们与他人的互动与关系。

第一节 案例描述

一、基本情况

小徐，男性，现年31岁，任职某跨国营运货船的二副，自投身海员行业以来，已经过了九年，事业也算是小有成就。在这漫长的岁月里，他的生活与大海紧密相连，足迹遍布四大洋。然而，当他暂时离开熟悉的海上世界，回归陆地时，他逐渐感知到与这片曾经熟悉却又陌生的土地之间的疏离感。在船舶工作期间，小徐凭借其极强的目标感、卓越的专业技能和稳健的工作态度，赢得了同事和上级的高度赞誉，在自己的专业领域雷厉风行。然而，当他踏足陆地，那种熟悉而稳定的节奏却骤然消失。他发现自己仿若置身于一个全新的领域，处处显得陌生而充满变数，他难以迅速适应这里的生活节奏和社交环境。上学时期要好的朋友也因忙各自的事业而无暇他顾，逐渐疏远。他努力寻找平衡点，但时常感到力不从心。这种不适应不仅影响了他的日常生活，也让他在工作中力不从心。

小徐直到现在还没有步入婚姻的殿堂，他的家人从他开始工作起就一直在催促他，希望他能够成家立业，过上幸福的生活。然而，当时的他并没有把家人的话放在心上，一直专注于自己的事业和追求。久而久之，他发现自己缺乏必要的社交技巧，难以与他人建立深入的联系。在船上的孤独生活已使他习惯于独自面对问题，但回归陆地后，这种孤独感愈发强烈。当他步入30岁之后，他开始意识到家人的安排也不无道理,于是他开始听从家人的建议,参加各种相亲活动。他在家里人的介绍下相了十几次亲,但一直都没有找到合适的伴侣。家里人觉得明明女方开出的条件他都能满足,但他就是挑挑拣拣,态度有问题。小徐自认为没有挑肥拣瘦,只是每次见到对方都不知道该聊些什么,即使聊了一些,也觉得相亲对象的观念和他不一样。再次相亲失败后,小徐也不禁开始怀疑是否真的是自己不懂感情、不懂爱,是否真的是自己并不值得拥有娶妻生子的幸福生活。很多相亲对象让他在结婚之前就辞掉海员工作回到岸上,可小徐不愿放弃自己擅长的工作领域而从零开始,但他也逐渐在动摇原本的想法。经过十几次失败的相亲后,小徐的父母和他大吵了一架。小徐的父母让他在能好好相亲之前不要回家了。(小徐一家关系很好,在岸上时他们一直都住在一起。)他非常爱自己的父母,但他认为自己被父母误解和排斥,这种被孤立的感觉让他备感无助。之后小徐也确实就假借工作太忙,很少回家。他也试图融入岸上的生活,但常常想了想就放弃了,这种孤独和焦虑给他带来了极大的心理压力,工作中多次因走神、注意力不集中而出现了不该出现的纰漏,被上司严厉批评,这让他觉得自己变得一无是处。此外,长期的海上生活使他形成了一套独特的价值观和生活方式,这些观念在陆地社会中显得格格不入。一方面,他尝试解释和沟通,但往往遭遇更多的误解和疏远,他十分懊恼自己没有经常回家看看,照顾父母。经历了这些种种事情,虽然小徐并未有过轻生的念头,但他总会反复被消极的思想侵入,并且日常言语间的极端倾向让人不由得十分担心。

二、问题分析与评估

在现实生活中,人们扮演着多重角色,这些角色包括但不限于员工、父母、朋友等。然而,对于某些人来说,在这些角色之间自如地转换可能是一项艰巨的任务。他们可能在某一特定角色中表现得游刃有余、如鱼得水,但一旦需要切换到另一个角色时,就感到迷茫和无所适从。这种角色转换的困难可能源于内心的矛盾,即个体对于不同角色的期待和要求之间的冲突。有时,也可能是外界对不同角色的期望和标准让个体感到压力巨大,难以应对。小徐在工作中表现出色,自信满满,能够为远洋航行保驾护航。然而,当他回到家中,面对家庭角色时,却常常感到力不从心。他可能无法在工作与家庭之间找到理想的平衡点,这导致了他在家庭中的角色表现不如在职场上那样出色。这种角色转换的困难,不仅影响了他与家人的关系,也对他的工作产生了负面影响。

与人无法沟通的原因可能源于内心的自卑感、对他人评价的过度关注,或是对社交规则的不熟悉。有社交障碍的人在人群中往往感到不自在,他们害怕成为众人瞩目的焦点,害怕被评判或嘲笑。因此,他们可能会尽量避免参加社交活动,以减少社交带来的压力和焦虑。然而,社交是人类生活中不可或缺的一部分,是建立人际关系、拓展社交圈子、获取信息和资源的重要途径。因此,社交障碍的存在会严重限制个体的社交活动,影响他们的工作和生活质量。长期下去,社交障碍还可能导致个体在心理层面上的进一步孤立和退缩。

小徐认为家庭是生活中非常重要的部分,应该尽可能地去维护和照顾。然而,当他面临工作中的压力和挑战时,可能需要投入更多的时间和精力去应对。这时,他可能会因为无法满足家庭的需求而感到内疚和焦虑。这种价值观冲突不仅会损害他的心理健康,破坏他与家人之间的关系,还影响他在工作场所的表现和工作效率。目前受家庭、朋友、工作和相亲多次失败的影响,小徐已经疑似出现抑郁的状态。具体分析如下:

1. *存在的问题*

(1)角色转换困难:小徐在船上与船下之间的角色转换中感到困惑,无法快速适应陆地生活的节奏和社交环境。在现实生活中,人们常常需要扮演不同的角色,比如员工、父母、朋友等。然而,角色之间的转换对于某些人来说可能是一项巨大的挑战。他们可能在某一角色中表现得游刃有余,但在转换到另一个角色时感到无所适从。这种困难可能源于内心的矛盾,也可能是因为外界对角色的期待和要求让他们感到压力。

(2)社交障碍:在陆地生活中,小徐缺乏社交技巧,难以与他人建立深入的联系,导致孤独感和社交焦虑。社交障碍是指个体在社交场合中,由于心理或生理原因表现出紧张、焦虑、尴尬或不自然的行为。这种障碍可能源于内心的自卑、对他人的过度关注或是对社交规则的不了解。有社交障碍的人可能在人群中感到不适,他们害怕被评判、被嘲笑,因此选择逃避社交活动。然而,社交是人际交往的基础,社交障碍的存在使得他们在工作和生活中受到一定的限制,降低了他们的生活质量。

(3)价值观冲突:长期的海上生活使小徐形成了独特的价值观和生活方式,与陆地社会的主流价值观存在冲突,导致他感到被排斥和误解。价值观是人们对于什么是重要、什么是正确、什么是应该追求的观念和信念。当个体的内在价值观与外在环境的要求发生冲突时,就会产生价值观冲突。这种冲突可能导致个体在决策时感到犹豫不决,甚至在行为上出现矛盾。例如,一个重视家庭的人在面对工作与家庭的平衡时,可能会因为工作上的需求而无法满足家庭的需求产生矛盾和挣扎。价值观冲突不仅影响个体的心理健康,还可能影响到他们的人际关系和工作表现。

2. 干预目标

针对以上存在的问题,我们制定了以下干预目标,旨在帮助小徐更好地适应陆地生活,缓解角色转换困难、社交障碍和价值观冲突带来的负面影响:

(1)帮助小徐提升角色转换能力,履行好各个社会角色所承担的责任。

(2)帮助小徐克服社交障碍,重组社会网络。

(3)引导小徐认识并接受陆地社会的主流价值观,重塑认知与观念。

3. 干预流程

经过对小徐情况的初步预估,社工小孔考虑围绕性格优势对小徐进行干预,通过以任务为中心的危机介入过程,放大小徐的性格优势,助推其走出社会失调的困境。以下为干预流程:

(1)进行危机评估

与服务对象的积极沟通在危机干预中占据着举足轻重的地位。社会工作者需要对服务对象危机的严重程度、个体的情绪状态、社会心理需求、应对技能以及资源水平进行全面评估。在干预框架内持续进行评估,对于实施有效的干预措施至关重要。评估的核心内容包括致命性、安全性、自杀风险以及受害者当前的危险性。

(2)迅速建立融洽的治疗关系

在第二阶段,社会工作者将开始与服务对象进行初步接触,旨在建立和谐的关系。然而,由于服务对象可能对自己的安全和脆弱性持有疑虑,他们往往难以轻易建立信任。因此,积极倾听和共情沟通技巧在这一阶段显得尤为重要。社会工作者应尊重服务对象的节奏,让他们自己设定治疗的步伐,避免在服务对象情绪稳定之前就鼓励他们采取行动。

(3)识别主要问题

社会工作者协助服务对象优先处理最为关键的问题。鼓励服务对象开诚布公地谈论突发事件有助于识别问题(包括"压垮骆驼的最后一根稻草"或危机诱因),而部分服务对象迫切需要倾诉创伤的具体情况。这一过程使服务对象能够梳理事件的顺序和背景,有助于情绪宣泄,同时提供信息,以评估和识别工作中的主要问题。

(4)处理情绪

在这个阶段,服务对象的主要任务是表达并探索自己对于危机的感受和情绪,这往往能产生极好的治疗效果。社会工作者主要采用的是积极倾听的技巧,即在尽可能私密和安全的环境下,以接纳和支持的态度来倾听。至关重要的是,社会工作者需要展现出同理心,并真正理解服务对象的经历,以便帮助她或他恢复正常的情绪和反应,并将这些视为有效的生存策略。许多受害者会自责,社会工作者需要帮助服务对象认识到,成为受害者并不是一个人的错。验证和安慰在这个阶段尤其重要,因为服务对象可能会感到困惑和情绪复杂。

(5)探索和生成替代方案

在这个阶段,社会工作者会协助服务对象认识和探索各种替代方案,以恢复危机前的功能水平。这些替代方案包括:一是使用支持系统,例如可以提供帮助满足需求和解决由危机带来的生活问题的人员或资源;二是发展应对技能,即培养适应性反应和采取解决危机的行为或策略;三是培养积极和有建设性的思维模式,以降低来访者的焦虑和压力水平。

(6)执行行动计划

任何干预计划的成功都依赖于服务对象的参与程度、承诺度以及他们对此的投入。社会工作者必须引导服务对象关注干预过程中的短期与长期影响。核心目标是帮助服务对象达到适宜的功能水平,并维持良好的适应性应对技能和资源。制订一个可行的治疗计划至关重要,以确保服务对象能够坚持并取得成功。应避免过度安排任务,以免给服务对象带来过大压力,这可能导致他们无法持续参与。

(7)制订后续计划

在第六阶段,我们期望服务对象在危机后的运营和应对能力上能取得显著的改变和找到相应的解决方案。本阶段将着重于评估这些成果是否得以保持,以及是否还需进行进一步的努力。通常,在结束治疗后的4~6周内,社会工作者需要进行随访接触。

第十三章 性格优势干预——对海员社会化失调的干预

第二节
性格优势干预在海员社会化失调中的应用

一、进行危机评估

 谈话片段1：

社工小孔："小徐，您好。我是社工小孔。您的公司联系了我们。"（社工小孔开门见山，表明意图。）

小徐："麻烦你了。"

社工小孔："听您公司的人说，您最近一段时间的工作状态不太对劲，已经影响到了工作的完成情况。您有没有发觉自己最近有些不对劲？"（社工小孔引导小徐自我吐露。）

小徐沉默了一会，然后缓缓开口："是的。我确实觉得自己最近状态不太好。可能是因为相亲的事情，还有和家人的关系，让我感到很困扰。我觉得自己好像无法适应陆地的生活，和岸上的人打交道时总觉得格格不入。"（这表明了案主出现问题的原因包括个人原因和环境原因，即相亲和家庭关系，以及因环境适应问题而感到困扰和不安。）

社工小孔轻轻地点了点头，表示理解："我能理解您现在的感受。从海上到陆地，生活环境的巨大变化确实会带来很多挑战。但是，这些挑战并不是无法克服的。我们可以一起探讨一下，看看如何找到解决这些问题的方法。"（社工小孔通过同理心，表达对案主的理解。这起到了引导对话、建立联系和收集信息的作用，为案主提供了一个表达自我和分享经历的平台，也为后续的辅导和干预打下了基础。）

小徐点了点头，脸上露出一丝感激的神色："谢谢，我真的很感激你们能够给我这个机会，让我有机会倾诉自己的困扰。我也希望能够找到解决问题的方法，重新找回自己的状态。"（这表明社工的出现给予了案主重回正常生活的希望。）

社工小孔微笑着回应:"不客气,小徐。我在这里就是为了帮助您。首先,我想了解一下您对目前生活状态的具体感受。您觉得哪些方面最让您感到困扰?"(社工小孔进一步引导服务对象吐露心声。)

小徐沉思片刻,然后说:"我觉得主要是两个方面:一是与家人的关系,我感觉自己被误解了,和父母之间的沟通也出现了问题;二是我在陆地上的社交能力不佳,我发现自己很难与这里的人建立深入的联系,每次相亲都让我感到有挫败感。"(相亲的失败让案主感到自卑或失望,进一步加剧了他的社交困扰。)

在交流过程中,社工发现尽管小徐经常受到消极思想的困扰,导致他在工作中频繁分心,但他暂时没有消极动机或行为。小徐对于目前自己的状态感到无比无助,陷入了深深的困惑,不理解为什么他会觉得自己毫无价值。为了更好地帮助小徐,社工引导他填写了一份详细的心理评估量表,并结合访谈内容对他的心理状况进行了深入分析。在整个过程中,社工始终给予小徐充分的鼓励和支持,帮助他树立起自信。随着时间的推移,小徐开始对社工小孔有了信任感,愿意向他敞开心扉。经过评估,发现小徐目前正饱受中度社会化失调和抑郁情绪的困扰。在此之后,通过深入的交流与探讨,社工与小徐确认了他继续接受干预的意愿,双方也对社会工作者应扮演的角色有了清晰的认识与界定。为了确保下一步工作的顺利进行,社会工作者与小徐达成了一份简单的口头协议,这份协议不仅明确了双方的责任与义务,还设定了未来干预行动的基本方向与目标。这样的准备工作,为接下来的干预活动奠定了一个坚实的基础,同时也增强了小徐对整个干预过程的参与感和信任度。

二、迅速建立融洽的治疗关系

在危机评估后,社工小孔与小徐之间稳定融洽的治疗关系建立显得尤为重要。社工小孔深知,要想真正帮助小徐走出困境,首先需要建立起一种基于信任的治疗关系。因此,她决定采取一种更为亲切和放松的交流方式,来逐步拉近与小徐之间的距离。

 谈话片段2:

社工小孔:"您是怎么年纪轻轻就做到了二副的?我刚接案的时候,还以为您会是一个四五十岁的大叔。"(社工小孔以案主的优势经历开启话题,并通过幽默的沟通方式活跃气氛。)

小徐:"我们的货船吨位不算很大,所以工作相对来说轻松一点,没超出我的能力范围。"(案主将取得成就的原因归于工作轻松,表明其尚未认识到自己的优势。)

社工小孔:"是不是也和您的学历有关?"(社工小孔从案主较高的学历切入,进一步引导案主发掘自身优势。)

小徐:"本科学历只是一部分,更重要的是经验和努力。我从小就对航海感兴趣,毕业后就加入了船队,从实习生开始一步步做到现在的位置。"(在社工的引导下,案主说明了他认为的成功因素。)

社工小孔:"您长得一表人才,大学肯定谈过恋爱吧。"(在发掘案主优势后,社工小孔逐渐将话题引入恋爱领域。)

小孔在与小徐的交流中始终保持积极的倾听态度,不仅认真听取他的问题和困扰,还通过眼神交流和肢体语言传递出对他的支持。小孔站在小徐的角度理解他的问题和感受,并通过适当的语言表达出自己的同理心。通过恋爱话题上表现出的同理心,小孔让小徐感受到自己被重视和关注,从而更愿意敞开心扉。小孔也主动分享了自己从恋爱到婚姻的过程,用亲身经历告诉了小徐在对爱情向往的同时,也不能钻牛角尖和期望过高。小孔不断鼓励小徐正视自己的情况,并相信他有能力克服这些困难。同时,社工小孔也注意到,小徐在谈及自己的困境时,常常会流露出一些自责和自卑的情绪。她通过肯定小徐的优势和价值,增强了他的自信心和动力。社工真诚的态度和专业的知识赢得了小徐的信任和尊重,为后续干预的开展奠定了坚实的基础。

三、识别主要问题

在建立了稳定的治疗关系后,社工小孔开始与小徐一同深入梳理和总结他目前面临的主要问题。通过细致的倾听和专业的分析,社工小孔发现小徐的问题不仅仅是表面上的社交障碍和与家人的沟通问题,还有更深层次的。

谈话片段3:

社工小孔:"小徐,您觉得自己在海上和陆地上的生活有什么不同?您更喜欢哪一种?"(社工小孔以海陆生活的区别为引,开启话题,引导案主对自身情况做出判断。)

小徐:"在海上,我感觉自己很自由、很独立。我可以独自面对各种挑战,解决问题。但在陆地上,我总觉得自己格格不入,无法适应这里的生活节奏和人际关系。每次相亲,我都觉得自己像个局外人,无法融入其中。"(案主描述了在海上和陆地上的不同感受和体验,这反映了不同生活状态对其性格和行为方式的影响。)

社工小孔:"那么,您觉得是什么原因让您在陆地上如此困扰呢?"(社工小孔进一步引导案主发掘自身困扰的原因。)

小徐:"我也不知道。我一直都很独立,习惯了面对各种困难和挑战。但是,这次的事情让我感到很无助,好像一切都失去了控制。我不知道该怎么面对,也不知道该向谁求助。可能是因为我习惯了海上的生活方式,对于陆地上的社交规则和人际关系不太了解吧。而且,我也觉得自己在陆地上没有什么特长和优势,无法像在海上一样展现出自己的价值。"(这表明了案主在陆地和海上截然不同的生活、工作状态,他将两种生活完全割裂开了。)

社工小孔:"确实,从海上到陆地的转变是一个很大的挑战。但是,这并不意味着您在陆地上就没有价值。每个人都有自己的优势和特长,只是需要时间去发现和适应。通过咱们的交流和您的职业成就来说,您充满了生命力,但缺少一些亲和力。亲和力的不足使得您在需要帮助的时候得不到旁人的支持。每个人都会有感到无助和迷茫的时候,重要的是我们要学会寻求帮助和支持。您现在已经迈出了第一步,接下来,我们可以一起探讨如何更好地应对这个困境。"(社工小孔基于三因素美德模型探讨案主的优势,帮助他认识到每个人都有自己的优势和特长,同时也指出了案主的困境,鼓励案主学会寻求帮助和支持,以更好地应对生活中的困境。)

为了更具体地识别小徐的主要问题,社工小孔引导他回顾了自己在海上和陆地上的经历,帮助他认识到自己的生命力和意志力优势以及在亲和力方面的不足。同时,社工小孔也鼓励小徐正视自己的问题,并思考如何通过自我提升和改变来克服这些困难。在这个过程中,社工小孔不仅提供了专业的指导和建议,还通过自身的经验和故事给予小徐支持和鼓励。通过一系列的交流和探讨,社工小孔和小徐共同识别出了他面临的主要问题:一是对于自己多元角色和自我价值的困惑;二是亲和力不足,缺乏在陆地上的社交技能和经验。

四、处理情绪

在识别出主要问题之后,社工小孔意识到处理小徐的情绪问题同样重要。社工明白小徐的抑郁情绪和社交障碍是相互交织的,需要同时解决。因此,她决定采取一种更为温和和包容的方式来引导小徐表达自己的情绪,并帮助他找到缓解情绪的方法。

谈话片段4:

社工小孔:"小徐,我知道您现在可能感到很沮丧和迷茫。这些情绪都是很正常的反应。但是,我们不能一直被情绪所控制,要学会找到方法来缓解它们。"(社工小孔表达了对案主当前情绪状态的理解,并强调了情绪反应的正常性,同时鼓励案主学会找到方法来缓解情绪。)

小徐:"我知道,但我就是感觉很难控制自己的情绪。每次想到这些事情,我就会感到很压抑。"(这表明案主不由自主地进行场景回忆会导致消极意识的入侵。)

社工小孔:"我明白您的感受。但是,我们可以尝试一些方法来帮助您缓解这些情绪。比如,您可以尝试每天写一写自己的情绪日记,记录下自己的感受和想法。这样可以帮助您更好地了解自己的情绪,并找到情绪的来源。另外,我们也可以尝试一些放松和缓解压力的活动,比如散步、听音乐或者做瑜伽。"(社工小孔建议案主尝试写情绪日记和进行放松活动,以帮助他更好地了解自己的情绪并找到缓解情绪的方法。)

在小孔的引导下,小徐开始尝试写情绪日记,并参加了一些放松和缓解压力的活动。这些活动不仅帮助他缓解了情绪,还让他逐渐找到了自己的节奏,学会用自己舒服的方式来表达和处理情绪。社工认为要想真正帮助小徐走出困境,还需要他能够建立起自己的社会支持网络。因此,她鼓励小徐去寻找并借助外部的支持和资源。

社工小孔:"小徐,经过前几次的接触,您有您自己的性格优势,也正是您的坚毅和沉稳,让您在职业道路上顺风顺水。这种性格放在如今浮躁的社会中,是十分难得的,您在这个社会上是很受欢迎的。社交的真谛就是求同存异,共同进步。不懂社交不一定是坏事,但我们每个人都有自己的资源和支持网络。这些资源可以帮助我们更好地应对生活中的挑战和困难。您需要再去主动联系一下老朋友和家人,告诉他们您现在的困境和需要,他们一定会给您一些建议和支持。"(社工小孔通过理解和接纳案主的情绪状态,进一步强调了案主的性格优势,并帮助案主建立积极的情绪管理策略。)

小徐:"我之前不想主动去寻求帮助。但是,现在我觉得我应该试一试。"(社工的话让小徐意识到,他并不孤单,他有自己的资源和支持网络可以依靠。)

在社工的鼓励下,小徐开始主动联系一些老朋友和家人,向他们倾诉自己的困境和需求。这些联系不仅让他得到了情感上的支持,还让他获得了实际的帮助和建议。通过这些经历,小徐逐渐意识到,自己并不孤单,有很多人愿意帮助他走出困境。

同时,社工小孔也积极为小徐寻找专业的心理咨询和治疗资源。她向小徐介绍了一些心理健康方面的书籍和文章,并帮助他预约了专业的心理咨询师。这些资源为小徐提供了更全面的支持和帮助,让他更加有信心和动力去面对自己的问题和困境。随着时间的推移,小徐的情绪逐渐稳定下来,他也开始更加积极地面对自己的问题和困境。

五、探索和生成替代方案

在情绪得到了一定的安抚和稳定之后,社工小孔和小徐一同开始探索和生成解决他当前问题的替代方案。单纯的理论指导是远远不够的,必须结合小徐的实际情况和意愿,才能制订出切实可行的计划。

 谈话片段5:

社工小孔:"小徐,我们之前已经识别出了您面临的主要问题,也知道了这些问题给您带来的困扰。对于解决自己问题的办法,您有什么想法么?"(社工小孔希望确认案主是否有自己的解决办法。)

小徐:"嗯,我一直在想要不然就这样算了。我觉得自己好像没有什么好的办法。"(这体现了案主在自身问题上的无助和放弃心理。)

社工小孔:"没关系,我们可以一起慢慢想。通过前几次的接触,尽管您的问题表征主要是社会化失调,但导火线是相亲。相亲结果与您和父母愿望的背离直接导致了现在的结果。所以我觉得我们还是从相亲入手比较好。我们不妨换个角度,您的父母给您介绍的相亲对象都是什么职业?"(社工小孔进一步引导案主思考,借由案主父母介绍的相亲对象的职业情况,更深入地了解案主的相亲经历和家庭背景。)

小徐:"都是他们朋友的子女,中小学教师、公务员、护士,还有我们这大专的老师。"

社工小孔:"她们都是目前社会上的主流、普通职业,和您的职业不能说相差甚远吧,但确实也不太沾边。我觉得您可以尝试接触一些其他职业的群体,或许会有意外收获。至于您父母那边,我觉得你们的目标其实都是结婚生子、成家立业,与什么职业的人结婚不重要,重要的是两个人合得来、有基本匹配的生活频率。不然,就算结婚了,估计婚后闹别扭了,您还是要来我这儿。您性格沉稳,耐得住寂寞,做事认真,同职业的女性,或者军人、特警等职业女性的性格和您很相像,工作频率也是需要时不时地脱离家庭。当然,我只是提供一个思路。"(社工根据案主的性格优势,换了角度看待相亲。)

小徐:"那以后怎么办?两个人都这样,生了孩子怎么办?"(这体现了案主对于婚姻未来场景的焦虑。)

社工小孔:"确实,两个人如果都经常需要脱离家庭,那么孩子的照顾和教育确实是个问题。但是,这并不代表你们就不能找到解决方案。每个人都在社会中扮演着不同的角色,当对方也具有您所拥有角色的属性时,理解便不再是奢望。试想一下,无论你们双方谁回到家,都能因相似的职业属性而彼此理解。这是理想状态,实际情况肯定是找到最适合的家庭相处模式才行。如果一开始都不能接纳您的职业,那您还怎么往下进行呢?"(社工小孔穿插社会角色的作用,进一步引导案主思考。)

除了相亲社交方面的问题,社工小孔还和小徐一起探讨了如何更好地实现自己的家庭价值。社工小孔建议小徐可以尝试从工作中的换位思考入手,重新审视自己对父母的态度。对待同事尚需换位思考,面对父母这些更亲近的人更需要包容与理解。在整个过程中,社工小孔始终给予小徐充分的鼓励和支持,引导小徐认识到自己的潜力和价值。在社工的引导下,小徐开始思考并制订自己的行动计划。他设定了非常明确的短期和长期目标,并制定了具体的行动步骤和时间表。这些目标包括提高自己的社交技能、缓和家庭关系、更多地接触类似职业属性的人群等。同时,他也意识到需要改变一些不合适的思维方式,以更好地应对生活中的挑战和困难。

六、执行行动计划

有了明确的行动计划和目标,小徐开始付诸行动。他参加了一些社交活动,包括朋友组织的聚会和社区组织的志愿者活动。这些活动为他提供了与不同职业背景的人交流的机会,让他逐渐扩大了自己的社交圈子。他注意到,与不同职业的人交流,能够带给他新的视角和思考方式,这让他感到十分新奇和有趣。

小徐也开始主动与父母沟通,尝试理解他们的想法和期望。他尝试换位思考,从父母的角度去思考问题,这让他更加能够理解他们的担忧和期望。他开始主动向父母介绍自己的工作和生活,让他们更加了解自己的情况。通过这些努力,他逐渐与父母建立了更加和谐的关系。同时,小徐意识到,父母之所以希望他选择那些职业的女性,是因为他们希望他能有一个稳定、幸福的生活。小徐告诉父母,他理解他们的苦心,但他也希望自己能够找到一个真正合适的人,而不是仅仅因为职业而选择对方。父母听后,虽然仍有些担忧,但也表示愿意尊重他的选择。

在寻找类似职业属性的人群方面,小徐利用自己的业余时间参加了一些相关的活动和聚会。他通过这些活动结识了一些从事类似职业的人,他们之间有着共同的话题和兴趣,也更容易理解彼此的工作和生活状态。小徐发现,这些人在面对家庭和生活时,也都有着自己的思考和解决方式,这让他感到十分受益。

在工作中,小徐也开始尝试更加积极地与同事沟通。他学会了倾听和表达,更加注重与同事之间的合作和配合。这让他在工作中更加得心应手,也让他重新获得了领导的认可。

随着时间的推移,小徐的社交技能得到了很大的提高,他的人际交往也变得更加和谐。他开始意识到,自己的潜力和价值是可以通过不断学习和努力来挖掘和实现的。他逐渐摆脱了过去的困扰和焦虑,变得更加自信和乐观。

七、制订后续计划

在经历了一段时间的努力和实践后,小徐感到自己取得了显著的进步。为了保持这种积极的变化并继续向前发展,他决定制订一个后续的计划来确保自己的成长和进步能够持续下去。一是小徐决定定期回顾和评估自己的行动计划。他明白,计划是指导行动的指南,但生活总充满了变数。因此,他需要时常审视自己的计划,看是否需要做出调整或更新。这将确保他的计划始终与自己的生活和工作状态保持一致,从而更好地指导他的行动。二是小徐计划继续扩大自己的社交圈子。他意识到,与不同职业背景的人交流能够为他带来丰富的体验和新的视角。因此,他计划参加更多的社交活动,结识更多的朋友。同时,他也将关注一些与自己职业相关的活动和聚会,以便结识更多同行和潜在的合作伙伴。三是小徐还计划加强与家人的沟通和交流。他明白,家庭是他最重要的支持力量。因此,他计划定期与父母和兄弟姐妹进行深入的交流,分享彼此的生活和工作经历。这将有助于增进他们之间的理解和信任,并为他提供更多的支持和帮助。四是小徐决定不断学习和提升自己的能力。他意识到,只有不断学习才能跟上时代的步伐。因此,他计划参加一些与自己职业相关的培训课程或研讨会,以提高自己的专业能力和技能水平。同时,他也将关注一些新的领域和技术,以便为自己未来的职业发展做好准备。

在制订后续计划的过程中,小徐始终保持着积极的心态和坚定的信念。社工也在一直给予小徐充分的鼓励和支持。社工定期与小徐进行沟通,了解他的进展和困难,并给予他必要的指导和帮助。最终,小徐在社交、家庭和工作等方面都取得了显著的进步。他成功地找到了与自己相匹配的人,建立了幸福的家庭;他与父母的关系也得到了改善,家庭氛围变得更加和谐;在工作中,他也获得了更多的机会,逐渐成了公司骨干。

第三节

评析

一、理论分析

1. 性格优势

性格优势(Character Strength)是具有普遍性的道德价值特征,有助于个体发展出最佳的心理功能。1999年年底,美国心理学家马丁·塞利格曼(Martin Seligman)和克里斯·彼得森(Chris Peterson)通过共识命名法将人类历史上哲学、宗教、思想家提到的优良品格进行汇总和归纳,编制了积极行为 VIA(The Value in Action)体系,随后用11个准则将其最后削减为24种普遍存在的性格优势,并最终归纳出6个放之四海而皆准的美德,即:智慧、勇气、仁爱、正义、节制和精神卓越。而培养24种性格优势是达到这6大美德的途径。中国学者段文杰通过对中国学生群体的调查,建构了一个符合中国文化的具有理论意义的三因素美德模型(生命力、意志力、亲和力),与在西方国家进行的美德结构研究相比较,该三因素美德模型更能够促进中国积极社会工作干预和评估。

性格被定义为个体思想、感受和行为中体现出来的人格特征组合。在个体发展过程中,这个特征远不是单一化的。关系发展系统(Relational Developmental Systems, RDS)理论可以解释不同年龄之间的性格水平和方向性变化。该理论认为发展是个体及其环境之间的互动关系过程的结果,这些过程是随着时间和个体的推移而展开的。有证据表明,性格优势可以促进个体的心理健康和积极行为。例如,友爱、希望、乐观、感激和包容,通常与良好的身心健康呈正相关。

2. 任务中心模式

解决问题的概念是若干跨学科理论框架的核心,但问题的性质、方法和解决策略取决于学科的特性。社会工作的核心重点从一开始就是解决个人和社会层面的问题,解决问题的理论在整个社会工作专业历史的发展中,始终为社会工作实践的发展和演变提供了所需的基础信息。同时,解决问题的模型还为社会工作实践中重要干预框架的发展提供了基础信息,即任务中心模式和危机介入模式。

任务中心模式的一个基本前提是,生活环境不可避免地会带来社会和心理挑战或问题,而被制织到各种相互关联的环境系统中的个体均天生具有解决这些问题的能力。生态系统理论认为,人类的问题、社会的条件和生活的状况是相互关联的,而个体生活总是受到与他们互动的多个系统产生的交互影响。基于此,任务中心模式将服务对象的微观、中观和宏观环境因素纳入对所提出问题的识别和情境化中,支持其通过设定任务目标以解决他们所关心的问题。这个过程凸显出任务中心模式的核心原则——尊重案主自决。这一核心原则与任务中心模式中服务对象可能遭遇的问题性质、来源以及服务对象处理或解决这些问题的能力假设密切相关。在任务中心模式中,问题被视为日常生活中涉及个人和社会因素而不可避免的挑战,而服务对象被视为积极的问题解决者,他们本质上有能力处理或解决可能遇到的心理问题。服务对象被置于问题解决过程的中心,负责识别、定义他们选择解决的问题并确定其优先级。当服务对象独立解决问题的努力失败时,任务中心模式中的社会工作者则会予以他们支持。无论是在日常生活中还是在专业帮助中,有效的问题解决方式都由类似的过程组成。问题解决的成功经验可以增强服务对象的信心,这反过来又可以提高他们的自我效能感,并成为问题解决动力的来源。

3. 危机介入模式

由伯吉斯(Ann Wolbert Burgess)和罗伯茨(Albert R Roberts)开发的用于评估情绪压力和急性危机事件的分类范式,确定了压力-危机连续体中的7级主要危机水平。具体如下:

第一级:躯体痛苦这种程度的危机是由生物医学原因和轻微的精神症状造成的,从而导致个人生活中的压力和不平衡。其他情境问题,如健康问题、关系冲突、与工作相关的压力源和化学依赖问题也将包括在这一级别中。

第二级:过度压力危机所涉及的是生命发展中预期的压力事件。这些危机是正常的生活任务或活动,可能会非常紧张,如早产、破产、离婚和搬迁。个人可能对情况几乎或无法控制,无法有效地应对。

第三级:创伤应激危机这些情况是意外的,超出了个人的控制点。这些危机可能会危及生命,而且势不可挡。它们包括灾难、犯罪受害、家庭暴力、虐待儿童和性侵犯。

第四级:家庭危机与人际关系和家庭关系相关的发展任务和问题有关,这些问题尚未解决,在心理上、情感上和身体上都是有害的。这种危机包括虐待儿童、家庭暴力、无家可归等。

第五级:严重精神疾病源于先前存在的精神病理,如精神分裂症、痴呆或重度抑郁症,可导致受影响的个体及其家庭或支持系统的成员产生严重的适应差异。

第六级:精神紧急情况是一般功能严重受损的情况,如严重精神疾病的急性发作、药物过量或有自杀企图。个人失去了个人控制,对自己和/或他人有威胁或实际伤害。

第七级:灾难性危机涉及两个或两个以上的三级创伤性危机,并结合第四、五或六级压力源。这些有压力的危机情况、事件和个人损失的性质、持续时间和强度可能非常令人难以接受。灾害性危机的例子是在一场灾难或多起凶杀案中失去所有家庭成员。

虽然每一级危机和每个人对危机的主观体验都是独一无二的,但这种压力-危机连续体可以用于大部分人的评估和干预计划,以确定护理水平和最有效的治疗方式。值得注意的是,随着危机水平沿着个体认知与行为的偏离而不断增强,未雨绸缪地对于一些尚未十分严重的危机进行干预也是必需的。随着时间的推移,围绕危机解决的干预实践形成了七阶段干预模式。第一阶段,进行危机评估。第二阶段,迅速建立融洽的治疗关系。第三阶段,识别主要问题。第四阶段,处理情绪。第五阶段,探索和生成替代方案。第六阶段,执行行动计划。第七阶段,制订后续计划。这种流程化的干预模式,其特点在于将干预过程细分为一系列明确的步骤和节点,从而使得社会工作者在进行干预时,拥有了更为具体和可操作的抓手。这种模式不仅有助于提高社会工作者的干预效率,同时也能确保干预的质量和效果,从而更好地服务于服务对象,帮助他们解决实际问题,提升他们的生活品质。

二、干预过程分析与宏观解析

1. 干预过程分析

在第一阶段,社会工作者的目标是通过对个体的评估,确定干预的关键领域,并同时认识到可能发生的危险事件或创伤。当服务对象开始意识到自己的脆弱状态并对事件产生初步反应时,社会工作者需要建立起基于尊重和接纳的关系,为他们提供支持、同理心、安慰和强化,确保他们得到必要的帮助。值得注意的是,第一阶段和第二阶段可能会同时发生,但首要任务是了解服务对象是否处于危险之中。

在第二阶段,社会工作者引导服务对象看到积极的未来方向,让他相信自己有能力克服当前的困难。为了建立和维护信任,社会工作者需要让服务对象感受到无条件的支持、关心和真诚。社会工作者在沟通时充分展示了这些品质,特别是通过共情的沟通技巧,安抚服务对象的情绪,并帮助服务对象建立对治疗过程的信任。此外,社会工作者要非常注意口头沟通的语气和水平,确保自己的言辞能够帮助服务对象冷静地应对创伤,避免进一步加剧服务对象的不安和焦虑。

在第三阶段,社会工作者采用了系统框架,因为危机气氛可能会影响各级实践的展现情况。家庭成员和重要他人可能对干预计划或确保服务对象安全至关重要,在制订和实施干预计划时,社会工作者也考虑到了他们的反应,以确保服务对象在此阶段不会过载。社会工作者在此过程中集中精力回应了当时情况下最直接、最重要且需要干预的问题。这一阶段的首要任务是满足情感和身体健康及安全的基本需求。在这些问题稳定后,社会工作者就着手解决工作中的其他问题。当然,在某些情况下,还可以协助确定导致服务对象现在寻求帮助的突发事件或"压死骆驼的最后一根稻草",并简要回顾之前任何尝试过的应对策略。其中,重点在于当前的危机,任何对过去问题或困扰的探讨都应迅速进行,并且只能为制订干预计划提供帮助。

在第四阶段,社会工作者主要致力于处理服务对象所面临的情绪问题。其通过专业的沟通技巧和心理辅导,帮助服务对象识别、理解和调节自身的情绪,以促进其心理健康和情绪稳定。在这个过程中,社会工作者耐心倾听服务对象的内心困扰,共情地理解他们的感受,并运用适当的方法帮助他们表达和处理情绪。通过这种细致入微的工作,社会工作者能够帮助服务对象建立更健康的情绪调节机制,提高服务对象面对生活挑战的心理韧性,从而为后续阶段奠定良好基础。

在第五阶段,社会工作者以协作的方式帮助服务对象产生和探索以前未曾尝试过的应对方法非常重要,同时检查和评估这些替代方案的潜在后果以及服务对象对这些替代方案的感受也同样关键。当服务对象有不切实际的期望或不当的应对技巧和策略时,社会工作者采取了更加积极、更有指导性和有针对性的介入。在这个阶段,服务对象仍然处于困境和不稳定状态,专业的知识和指导对于为服务对象提供积极、现实的替代方案至关重要。

在接下来的两个重要阶段中,社会工作者扮演着监督者与鼓励者的双重角色,他们与服务对象紧密协作,共同致力于实现既定目标并完成预定的任务。在这一过程中,社会工作者持续关注服务对象的进展,并提供必要的支持和指导。一旦服务对象成功达到了行动计划的预定目标,社会工作者将开始逐步实施结束治疗的程序。这一过程需要谨慎和细致的规划,确保服务对象能够顺利地从依赖中过渡,并能够独立前行。社会工作者会通过一系列的评估和反馈,确保服务对象在结束治疗后能够持续保持所取得的进步,并在必要时提供后续的支持和协助。

2. 宏观解析

在海员群体中,不论是甲板上的工作人员还是发动机侧的技术人员,在执行任务时都会面临精神的高度紧张,同时也会在身体上受到极大的压力。这不可避免地与海员的工作环境有关(噪声、振动、睡眠中断等),也与更主观的条件有关,如个人忍受孤独的能力、对逆境的反应等。这些方面都可能影响他们应对社会关系的能力,并可能导致心理困扰。与其他活动相比,海员遭受严重后果的风险更高。国际海员福利委员会发布的小册子《商船上的精神护理指南》有一章专门讨论海员的压力问题。文件表明,海员具有社会化压力的典型症状是失眠、注意力不集中、焦虑、药物滥用、极度愤怒和沮丧、家庭冲突,以及身体疾病(如心脏病、偏头痛、胃部问题和背部问题)。在严重的压力下,海员不能做出明确的决定,不能重新评估优先事项和生活方式,最终往往会陷入无形的干扰。身体压力源,如工作场所的温度、噪声、船舶移动、晕船、艰苦的体力劳动、搬运、缺乏锻炼和航行中的气候变化,被认为是影响海员在船上所受压力的最重要因素。社会心理压力源,如不规律的轮班、每天长时间的工作时间、不规律的工作时间和缺乏睡眠,会给海员们带来巨大的压力。海员们的社会心理压力源甚至可能导致交通事故。此外,他们普遍对缺乏成就奖励、工作自信心不足、感受到威胁、工作环境恶劣以及缺乏同伴或上级支持等问题有着强烈的感受。总结起来,有6个可能导致海员社会化失调的因素,分别是工作强度、工作能力、工作环境、家庭朋辈关系、社会角色以及适应能力。

当前,海员自杀死亡百分比的统计数据揭示了海员心理健康状况的严峻现实。根据一份涵盖1960年至2009年的研究报告汇编,在总共17 026名海员死亡的案例中,有1 011名海员死于自杀,占比高达5.9%。而在1992年至2007年的另一项疾病死亡报告汇编中,4 573名因疾病去世的海员中,自杀死亡的海员达到590名,占比攀升至13.1%。这些研究中的受伤百分比在5.7%~27.5%。若将海上失踪的海员纳入考量,这些数据将更为惊人。许多社会科学研究人员认为,至少有一半的海上失踪导致的死亡是自杀所致。不论是从总死亡百分比还是从疾病死亡百分比来看,海员自杀的人数在海员死亡的人数中都占据着显著比例。这些自杀事件的数据再次印证了海员心理健康问题的严重性,海员心理健康问题甚至可能致命。由抑郁症引发的自杀事件屡见报端,对海员、家属以及船主造成的伤害不容忽视。这一现状表明,与航运业相关的各方都需要采取切实行动,改善海员的心理健康状况。

三、建议

1. 统筹核心任务

性格优势的干预应统筹四个核心任务:(1)健康维持。通过发挥性格中的优势方面保持积极心理,并利用合理的营养、锻炼、睡眠和放松来照顾自己。(2)情感表达。适当的情绪表达与宣泄,有利于消解情绪反应对发挥性格优势的影响。(3)认知掌握。通过解决任何不合逻辑、非理性的想法或恐惧,并通过调整对消极生活事件及其影响的自我认知,形成对消极事件的现实理解。

第十三章 性格优势干预——对海员社会化失调的干预

(4)行为人际调整。适应消极事件导致的日常生活活动、目标或关系的变化,并尽量减少这些变化对未来可能产生的长期负面影响。

2. 采用弹性视角处理情绪

面临社会化失调问题时,很多服务对象在表达和宣泄情绪时,都有表达悲伤情绪的过程。首先,服务对象可能会否认自己的情绪反应程度,并试图回避这些情绪,希望它们会自行消退。他们可能会感到震惊,无法立即面对自己的感受。然而,情绪的显著延迟表达和宣泄对病人的创伤处理与解决是有害的。一些服务对象可能会对事件及其影响表达愤怒,只要这种愤怒不升级失控,这种情绪就是可以被接受的。在这种情况下,帮助病人冷静下来或注意过度通气等生理反应,是社会工作者的重要任务。其他服务对象可能会通过哭泣或呜咽来表达悲伤,社会工作者需要给予足够的时间和空间让他们做出这样的反应,而不是强迫他们过快地行动。情绪的宣泄和表达对健康应对至关重要,社会工作者在整个过程中需要认识到并支持服务对象在面对和处理这些情绪反应和问题时的勇气。此外,社会工作者也需要意识到自己的情绪反应和承受能力的范围。对于社会工作者来说,关注自己的自我护理需求是避免倦怠和情绪疲劳的关键。作为第一干预者,社会工作者可能会经历二次创伤影响,因此,进行关键事件压力管理干预对他们的心理健康和安全至关重要。

3. 灵活使用干预框架

社会工作者必须认识到,七阶段干预模式并非一成不变,它需要根据个体危机的具体情况和背景进行灵活调整。例如,在某些紧急情况下,社会工作者可能需要跳过某些步骤,以迅速而有效地稳定局势。在危机评估阶段,除了对危机的严重性进行量化外,还需要对个体的社会支持系统、资源储备以及应对能力进行全面评估。这有助于我们更准确地判断危机的发展趋势,以及制定更为贴合个体需要的干预策略。在建立融洽的治疗关系方面,我们不仅要展现出专业性和同理心,还需要根据个体的文化背景、性格特点和沟通方式进行调整。有时候,一个简单的微笑、一个真诚的拥抱,可能比千言万语还要有效。在识别主要问题时,我们需要保持开放的心态,认真倾听个体的诉说,避免过早地给出结论或解决方案。同时,我们还需要运用专业的知识和技巧,对问题进行深入的分析和解读,确保我们能够准确地把握问题的本质。在处理情绪方面,我们需要给予个体充分的情感支持,帮助他们释放内心的压力和痛苦。这可能需要我们运用各种情绪调节技术,如深呼吸、放松训练、情绪表达等,以帮助个体恢复平静和理性。

在探索和生成替代方案时,我们需要充分发挥创新思维和团队合作精神,结合个体的实际情况和资源限制,提出多种可能的解决方案。同时,我们还需要与个体进行充分的沟通和协商,确保他们能够理解并接受这些方案。在执行行动计划时,我们需要保持高度的责任感和执行力,确保每一个步骤都能得到有效执行。同时,我们还需要密切关注个体的反应和变化,及时调整计划以应对可能出现的新情况。最后,在制订后续计划时,我们需要对干预效果进行全面的评估和总结,分析成功和失败的原因,并提出改进的建议。同时,我们还需要与个体保持长期的联系和关注,为他们提供持续的支持和帮助。综上,虽然七阶段干预模式为我们提供了一个有效的框架,但在实际操作中,我们还需要根据具体情况进行灵活调整和创新,以确保我们能够为个体提供更为精准和有效的干预服务。

第十三章 性格优势干预——对海员社会化失调的干预

本章小结

本章深入探讨了海员社会化失调问题的严重性及其给海员和其家庭带来的多方面影响。为解决这一问题,我们提出了核心任务:利用性格优势干预、协助海员维持身心健康,促进其情感的合理表达,形成正确的认知,并调整行为和人际关系。同时,我们强调了以弹性视角处理情绪的重要性,特别是在面对社会化失调问题时,如何引导海员正确表达和宣泄情绪,避免对其心理健康造成进一步的损害。在干预方法上,本章介绍了七阶段干预模式,并着重强调了这一模式在实际应用中应具备的灵活性和创新性。社会工作者需根据海员的具体情况和需求,灵活调整干预策略,以确保干预的针对性和有效性。此外,我们还特别关注社会工作者的自我护理需求。在帮助海员改善心理健康状况的同时,社会工作者也需要关注自身的心理健康,避免因工作导致的倦怠和情绪疲劳。当前,海员心理健康问题已成为航运业及相关领域亟待解决的重要问题。通过实施切实有效的社会工作干预措施,我们可以帮助海员缓解心理压力,提高心理健康水平,降低自杀风险,为航运业的健康稳定发展提供坚实保障。

第十四章

家庭治疗模式——对海员上岸后亲子关系的干预

中华人民共和国海事局发布的《2023年中国船员发展报告》显示,截至2023年年底,我国共有注册海船船员943 954人,同比增长4.8%。尽管近两年我国海员人数连续增长,但仍存在雇佣缺口。据国际航运研究和咨询机构德路里2023年报告显示,2023年海员雇佣缺口已增至相当于全球海员总数的9%,而这个数字在2021年还是5%,该数值如今已达到了该公司自2017年分析海员市场以来的最高水平。这也就意味着,当下的海员短缺人数已达到历史新高。不仅如此,根据现今新海员的供应情况,德路里预计在往后至2028年的时间段里,都将出现类似的赤字水平。尽管这些赤字水平基于船舶数量以及对配备水平的假设,在很大程度上是理论性的,但它们仍然凸显了海员劳动力市场已变得特别紧张,且对招聘和海员留任以及人力成本都有重要影响。海员流失现象的背后,存在着多种问题,其中,远离家庭与亲人的生活环境是显著的问题之一。对于与父母长时间分隔的孩子而言,缺乏有效的沟通渠道往往导致亲子关系逐渐疏远。特别是海员这一职业群体,因其工作特性而与子女长时间分离,工作期间难以确保与家人的顺畅沟通,极大地阻碍了良好的亲子关系的构建与维系。尽管海员通常能够忍受在海上数月与朋友

> 的隔离,但与家人长时间的分离无疑是一种沉重的心理负担。尤其对于部分早年便投身航海事业的个体而言,即便新婚燕尔,亦需离家上船,导致与亲人难以团聚。这种工作环境常常使海员错过子女出生等重要时刻,缺席他们的成长过程。他们的子女可能对身为海员的父亲感到陌生,即使在海员休假期间,亲子之间亦可能面临沟通不畅、矛盾频发的问题,从而影响了家庭关系的和谐与稳定。这种情况往往导致海员在休假期间与孩子出现矛盾或产生陌生感,从而出现海员被迫离职的现象。因此,积极提升他们的亲子沟通能力,对于维护海员职业的稳定性和促进家庭和谐具有重要意义。

第一节 案例描述

一、基本情况

邝先生是一位经验丰富的资深海员,他人生的大部分时间是在远洋航行中度过的,出海工作成了他生活的常态。因此,与家人的相处时光对他来说格外珍贵,是他心灵的慰藉和力量的源泉。近期,他完成了一次漫长的航行任务,心中满是期待地计划着回家与妻子和年幼的女儿共度美好时光。他调整好情绪,满怀喜悦地推开家门,期待着家人的拥抱和欢声笑语,然而,现实并非如他所想。邝先生的女儿小华是一个患有唇腭裂的儿童,今年刚满4岁。由于组织错位,器官畸形,通过手术操作是最快的矫治途径。小华自出生以来,已经接受过数次大大小小的手术。然而,手术效果有限,这也意味着她需要接受定期的治疗和细心的呵护。为了给小华最好的术后调养恢复条件,夫妻俩已经掏空了多年的积蓄,生活质量也大不如前。邝先生的人缘很好,工作能力强,上司已经答应他在第二年考核合格后,替他递交升职调薪报告。这无疑是他努力工作的动力,也使他对未来生活充满希望。然而,由于邝先生长期在海上工作,无法亲自陪伴女儿的治疗和成长,使得妻子刘女士不得不独自承担起照顾小华的职责,在应对邻居间闲言碎语的同时,还要应对家庭生活的琐碎事务,这样的压力让她感到无比疲惫。刘女士不止一次地向邝先生提出请求,希望他能辞去现在的工作,回到岸上寻找一份新的职业,以便能更加方便地照顾他们的女儿。然而,邝先生在深思熟虑之后,并没有接受这个建议。他考虑到,如果他辞去了现在的工作,他并没有任何特别的技能,可以在岸上找到一份合适的工作。而且,他的妻子刘女士目前是全职在家照顾女儿,这意味着家里并没有其他的收入来源,全家人的生活开销都依赖他一个人的收入,而且升职涨薪近在咫尺。因此,尽管他非常理解妻子的担忧,但他还是决定暂时不辞去现有的工作。随着时间的流逝,刘女士心中对邝先生的不满情绪逐渐积累,两人之间的争吵也变得越来越频繁。小华在家经常会问刘女士爸爸去哪了,但当小华见到邝先生时,犹如见到陌生人一般,不主动打招呼,也不会喊他爸爸。这让邝先生心中充满了愧疚和无奈,他知道,自己长时间的缺席已经让女儿对他产生了陌生的感觉,他急需找到一种方式,来弥补自己对家庭和女儿的愧疚。

二、问题分析与评估

1. 存在的问题

(1) 家庭经济压力:小华的治疗费用已经给家庭带来了沉重的经济负担,使得邝先生和刘女士不得不面对巨大的经济压力。尽管邝先生有着稳定且收入不错的海员工作,但长期的海上生活和高昂的医疗费用几乎掏空了他们的积蓄,生活质量也因此大幅下降。

(2) 邝先生与家庭的疏远:由于长期的海上工作,邝先生与家人的相处时间极为有限,这导致了他与家人日渐疏远。特别是小华,她甚至对自己的父亲感到陌生,这对于邝先生来说无疑是一个巨大的打击。

(3) 刘女士的疲惫和不满:作为小华的主要照顾者,刘女士不仅要应对小华的治疗和护理,还要面对邻居的闲言碎语以及家庭生活的琐碎事务。这种压力让她感到疲惫不堪,对邝先生的不满情绪也逐渐积累。

(4) 女儿小华的心理需求:小华作为一个患有唇腭裂的儿童,需要定期的治疗和细心的呵护。同时,她也渴望得到父亲的关爱和陪伴,但邝先生的缺席让她在心理上感到孤独和失落。

针对以上问题,家庭需要共同努力,寻找合适的解决方案,以改善家庭氛围,增强家庭成员之间的情感联系,为孩子提供一个更好的成长环境。

2. 干预目标

由于邝先生有望升职涨薪,家庭经济压力将得到缓解,这里暂不将家庭经济问题列为干预目标。除此之外,干预目标如下:

(1)总目标:改善家庭、亲子关系,增强家庭成员间的情感联系。

(2)减轻刘女士的心理负担。

(3)帮助邝先生与女儿建立有效沟通和有效陪伴。

3. 干预流程

根据邝先生家的情况,社工在分析存在的问题以及主要干预目标后,决定以家庭为中心,采用系统视角,融合叙事和社会支持对邝先生一家进行干预。干预流程如下:

(1)建立专业关系与矛盾分析

首先,与邝先生一家建立专业关系,通过进行深入的访谈,全面了解家庭成员的情况和感受。通过这一过程,社工需要确定矛盾的根源是不是邝先生的长期缺席和家庭经济压力。社工需要对这些问题进行详细的分析,并与家庭成员一起制定后续的干预方案。

(2)开展家庭叙事沟通

在建立良好的专业关系并分析了矛盾之后,社工将引导家庭成员进行叙事沟通。这一环节的重点是鼓励每个家庭成员分享自己的感受、期望和对家庭的看法。通过倾听和反馈,社工将促进家庭成员之间的理解和沟通,帮助他们认识到彼此的需求和困难。家庭叙事沟通的目标是打破沉默和误解,增进家庭成员间的情感联系和相互支持。

(3)提供社会情感支持

在第三个阶段,社工的工作重点是提供情感支持。这个阶段主要包括三个部分的工作:一是为刘女士连接外部同类型群体,为其提供社会情感的支持;二是社工围绕邻里关系,帮助邝先生一家消除负面影响;三是组织亲子活动,引导邝先生与小华建立紧密的亲子关系。

(4)明确未来发展方向

在完成了家庭叙事沟通、提供情感支持以及举办一系列旨在改善家庭关系和增强亲子互动的活动后,社工将与邝先生一家共同明确他们未来的发展方向。这个方向应该基于家庭成员的共同愿望、需求和能力,同时也要考虑小华的成长需要。

第十四章 家庭治疗模式——对海员上岸后亲子关系的干预

第二节
家庭治疗模式在海员上岸后亲子关系中的应用

一、建立专业关系与矛盾分析

首次服务旨在建立专业关系并进行矛盾分析。社工小潘通过与案主邝先生及其妻子刘女士的非结构式访谈,运用尊重、倾听、聚焦问题等沟通技巧,深入了解邝先生与女儿的沟通状况,以及刘女士在日常生活中如何引导两人之间的沟通。

谈话片段1:

社工小潘:"你们好,我是社工小潘。由我负责咱们此次的社会工作干预服务。"(社工小潘正式介绍自己,明确了社工的角色和任务。)

邝先生:"你好,潘社工。非常感谢你能来帮助我们。"

刘女士:"是啊,我们真的需要一些帮助。"(案主表明了需求和意愿,这能够增强社工进行干预服务的动力。)

小潘:"首先,我想先了解一下你们家庭目前面临的主要问题是什么?"(通过开放式问题引导服务对象描述问题,为后续的分析和干预打下基础。)

邝先生:"主要是我和小华的关系,我长期不在家,感觉她对我有些陌生了。"(案主提供了问题发生的背景和原因。)

社工小潘:"您是什么时候上的船呢?"

邝先生:"我大专毕业就上船了,后来经人介绍认识了我媳妇。"

之后,全都由邝先生说明,刘女士并未插上话。在大概了解情况后,社工话锋一转,问起了刘女士的看法。

社工小潘:"刘女士,您的看法呢?"(在邝先生主导对话的过程中,社工小潘适时地转向刘女士,询问她的看法。这体现了社工对家庭成员平等对待的原则,确保每个家庭成员都有表达意见的机会,为后续的沟通建立了平等的氛围。)

邝先生:"她是今天非要跟我过来瞧瞧,你不用管她。"(邝先生试图阻止刘女士发表意见。)

社工小潘了然,向邝先生详细介绍了社会工作的准则之后,希望他能够给予刘女士足够的尊重。

刘女士委屈得哭了,说道:"家都快散了,说女儿亲不亲近还有什么用吗?! 你不在家,我一个人拉扯小华,我还要面对邻居的闲言碎语,你就这么不明白嘛!"(刘女士揭示了问题的另一面,使社工能够更全面地了解家庭内部的矛盾和冲突。)

经过一番沟通,社工基本了解了邝先生家的情况。

社工小潘:"邝先生,一艘货船的正常行驶光靠您自己行吗?"(社工小潘以邝先生擅长领域为例,为后续换位思考做出铺垫。)

邝先生:"那完全不够,需要很多人相互配合。"

社工小潘:"家庭也是一样的,仅靠您自己的话,家又如何称为家?"(利用生动的比喻,使邝先生更容易理解家庭合作的重要性,为改变家庭关系提供新的视角和思考。)

社工通过其他的故事,为邝先生讲述了他进入的思维误区,刘女士很认同,但邝先生未能听进去,便强拉着刘女士离开了,不再打算继续和社工纠缠下去。社工表示如果邝先生和刘女士需要帮助,可以随时再来。社工主动在社区里开展了调查,详细了解了社区居民对邝先生一家的印象。过了两天,邝先生家的情况依然未有任何改变,刘女士坚持独自带着女儿小华复诊,把邝先生留在了家里。他左思右想,一种深深的无力感油然而生,他开始思考问题是否真的是出在自己身上。几经思想斗争,邝先生决定独自再来一趟社工站。又经过几次接触,邝先生带着妻子刘女士来到社工站,决定与社工建立专业关系。

社工小潘:"通过这几次的接触,我想我们已经达成了共识。邝先生觉得问题仅是您和小华之间的亲子关系,但实际上并非如此,而是更为复杂的整个家庭的问题。这一切问题的源头,简单来说,就是您因工作而无法照顾在刘女士看来烂糟的生活。你们的女儿出生之后便是个'吞金兽',一方面您挣钱的速度赶不上花钱的速度;另一方面,您既无法在照顾上出力,又无法理解刘女士不用挣钱养家为什么还会不高兴。这些先放一边,母亲天然就与子女更亲近,本来父亲与子女的羁绊有一部分是通过母亲建立的,而您经常不在家,又不体谅刘女士,您觉得刘女士身处您和小华之间,她会如何做?"(社工小潘引导邝先生认识到自身存在的认知偏差,引导他意识到家庭问题的复杂性和多面性,为后续深入分析和解决问题打下了基础。)

邝先生夫妇同意社工的判断。通过此次访谈,小潘收集到了案主及其女儿的一些基本信息,并帮助邝先生和刘女士分析了他们家庭当前的问题所在。她发现,除了邝先生的问题外,家庭经济压力、邻居的误解和偏见以及小华的心理需求也是导致家庭矛盾的重要因素。因此,社工决定采用家庭治疗模式,结合叙事和社会支持等技巧,对邝先生一家进行干预。

二、开展家庭叙事沟通

在确定了家庭治疗模式作为干预方案后,社工小潘便开始了与邝先生一家的深入沟通。她首先安排了几次家庭叙事沟通会议,让邝先生、刘女士以及小华都能有机会表达自己的感受和经历。在这个过程中,小潘鼓励家庭成员之间互相倾听,尝试理解对方的立场和感受,而不是一味地指责和抱怨。

谈话片段2:

社工小潘:"家庭叙事沟通是一个让每位家庭成员都有机会表达自己感受和期望的环节。我希望每个人都能够真诚地分享自己的想法和经历,不论这些想法是积极的还是消极的。"(社工小潘强调每位家庭成员都有表达的权利,为家庭成员提供一个开放、安全的沟通环境,鼓励大家真诚分享,促进家庭成员之间的理解和信任。)

邝先生:"好的,我愿意先开始。我知道我长期不在家,错过了很多和小华相处的时光,这是我作为父亲的失职。但我也有自己的苦衷,我希望能够找到一个平衡点,既能继续我的工作,又能多陪陪家人。"(邝先生通过自我反思,展现了他对家庭问题的认识和改变的意愿,为后续的沟通和解决问题提供了基础。)

邝先生坦然地讲述了自己的心路历程。他表示经济压力,明年应该就能缓解。他之所以一直没告诉刘女士,是因为他也不敢打包票,他害怕期望落空而让刘女士更加失望。

刘女士:"我理解你的难处,但我也有自己的苦衷。我一个人照顾小华,不仅要面对她的疾病护理和手术,还要应对邻居的非议。我真的很累,我希望你能多理解我,多支持我。但你每次回来都以不懂这、不懂那为由,也没为这个家做什么贡献,实际上你就是懒得干,觉得挣钱就足够了。"(刘女士表达了自己的苦衷和期望,并指出了邝先生存在的问题和不足。)

小华:"我想爸爸多陪陪我,我想和爸爸一起玩。"(小华的参与使家庭叙事沟通更加全面,让家庭成员更加关注她的需求和感受。)

社工小潘:"很好,你们每个人都充分表达了自己的想法和感受。这就是家庭叙事沟通的目的。通过分享和倾听,我们可以更好地理解彼此,增进情感联系。家庭就是由个体成员组成的,无论在一起生活了多长时间,也不可能成为他人肚子里的'蛔虫'。就咱们孩子目前的状况,其实已经到了治疗恢复的后半段,但越到后面越难熬,就像马拉松比赛,运动员最后拼的都是意志力。"(社工小潘对家庭叙事沟通进行了总结,强调了分享和倾听的重要性,为家庭成员提供了对沟通效果的反馈,也为后续的干预服务提供了方向。)

两次沟通会议都充满了情感与泪水,但逐渐地,家庭成员们都开始尝试站在对方的角度思考问题,彼此之间的理解和包容也逐渐增加。特别是小华,在社工的引导下,她开始主动讲述自己对世界的感受,让父母更加了解她的需求和期待。社工经常通过电话、微信等方式与邝先生一家保持联系,倾听他们的困扰,给予积极的反馈和建议。同时,小潘还为他们提供了一些心理调适的方法和技巧,帮助他们更好地应对生活中的压力和挫折。

三、提供社会情感支持

社工小潘认为在面对家庭矛盾和困境时,社会情感支持是非常重要的一环。在这个阶段,主要采取了三个逐步推进的措施。首先是链接兔唇家庭协会,为刘女士提供社会支持。

 谈话片段3:

社工小潘:"刘女士,为了更好地为您提供支持,我们联系了兔唇家庭协会,他们有很多资源和经验可以分享给您。"(社工小潘为刘女士提供额外的支持和帮助,让她感受到来自社会的关怀和温暖,为她后续的治疗和康复提供了有力的支持。)

刘女士:"真的吗?那真是太好了!虽然我和与小华同期治疗的其他小朋友的家长有过交流,但他们最多只是问问哪里治疗更省钱,我们的对话通常都止于表面的寒暄。"(这展示了刘女士当前所面临的困境和孤独感,同时也表明了兔唇家庭协会提供的资源和经验对她的重要性。)

社工小潘:"请放心,我们会和兔唇家庭协会保持紧密的合作,为您提供所需的资源和信息,助您更好地应对生活中的各种困难和挑战。"(社工小潘再次向刘女士保证她会得到更多支持,进一步增强了刘女士的信心和安全感,让她

第十四章 家庭治疗模式——对海员上岸后亲子关系的干预

相信自己能够得到有效的帮助和支持,同时也展示了社工小潘的专业素养和责任心。)

协会陈主任:"刘女士,您好,非常欢迎您加入我们的协会。我想告诉您,我们的协会自从成立以来,一直秉持着关爱和帮助兔唇宝宝以及他们的家庭的原则。为他们的健康成长提供全方位的支持和帮助,是我们协会成立的初衷,也是我们一直坚持在做的事情。"(协会陈主任向刘女士介绍了协会的宗旨和所做的工作,强调了协会对兔唇宝宝及其家庭的关爱和帮助。)

刘女士:"太感谢你们了,我非常愿意加入你们。"

社工与兔唇家庭协会进行紧密合作,为刘女士提供必要的资源和信息,帮助她更好地应对生活中的困难和挑战。同时,针对刘女士的疲惫和不满情绪,社工联合协会中的志愿者一起为刘女士提供情绪支持和心理疏导,通过倾听和安慰,帮助刘女士缓解内心的压力和焦虑。此外,根据协会的建议,社工还与刘女士一起制订家庭管理计划,帮助她更好地应对家庭生活的琐碎事务和满足小华的需求。社工鼓励家庭成员共同分担家庭责任,让刘女士得到更多的休息和放松机会。

其次是组织邻里科普座谈会,消解邝先生家庭的"污名"。社工会邀请邝先生家庭所在的邻里居民参加座谈会,通过专家讲解、互动问答等形式,让邻里居民了解兔唇疾病的成因、治疗和康复等方面的知识,消除对邝先生家庭的误解和偏见,让他们能够在社区中得到应有的尊重和接纳。

谈话片段4:

社工小潘:"大家好,感谢大家来参加今天的科普座谈会,也感谢街道办事处的钱干事和居委会的郭姐为座谈会的顺利举办提供的大力支持。今天我们邀请了兔唇家庭协会的陈主任为大家介绍兔唇疾病的相关知识,希望大家能够更加理解和接纳邝先生一家人。"(社工小潘开场致辞,为座谈会定下基调,表达感谢之情,同时明确座谈会的主题和目的,引导听众关注邝先生家庭及其面临的兔唇问题。)

邻居A:"兔唇疾病?我们都不太了解,是指小华脸上的那种?"

协会陈主任:"是的,兔唇疾病是一种先天性的唇裂畸形。但请放心,它并不是传染病,也不会对他人造成任何伤害。"(协会陈主任解答了邻居A的疑问,消除听众对兔唇疾病的误解和恐慌,增加对疾病的理解和接纳,为邝先生家庭营造更友好的社会环境。)

邻居B:"那我们以前可能对他们家有些误解。咱老婆子不会说话啊,小华这种情况有点吓人,这可不怪我孙子不和她一起玩。"(邻居B表达了对邝先生家庭的误解和偏见,并归因于对小华情况的恐惧,揭示了社区内存在的偏见和误解,为社工小潘后续的引导工作提供了方向,同时也体现了社区内对特殊家庭的支持仍需加强。)

社工小潘:"是的,这也是我们今天举办这个座谈会的目的之一。希望大家能够消除对邝先生家庭的误解和偏见,给予他们更多的理解和支持。"(社工强化座谈会召开的目的,引导听众正视并消除偏见,为邝先生家庭争取更多的理解和支持。)

邻居C:"我们也不懂,小华看着很可怜哦。不过我看小华的脸慢慢恢复了,可以恢复到正常样子吗?"

协会陈主任:"是的,随着医疗技术的不断发展,现在治疗兔唇疾病的方法已经非常成熟。小华在接受适当的治疗后,她的脸部是可以逐渐恢复到正常模样的。而且,我们也会提供尽可能多的帮助,让小华能够健康成长。目前,小华的治疗周期已经到了后期,相比较刚开始,她的情况已经好很多了。"(协会陈主任进一步介绍兔唇疾病的治疗进展和小华的恢复情况,给予听众积极的信心,为听众提供具体的治疗希望和康复案例,增强他们对兔唇疾病可治性的信心,同时也为邝先生家庭带来更多的正面能量和支持。)

邻居们纷纷向邝先生一家致歉,邻里关系在很大程度上得到了改善。这极大地缓解了刘女士的焦虑情绪。

社工小潘:"非常感谢大家的理解和支持。正如陈主任所说,医疗技术的进步确实给小华这样的孩子带来了希望。而我们社区的力量也同样重要,一个充满爱和理解的社区环境,对于小华的成长来说是无比宝贵的。小华只是一个孩子,她应该享有和其他孩子一样的快乐童年,不应该因为身体的不同而受到排斥或歧视。那么,接下来,我想邀请刘女士上台,和大家分享一下他们一家多年治疗兔唇的心路历程。"(社工小潘表达对与会者的感激之情,增强大家的参与感,并通过邀请刘女士分享,为听众提供一个深入了解小华家庭及其经历的机会,促进理解和共情。)

刘女士:"感谢大家的到来,也感谢潘社工和陈主任为我们提供了这样一个机会。我知道,我们家庭的情况曾经给邻居们带来了困扰和不解,我深感抱歉。其实,刚开始的时候,我们也非常难以接受小华的情况。但随着时间的推移,我们逐渐明白,无论小华的外表如何,她都是我们的孩子,我们爱她,她是我们家庭的一部分。我们很感激社区对我们的帮助和支持。我希望,通过今天的座谈会,大家能够更加了解兔唇疾病,消除对小华的误解和偏见。同时,我也希望,我们的社区能够成为一个充满爱和理解的大家庭,让每一个孩子都能够在这里快乐成长。"(这展现了刘女士作为母亲的真诚和坦率,增加听众对她的信任感。她呼吁大家消除对小华的误解和偏见,促进社区成员之间的理解和包容。)

最后是举办亲子互动活动,邀请更多家庭参与,帮助小华打开心扉。其间,针对邝先生与小华之间的亲子关系,社工将通过亲子互动活动中的家庭游戏、户外探险、手工制作等,让邝先生更多地参与到小华的生活中,增加他们之间的相处时间,从而加强亲子关系,让小华感受到父爱的温暖。

谈话片段5:

社工小潘:"邝先生,小华,欢迎你们来参加今天的亲子互动活动。我们今天有很多有趣的游戏和活动哦,小华。"(营造友好氛围,让邝先生和小华对活动充满期待和热情,为亲子互动打下良好的基础。)

邝先生:"谢谢你,小潘。我很少有机会和小华一起参加这样的活动。"

社工小潘:"没关系,邝先生。今天就是让你们多相处、多交流的好机会。小华,你觉得今天的活动怎么样?"(社工小潘鼓励邝先生和小华多相处、多交流,并询问小华对活动的感受,让她感受到被重视和关爱。)

小华:"很好玩!爸爸也和我一起参加了。我也能和小朋友一起玩了!"

社工小潘:"看到你们这么开心,我也很高兴。希望这样的活动能够让你们更加亲近,让小华感受到更多的父爱。"(肯定活动的正面效果,鼓励邝先生继续加强亲子互动,同时也表达了对小华能够感受到更多父爱的期望和祝福。)

邝先生:"是的,我会更多地参与小华的成长。"

四、明确未来发展方向

 谈话片段6：

社工小潘："我们需要一起明确未来的发展方向。这个方向应该基于你们每个人的需求和愿望，同时也要考虑到小华的成长需要。"（社工小潘引导家庭成员讨论和明确未来的目标，为后续制订计划和行动步骤奠定基础，确保发展方向符合家庭整体利益和小华的成长需求。）

邝先生："我希望能够找到一种方式，既能继续我的工作，又能多陪陪家人。也许我可以考虑在岸上找一份新的工作，或者调整我的工作安排。"（这体现出了案主邝先生愿意为家庭做出让步，表达了他对家庭的重视和责任感。）

刘女士："你还是干老本行吧，毕竟也快升职了。其实现在的状态就挺好的。我想等小华再好一点后，找一个临时工作。小潘说天天在家里待着是很影响心情的。我也希望我们能够共同面对小华的后续治疗，你要更加积极地参与她的治疗和康复过程，共同维护孩子的心理健康。"（刘女士为家庭未来发展方向提供另一种思路，即维持邝先生的职业发展，同时刘女士也愿意为家庭做出贡献。）

小华："我希望爸爸妈妈能够一直在一起，陪伴我快乐成长。"

社工小潘："很好，你们已经明确了自己的发展方向。接下来，我们会一起制订具体的计划和行动步骤，帮助你们实现这些目标。"（社工小潘对前面的讨论进行总结和确认，肯定家庭成员的参与和贡献，并为后续制订具体计划和行动步骤提供指导和支持。）

在社工的引导下，邝先生和刘女士逐渐学会了如何有效地沟通，他们开始尝试共同解决问题，而不是将责任归咎于对方。小华也感受到了家庭的温暖和支持，她的情绪变得更加稳定，笑容也多了起来。除此之外，小潘还联系了社区资源，为邝先生一家提供了一些实际的帮助。社工积极地帮助刘女士寻找了一份时间相对自由的工作，这样她就可以在照顾孩子的同时，也接触到更多新鲜事物，而不是局限于家里。社工还为刘女士提供了一些育儿知识和技能培训，帮助她更好地照顾孩子，并提高自己的育儿能力。此外，她还为小华安排了一些适合她年龄的朋辈娱乐活动，让她能够和其他孩子一起玩耍和学习，增强她的社交能力和团队合作能力。这些资源的介入，不仅让邝先生一家感受到了来自社会的关爱和支持，也为他们提供了更多的发展机会和空间。

经过数次干预,邝先生一家的关系得到了明显的改善。他们开始更加珍惜彼此之间的情感联系,共同面对生活中的挑战。小华也在父母的陪伴和社工的帮助下,逐渐走出了疾病的阴影,开始享受快乐的童年时光。

第三节 评析

一、理论分析

1. 家庭系统理论

家庭系统理论强调家庭作为一个稳定的系统,由多个相互关联的子系统构成。这些子系统通过沟通相互影响,共同维持家庭的运转,促进家庭的和谐发展。同时,理论还指出,当家庭系统边界感清晰时,家庭功能会更加良好,为家庭成员提供一个安全稳定的家庭结构。在这样的环境中,各个子系统之间协调稳定,出现矛盾问题的概率也就相应降低。一个良好的家庭系统应具备自身的控制调节机制,以确保家庭在追求既定目标的过程中,能够沿着正向发展的方向前进。

从系统论的角度来看,一个人的问题常常会与其家庭联系在一起,所以在工作中,不仅要关注个体的心理问题,在必要的情况下,还要了解其家庭环境以及家庭成员之间的关系,这为更深层次地解决个体的心理问题提供了线索。所以在残疾人社会工作中,无论是直接地还是间接地涉及家庭,其着眼点都必须从家庭系统的角度来考虑。家庭系统干预法以家庭为对象,协调家庭各成员间的人际关系,通过交流、扮演角色、建立联盟、达到认同等方式,运用家庭各成员之间的个性、行为模式,相互影响、互为连锁,改进家庭心理功能,促进家庭成员的心理健康。

针对家庭出现的不同心理问题,可采用不同的模式。主要的模式有以下四种:

(1)结构性模式。其重点放在家庭的组织、关系、角色与权力的执行等结构上,使用各种具体方法来纠正家庭结构上的问题,促进家庭功能的改善。

(2)行为性模式。其着眼点放在可观察到的家庭成员间的行为表现上,即建立具体的行为改善目标与进度,充分运用学习的原则,给予适当的嘉奖或惩罚,促进家庭行为的改善。

(3)策略性模式。其特点在于对家庭问题的本质有动态性的了解,并建立一套有步骤的治疗策略,着手更改认知上的基本问题,以求有层次地改变家庭问题。

(4)分析性模式。以心理分析来了解家庭各成员的深层心理与行为动机及亲子关系的发展,主要着眼于了解并改善家庭成员情感上的表达与欲望的满足,促进家人的心理成长。

在运用以上模式时,社会工作者还必须注意家庭结构、家庭关系,尤其是夫妻关系和亲子关系等因素。此外,还要考虑其主体文化所强调的人际关系与价值观念等。

家庭系统理论作为一种全新的视角和模式,广泛地应用于社会工作实务的各个领域,它分析了人与环境的重要关系,与社会工作坚持"人在情境中"在本质上是相同的。生态系统理论在社会工作实务过程中的应用可以表现为以下几个方面:

(1)为分析身处家庭中的服务对象的问题提供了多样角度

个人既然生存在家庭环境中,其行为模式和心理都受到家人的影响。当个人出现问题时,并不一定是个体内部出现了问题,因此要理解个体的问题,就必须把个体放在大的环境中去分析。这就避免了社会工作者在做原因分析时,过度关注个体的内在原因,而忽视了家庭环境对其的影响,例如在设计海员群体子女的案例中,青少年处于好动多变的年龄,对周围事物充满了新鲜感与好奇心,并且极容易受到周围环境的影响。因此当社会工作者在分析原因时,就要关注海员家庭对其的影响,这些个体外部的系统对青少年影响极大,并且社会工作者也需要从家庭系统进行介入,促进青少年的改变。

(2)以人的改变促进环境的改变

家庭系统理论认为,核心家庭是一个情绪单位,而非个人是一个情绪单位。这个概念改变了我们看待事情因果的方式,甚至改变了我们看待每件事情的方式。一方面,任何影响个人的事,也影响系统中的其他人。例如,在团体中,一个人的焦虑很容易转移给另一个人。另一方面,融合的家庭关系,其整体性是以每个家庭成员交出"自我"换来的。人们和他们所处的环境也被视为相互依赖、彼此辅助的一个整体。人和环境在这个整体里,互为对方进行持续的改变和相互塑造。因此在具体的社会工作实务中,社会工作者要帮助服务对象分析家庭方面存在的问题,从个人与环境两方面入手,帮助服务对象适应环境。但是这种影响并不是单向的,而是双向的,社会工作者在帮助服务对象适应环境时,也会影响环境,并且个体的改变也会促进环境的改变。例如在帮助退休海员时,由于其还需要再社会化的过程,必然要利用当地的养老和社交资源,而退休海员在接触和利用这些资源时也会促进当地养老环境的进步,使资源能够更加包容特殊老年群体。

(3) 为解决服务对象问题提供了新的解决方法

家庭系统理论强调的是将个体放在其所在的家庭环境中进行分析,因此要消除个体存在的问题,就要从家庭系统中逐渐消除阻碍个体成长的因素。在这里家庭系统理论为社会工作实务提供了新的解决方法。首先,在微观系统上,社会工作原有的理论视角更注重分析服务对象自身存在的心理问题,并且通过心理治疗的方法影响服务对象的行为,这种单一分析服务对象问题的方法,也就是把心理层面划分为独立的一个微观系统。这种类型的分析忽略了首要微观系统与其他个体微观系统之间的关系,只有将多元的微观系统有效地联系起来,才能更好地认识特定微观系统的行为。其次,家庭系统是与服务对象关系最紧密的个人关系网络,海事社会工作的服务对象都生活在极为相似但不相同的家庭系统中。在研究服务对象时,了解影响其微观系统的个人家庭关系网络至关重要。例如在处理新生代海员群体的问题时,不能忽视家庭对其的影响,分析已知的微观系统问题时,必须考虑家庭系统的特征。

2. 叙事治疗

现代主义的方法强调治疗师从评估、诊断、治疗和预后的角度来看待人类问题。治疗师的观点是建立在科学知识的基础上的,并且得到专业团体的认可,因此通常被视为优于服务对象的观点。在这一过程中,治疗师的知识和观点被置于来访者的知识和观点之上,创造出了一种刻板的权力等级。治疗师位于这个权力等级的顶端,可能会受到环境诱导而采取一种超然的"凝视"。这种"凝视"类似于科学家通过显微镜对待生物的方式,倾向于自上而下地审视他人及其问题,并识别和分类需要处理的问题。一旦问题被诊断出来,现代主义的治疗方法通常要求治疗师对潜在的损害或问题采取行动或治疗。而叙事方法挑战了这种权力结构,使专业人员无法通过弱化所谓的客观知识来边缘化他人的描述。叙事治疗师认为问题是通过语言构建的,而非由科学衍生的行为规范所构筑。在主流叙事的影响下，一些重要的经验或资源，甚至是困境带来的某些潜在的积极影响往往被人们忽略，因此需要先重新解构故事，再进行问题外化，最后重建积极生命故事，进而固化和延展新的生命故事。叙事疗法秉持着将"个体"与"问题"分割开来的原则，它利用恰当叙述策略，鼓励参与者挖掘内心深处的隐藏篇章，使问题不再成为定义自己的标签，而是作为外部因素来审视。这样的做法有助于参与者以更加客观、理性的视角面对问题，从而激发他们重新编织积极向上的生命故事，唤醒其内在的力量，实现自我超越和成长。

在家庭叙事治疗中，社会工作者的核心职责在于引导家庭成员共同识别并面对问题，进而协助他们构建新型互动模式。社会工作者通过悉心倾听并深入理解每位家庭成员的故事，以及他们在家庭结构中的角色与关系，精准把握家庭中存在的症结与矛盾。随后，社会工作者将携手家庭成员，共同探讨解决问题的策略，并协助他们制订切实可行的行动计划。在此过程中，社会工作者致力于培养家庭成员的自主性和责任感，鼓励他们成为解决问题的积极主体。家庭叙事治疗不仅关注家庭成员间的互动与沟通，还着重强调家庭对个人成长的深远影响。因此，社会工作者将辅助家庭成员理解个人问题与家庭系统间的内在联系，使他们能更有效地掌握解决问题的技巧。同时，社会工作者需时刻保持对家庭成员间互动与沟通的敏锐观察，及时发现并处理潜在问题。家庭叙事治疗强调家庭成员间的协作与共同努力，但社会工作者的专业指导与支持同样至关重要。综上所述，叙事家庭治疗作为一种高效的干预手段，对于改善家庭成员关系、提升生活质量具有显著作用。在社会工作者的悉心引导与支持下，家庭成员能够共同识别问题、规划方案，并积极投身于问题的解决之中。

3. 社会支持

社会支持的理论框架中，存在三种经典模型。一是主效应模型（Main Effect Model）。该模型强调无论个体是否处于压力环境中，也无论当前的社会支持水平如何，社会支持总能发挥出其独特的增益效果。二是压力缓冲模型（Buffering Effect Model）。该模型认为社会支持如同一个坚实的后盾，它为个体在面对压力时提供了必要的心理陪伴与物质支持，能够有效预防和减轻压力事件给个体带来的消极影响。当个体遭遇压力事件时，如果其现有的社会支持足以应对这些挑战，那么个体可能就不会将这些事件视为压力源；反之，即便个体将事件视为压力源，足够的社会支持也能帮助个体重新评估这些事件，从而减少由此产生的消极情绪与反应。三是动态效应模型（Dynamic Effect Model）。该模型揭示了

第十四章 家庭治疗模式——对海员上岸后亲子关系的干预

社会支持与个体身心健康之间随时间变化的复杂关系。它提出社会支持与个体心理健康之间可能存在直线或曲线的动态联系,其能够系统地揭示两者之间的作用机制,尽管这一模型尚缺乏充分的实验证据支持,但它无疑是未来社会支持研究的重要方向。目前,社会支持理论已不再局限在心理健康领域,而是逐步扩展成一种为弱势群体提供精神和物质资源,以帮助其摆脱生存和发展困境的社会行为的总和。也就是说,在对弱势群体形成科学认知的基础上,判定弱势群体需要什么样的资源才能改善和摆脱现存的不利处境。社会支持理论基于弱势群体需求的假设,在对弱势群体全面、科学的认知之上,剖析弱势群体需要什么样的资源才能改善和摆脱现存的不利处境。通过这一发展,我们得以更精准地把握弱势群体的实际需求,为他们的长远发展提供强有力的支撑与助力。

二、干预过程与效果分析

本次干预过程主要针对邝先生一家因小华患有先天性唇裂畸形(兔唇疾病)而引发的家庭及社区误解、偏见和亲子关系紧张等问题进行。尽管最开始的接案目的是改善亲子关系,但随着社工的深入了解,亲子关系问题实际还牵涉海员职业特性、海员夫妻关系以及子女特殊疾病等因素。因此,基于家庭治疗模式的干预并未仅局限于家庭的范围,而是在锚定家庭的同时,根据服务对象的状况和需求向外部扩展,寻求社会支持。家庭成员的改变会带动家庭氛围的改变,而社会支持能够加速这一过程。社工通过举办一系列的座谈会和亲子互动活动帮助邝先生一家改善了家庭关系,消除了社区误解,并促进了小华的心理健康发展。

(1)建立专业关系与矛盾分析

通过非结构式访谈,小潘运用了尊重、倾听、聚焦问题等沟通技巧,详细了解了邝先生与女儿小华之间的亲子沟通状况,以及刘女士在引导家庭沟通中遇到的困难。但社工在与案主邝先生及其妻子刘女士的首次服务中,并未成功建立专业关系。在以家庭为单位的干预过程中,成员的意见相左非常正常,这时需要社工及时引导服务对象。在访谈过程中,社工敏锐地觉察到邝先生与刘女士之间的权力不平等和沟通障碍,特别是邝先生对刘女士存在忽视和误解。通过引导性的提问和比喻,社工小潘成功地让邝先生认识到家庭问题的复杂性和自身在其中的责任。尽管初次访谈中邝先生对社工的介入持有怀疑态度,但在刘女士坚持独自带女儿复诊和邝先生自身反思后,他最终决定再次寻求社工的帮助。在后续的接触中,社工小潘进一步分析了邝先生家庭矛盾的根源,包括家庭经济压力、邻居的误解和偏见以及小华的心理需求等。基于这些分析,社工决定采用家庭治疗模式,结合叙事和社会支持等技巧,为邝先生一家提供综合性的干预服务。此次服务不仅为邝先生家庭提供了专业的社会工作支持,也为后续的干预打下了坚实的基础。通过深入了解和分析家庭矛盾,社工为改善邝先生一家的家庭关系和解决他们的实际问题迈出了重要的一步。

(2) 开展家庭叙事沟通

社工小潘在确定采用家庭治疗模式作为干预方案后,便着手与邝先生一家进行深入沟通。她组织了家庭叙事沟通会议,让每位家庭成员都有机会分享自己的感受和经历。在会议中,社工鼓励家庭成员们互相倾听,理解对方的立场和感受,避免指责和抱怨。通过这些沟通,邝先生、刘女士和小华都表达了自己的想法和苦衷,包括邝先生的工作压力、刘女士的照顾负担和小华的亲情需求。社工小潘不仅作为倾听者,还作为引导者,帮助家庭成员们增进理解、加强情感联系,并鼓励他们站在对方的角度思考问题。在此过程中,社会工作者致力于培养邝先生各位家庭成员的自主性和责任感,鼓励他们成为解决问题的积极主体。经过几次沟通会议,家庭成员之间的理解和包容逐渐增加。特别是小华,在社工的引导下开始更主动地表达自己的感受和需求,使父母更加了解她的内心世界。

(3) 提供社会情感支持

其一,链接同类型群体,给予社会支持。在社会工作者的协助下,刘女士成功地与兔唇家庭协会建立了联系,这个由具有相同特征的群体组成的协会让刘女士感到心情舒畅,仿佛找到了一个可以依靠的港湾。兔唇家庭协会不仅为刘女士提供了必要的资源和信息,帮助她有效地应对生活中的各种困难和挑战,还为她提供了宝贵的经验。针对刘女士所面临的疲惫和焦虑情绪,社工与协会中的志愿者共同为她提供了情绪支持和心理疏导,通过耐心的倾听和细致的安慰,帮助刘女士有效地缓解了内心的压力和焦虑。因为有着相似的经历,协会成员对刘女士的处境感同身受,让她感受到了充分的关怀和理解。此外,根据协会的建议,社工还与刘女士一起制订了详细的家庭管理计划,帮助她更好地应对家庭生活中的琐碎事务和女儿小华的照顾需求。

其二,通过座谈会消除污名化、增进理解。社工小潘携手协会陈主任,精心策划并组织了多场座谈会,旨在向邻居们全面、细致地解释小华所患疾病的真实情况。她们以专业的知识和诚恳的态度,澄清了小华的疾病并非传染病,也不会对他人的健康造成任何威胁。同时,她们还强调了社区成员之间应相互理解、相互支持的重要性,尤其是在面对特殊家庭时更应如此。通过这些座谈会的深入交流和有效沟通,社区的偏见和误解解除,社区对小华家庭的支持和理解也逐渐增加。主动地向邻居科普相关知识,不仅能够帮助消除污名化,还能够将邻居群体从非支持群体转化为支持群体,从而扩大刘女士的积极社交范围。

其三,组织亲子活动,改善家庭关系。对于小华这样的特殊孩子来说,家庭的温暖和支持尤为重要。因此,社工通过举办各种有趣的家庭游戏、户外探险和手工制作等活动,为邝先生和小华提供了更多的相处和交流机会。这些活动不仅让邝先生更加深入地参与到小华的生活中,也让他们之间的相处时间大大延长。在互动中,小华感受到了父爱的温暖,而邝先生也更加了解和理解了孩子的内心世界。这种亲情的传递和交融,无疑为小华的成长增添了动力和信心。

(4)明确未来发展方向

在社工的引导下,邝先生一家明确了未来的发展方向,包括邝先生的工作发展方向、刘女士的就业计划以及小华的治疗和康复计划。社工还帮助他们制定了具体的行动步骤,以帮助他们实现这些目标。社工积极联系社区资源,为邝先生一家提供了实际的帮助。她帮助刘女士寻找了一份时间相对自由的工作,让她能够在照顾孩子的同时也能接触到更多新鲜事物。同时,她还为刘女士提供了一些育儿知识和技能培训,帮助她更好地照顾孩子并提高自己的育儿能力。此外,社工还为小华安排了一些适合她年龄的朋辈娱乐活动,让她能够和其他孩子一起玩耍和学习,增强她的社交能力和团队合作能力。

经过数次干预,邝先生一家的关系得到了明显的改善。他们开始更加珍惜彼此之间的情感联系,共同面对生活中的挑战。小华也在父母的陪伴和社工的帮助下,逐渐走出了疾病的阴影,开始享受快乐的童年时光。整个干预过程体现了社工的专业性和人文关怀,通过有效的沟通和资源链接,社工为邝先生一家提供了实质性的帮助和支持,促进了他们的家庭和谐和心理健康。

三、建议

1.关注干预侧重点

在处理和解决那些源自家庭环境中的问题时,我们必须把这些问题放回到其原始的家庭环境中去,从整体上进行全面的分析和考虑。那些最初显现出来的问题,往往并不一定就是家庭中的核心矛盾。这就需要我们在分析和处理问题时,结合服务对象的具体情况进行具体分析。社工不能一味地只看到问题的表面,而忽视问题的本质。只有深入地了解和分析家庭中的每一位成员,了解他们的需求和问题,才能找到解决问题的最佳方法。

2. 提升家庭关键对象的积极情绪

以该案例为例,唇腭裂患儿母亲自身能从压力事件中产生一定的积极信念,但是在以孩子为中心的、较长时间的照料过程中,这一积极信念尚不足以完全支撑患儿母亲的照料负担,因此关键对象本身就需要一定的专业干预,为其释放压抑、焦虑等情绪并注入心理能量。作为家庭中链接个体的关键角色,需要提升唇腭裂患儿母亲的积极情绪,以便获得实际成效。首先,在家庭干预过程中,通过倾诉、放松训练等方式能够缓解一定的心理紧张,但是这并不仅仅是简单地复述事实、表达情绪,社会工作者还需要引导家庭关键对象梳理影响其处理危机的内外归因,引导家庭关键对象认识到自己情绪的背后的原因,减少由于将事件情绪化或过度悲观带来对事件的感受偏差或判断失误。其次,鼓励家庭关键对象在生活过程中力所能及的努力,肯定其在整个家庭中的重要地位与作用,帮助其回忆和梳理其在这个过程中的成长。不可忽视的是,鼓励和肯定不能离开现实环境,不能呈现真空状态,因此需要满足其现实需求,如提供培训、社会组织支持、政府救助政策等。提升家庭关键对象的积极情绪,一方面帮助家庭关键对象肯定自己应对危机的能力,另一方面提高未来应对压力事件的信心,从而提升自我效能感。

3. 拓展船员服务机构职能

一方面,船员服务机构应当积极致力于支持海员与其子女之间的有效沟通,努力创造有利条件,以促进海员与家人、子女间正常、有效的交流。如通过在沿海城市设立海员家庭互助群组,并构建分布式站点,以接纳海员家庭成员,为海员在靠港期间与子女、家人团聚提供便利。鉴于我国海员人数众多,而个案工作的服务范围相对有限,也不能深入探究所有影响因素,为有效介入海员亲子沟通问题,必须结合具体情况充分发挥家庭和社区社会工作的作用。为此,应建立船员服务机构、海员家庭、海员与社会工作者之间的联动机制,借助海事社会工作者的资源链接能力,为海员及家庭提供亲子沟通技巧培训和互动素材,以提升其亲子沟通意识,增进亲子互动的频率与深度,减少沟通障碍,降低亲子关系问题的处理难度。同时,船员服务机构应收集社工、海员及家庭成员的联系方式,实时了解家庭状况,并在海员子女及配偶遭遇问题时,发挥社会工作为沟通桥梁的作用,及时介入并提供帮助。

另一方面,在家庭组织模式层面,特殊海员家庭主要面临着家庭组织模式构建者和资源不足的困境。在这种特殊次级群体中,家庭成员职业属性的同质性较高,便于围绕特殊困境进行交流和获得必要的情感支持。这样的小组一定意义上已经具备了支持性小组的特点,只是缺乏一定的系统的、科学的引导。因此,社会工作者可以立足于船员服务机构,借由已有的小组,逐渐培养一个能实现常态化发展的特殊的支持性小组,充分发挥社会工作者的资源链接者与使能者的作用,这样能更具有针对性地进行政府、社会、社区以及其他个人的资源对接,帮助特殊海员家庭顺利地实现家庭组织模式的调整。

4. 注重澄清和开放表达的家庭社会工作

良好的家庭沟通在家庭抗逆力过程中发挥着"润滑剂"的作用,家庭关键对象在家庭沟通过程中,能发挥自身的信息资源优势,促进家庭沟通过程的推进,但是,由于不同成员对其共同困境的相关信息以及实际操作的了解存在较大的差异,在相关事务上容易出现沟通不畅,如误解、责难、质疑、争执、冷暴力等。故针对家庭关键对象在家庭沟通过程中遇到的沟通障碍,需要从家庭社会工作的角度介入,识别和澄清家庭沟通障碍的问题核心及其影响因素、确立家庭沟通规则、明确成员分工、丰富家庭生活、在活动中坦诚交流等,为沟通问题制定家庭治疗方案。

针对家庭信念过程、家庭组织过程以及家庭沟通过程中服务对象面临的照料困境,从社会工作角度提出的可能的介入路径虽然各有特点和侧重,但并不完全是各自分离的。如家庭信念层面,通过单独咨询的方式可以帮助服务对象提升信念、提高自我效能感,但通过针对家庭沟通问题所采取的家庭社会工作的工作方法,能从家庭互动层面为患儿母亲带来信念支持,促进家庭信念的联结和凝聚,提升患儿母亲的信念感。因此,社会工作可能的介入路径事实上是一个动态的、持续的以及具有综合优势的干预过程,并且随着理论研究与实务方法的不断发展会更加完善。

本章小结

通过前面的深入讨论，我们不难发现社会工作在化解家庭困境、推动家庭和谐与发展中的关键作用。面对家庭中的种种挑战，无论是核心矛盾的调和、家庭关键成员积极情绪的提振，还是船员服务机构职能的拓展，以及家庭社会工作中的澄清与开放沟通，都要求社会工作者深入了解每个家庭的具体状况，结合服务对象的具体需求，采取切实有效的措施和方法。值得注意的是，社会工作者的角色远不止于问题的解决者，他们更是资源的桥梁、情感的支柱、能力的建设者。在介入过程中，社会工作者应始终秉持以人为本的原则，尊重服务对象的主体地位，倾听他们的声音，理解他们的需求，协助他们找到解决问题的路径，并鼓励他们自主行动，实现自我成长。此外，社会工作的介入还需强调跨专业的合作与联动。例如，在处理家庭中的心理困扰时，可以与心理咨询师或心理治疗师携手合作，共同为服务对象提供专业的心理支持；在处理家庭经济问题时，可以与政府部门或社会组织合作，为服务对象争取更多的政策支持和资源链接。这种跨专业的合作与联动，不仅能提升社会工作的专业性和实效性，还能为服务对象提供更全面、更专业的服务。最后，社会工作的介入需要注重长期性和持续性。家庭问题的解决往往是一个持续的过程，需要社会工作者耐心、持续地跟进和关注。同时，家庭问题也可能随着时间和环境的变化而变化，社会工作者需要及时调整介入策略和方法。因此，社会工作者需要与服务对象建立长期的联系和互动关系，为他们提供持续的支持和帮助。综上，社会工作在解决家庭问题、促进家庭和谐与发展中发挥着不可或缺的作用。我们需要深入理解和运用社会工作的核心理念和方法，不断提升自身的专业素养和能力，为服务对象提供更专业、更有效的服务。同时，我们也需要注重跨专业的合作与联动以及长期性和持续性的跟进和关注，共同为构建更加和谐的社会贡献力量。

参考文献

[1] 阿尔伯特·艾利斯,黛比·约菲·艾利斯.理性情绪行为疗法[M].郭建,叶建国,郭本禹,译.重庆:重庆大学出版社,2015.

[2] 丁薇,郑涌.创伤与创伤后的应激障碍[J].中国临床康复,2006(18):145-148.

[3] 姜保松.浙江省新生代船员职业认同感的影响因素研究[D].上海:华东交通大学,2021.

[4] RICHARD K J,BURL E G.危机干预策略[M].高申春,译.北京:高等教育出版社,2009.

[5] 刘梦.小组工作[M].北京:高等教育出版社,2003.

[6] 马克·柯里.后现代叙事理论[M].宁一中,译.北京:北京大学出版社,2003.

[7] 马尔科姆·派恩.现代社会工作理论[M].3版.冯亚丽,叶鹏飞,译.北京:中国人民大学出版社,2018.

[8] 马歇尔·卢森堡.非暴力沟通[M].阮胤华,译.北京:华夏出版社,2009.

[9] 佩恩.现代社会工作理论[M].何雪松,张宇莲,程福财,等译.上海:华东理工大学出版社,2005.

[10] 彭华民.人类行为与社会环境.[M].3版.北京:高等教育出版社,2016.

[11] 王成义.创伤后应激障碍的表现与干预治疗[J].实用医药杂志,2012,29(2):163-164.

[12] 王佳.小组社会工作理论与实务[M].上海:上海交通大学出版社,2019.

[13] 王思斌.社会工作导论[M].北京:高等教育出版社,2004.

[14] 许莉娅.个案工作[M].北京:高等教育出版社,2004.

[15] 颜烨,左广兵.中国式应急管理现代化:内涵特征与发展要求[J].党政研究,2023(5):18-25,123.

[16] 颜烨.应急社工专业的理论基础与实践初探[J].社会治理,2021(12):59-66.

[17] 易臻真.危机干预理论在社会工作实务中的发展及反思[J].社会建设,2018,5(1):20-31.

[18] 赵慧军.活动理论的产生、发展及前景[J].东北师大学报,1997(1):88-94.

[19] 全国社会工作者职业水平考试统考教材编委会.社会工作实务(初级)[M].北京:中国社会出版社,2020.

[20] 全国社会工作者职业水平考试教材编委会.社会工作综合能力(中级)[M].北京:中国社会出版社,2024

[21] 全国社会工作者职业水平考试教材编委会.社会工作综合能力(初级)[M].北京:中国社会出版社,2020.

[22] 中华人民共和国海事局.海员职业常识[M].大连:大连海事大学出版社,2022.

[23] ALSTON M. Research for social workers: An introduction to methods [M]. 4th ed. London: Routledge, 2020.

[24] VANGELISTI A L, et al. The Routledge handbook of family communication[M]. 3rd ed. New York: Routledge, 2021.

[25] BANKS R. Solution-Focused Group Therapy[J]. Journal of family psychotherapy, 2005, 16(1-2):16-21.

[26] BOWEN M. Family therapy in clinical practice[M]. New York: Jason

Aronson,1993.

[27] YEAGER K R, ROBERTS A R. Crisis intervention handbook: Assessment, treatment, and research[M]. 4th ed. Oxford: Oxford University Press, 2015.

[28] CASPI J, REID W J. Educational supervision in social work: A task-centered model for field instruction and staff development[M]. New York: Columbia University Press,2002.

[29] ROBERTS A R. Crisis intervention handbook: Assessment, treatment, and research[M]. 3rd ed. Oxford: Oxford University Press,2005.

[30] DE J P, BERG I K. Interviewing for solutions[M]. Pacific Grove: Thomson Brooks/Cole Publishing Co. ,1998.

[31] DIEDERICHSEN S. Job satisfaction and bottom line go hand in hand[J]. Bulletin of the Baltic and International Maritime Council,2012,107:48-51.

[32] ELO A L. Health and stress of seafarers[J]. Scandinavian Journal of Work, Environment & Health,1985,11(6):427-432.

[33] GATCHEL J R, ROLLINGS H K. Evidence-informed management of chronic low back pain with cognitive behavioral therapy[J]. The Spine Journal,2007,8(1):40-44.

[34] GOTTLIEB H B, BERGEN E A. Social support concepts and measures [J]. Journal of Psychosomatic Research,2010,69(5):511-520.

[35] GRAY M, PLATH D, WEBB S. Evidence-based social work: A critical stance[M]. 1st ed. London: Routledge,2009.

[36] HARACH D L, KUCZYNSKI J L. Construction and maintenance of parent-child relationships: Bidirectional contributions from the perspective of parents[J]. Infant and Child Development, 2005,14(4):327-343.

[37] HEPWORTH D H, LARSEN J A, ROONEY R H. Direct social work practice: Theory and skills[M]. 7th ed. Belmont,CA: Wadsworth,1990.

[38] HETHERINGTON C, FLIN R, MEARNS K. Safety in shipping: The human element[J]. Journal of Safety Research,2006,37(4):401-411.

[39] HOFMANN S G, ASNAANI A, VONK I J J, et al. The efficacy of cogni-

tive behavioral therapy: A review of meta-analyses[J]. Cognitive therapy and research, 2012, 36:427-440.

[40] O'DONNELL L A, BRYDON D M, González-Prendes A. Technological advances in cognitive-behavioral therapy and clinical practice: challenges in an evolving field[J]. American Journal of Psychotherapy, 2022, 75(4):186-190.

[41] OKTAY J S. Grounded theory[M]. Oxford: Oxford University Press, 2012.

[42] RICHARDSON G E. The metatheory of resilience and resiliency[J]. Journal of clinical psychology, 2002, 58(3):307-321.

[43] BACHARACH S B. Organizational theories: Some criteria for evaluation[J]. Academy of management review, 1989, 14(4):496-515.

[44] COADY N, P LEHMANNP. Theoretical perspectives for direct social work practice: A generalist-eclectic approach[M]. 3rd ed. New York: Springer Publishing Company, 2016.

[45] VONDREELE J D. Criminalization on the high seas: Seafarers caught in the middle—great risks and indignities[C]. New York: World Maritime Day Forum at the United Nations, 2006.

[46] WALSH F. Strengthening family resilience[M]. 3rd ed. New York: Guilford publications, 2015.

[47] ZHOU Q, WONG D Y, LOH S H, et al. A fuzzy and Bayesian network CREAM model for human reliability analysis—The case of tanker shipping[J]. Safety Science, 2018, 105:149-157.